SOUVENIRS ANECDOTIQUES

D'UN

OFFICIER D'ORDONNANCE ALLEMAND

1870-1871

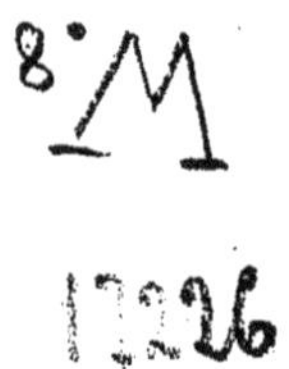

Capitaine TANERA

SOUVENIRS ANECDOTIQUES

D'UN

OFFICIER D'ORDONNANCE ALLEMAND

1870–1871

WÖRTH — BEAUMONT — SEDAN — COULMIERS

Traduit par P. BACHELARD, lieutenant de réserve de cavalerie

PRÉFACE DU GÉNÉRAL CHERFILS

BERGER-LEVRAULT, ÉDITEURS

PARIS
RUE DES BEAUX-ARTS, 5-7

NANCY
RUE DES GLACIS, 18

1914

PRÉFACE

M. le lieutenant de réserve de cavalerie P. Bachelard s'est appliqué à traduire, en un français clair et élégant, les « Souvenirs anecdotiques d'un officier d'ordonnance allemand ».

L'auteur, devenu capitaine seize années après la guerre, était d'abord lieutenant au 1er bataillon de chasseurs bavarois; puis, au commencement de la campagne de la Loire, il a été nommé officier d'ordonnance du général commandant la 3e brigade d'infanterie bavaroise.

Ses « Souvenirs » ont été écrits d'après des notes de route ou des lettres, tracées au jour le jour, où se trouve toute chaude l'émotion des événements vécus.

Le titre du livre annonce bien ce qu'on y doit seulement trouver. Il n'y faut point chercher des aperçus sur la grande guerre, ni des considérations d'ordre général, ou élevé sur les opérations allemandes. L'auteur se livre uniquement au plaisir de conter ce qui se passe dans le cadre étroit où il s'agite. Ses narrations sont faites des menus détails de sa vie journalière, de ses fatigues, de ses prouesses, des mots de ses camarades, des gestes de son ordonnance. Toutes ces impressions sont vivantes, quelquefois coloriées, pittoresques, présentées avec le charme d'une saveur piquante et la touche assez légère de l'Allemand du Midi.

Le livre traduit par M. Bachelard offre l'intérêt d'une curiosité réelle.

Ce sont des pages de soldat où vibre la passion du noble métier et dont l'accent s'élève par instant à une certaine grandeur, soit qu'il exalte les vertus humaines qui grandissent dans la guerre, ou qu'il abaisse au niveau de l'égoïsme et de la lâcheté qu'ils cachent, les sentiments d'un pacifisme sans dignité.

La mentalité allemande de l'officier et de sa troupe s'y laisse découvrir au vif, en des traits dont la candeur naïve affirme la sincérité.

Les scènes de beuverie, surtout dans les marches vers Sedan à travers la Champagne, y sont peintes avec un comique amusant. Leur fréquence est bien représentative d'un goût particulier.

A un moment, le lieutenant Tanera, à la tête d'une forte patrouille de ses chasseurs, trouve dans un chemin creux, embourbés et abandonnés, les équipages du 1er hussards français. Des fourgons sont ouverts, des cantines éventrées et pillées. L'officier emporte l'aigrette du colonel prince de Bauffremont, laquelle, dit-il, « orne encore son cabinet de travail ».

Çà et là l'âme germanique, tour à tour éprise de sentiment et de gloriole dénuée de scrupule, ignorante de notre délicatesse française, se reflète dans le miroir fidèle des anecdotes.

Souvent aussi des pages douloureuses rappellent trop cruellement l'arrogance du vainqueur et l'inexorable dureté de la guerre.

Un paysan est surpris, qui coupait les fils télégraphiques des lignes allemandes. Saisi, interrogé, il est fusillé au bord de la route, sur l'ordre du lieutenant, par six chasseurs bavarois. La scène, sobre, tragique, est poignante.

Le Français, calme, hautain, avoue son œuvre qu'il est prêt à recommencer. Campé dans une attitude superbe, il jette à l'Allemand sa fierté de mourir pour son pays. Et on est consolé des scènes d'inutile brutalité et de lourde arrogance, qui sont d'Allemagne, par ces traits d'un héroïsme qui, lui, est bien de France.

Général **CHERFILS**.

PRÉFACE DE L'AUTEUR

Une préface à ce livre est-elle bien nécessaire?

Ceux de mes camarades qui, avec moi, ont fait la campagne, ou ceux qui volontiers en écoutent les récits, liront avec plaisir certains épisodes de cette heureuse époque ; quant à ceux que cela n'intéresse pas, est-ce une préface qui les décidera à me lire?

J'en profiterai pour m'excuser de quelques vilains tours dont je fus l'auteur au cours de la campagne et qu'on me pardonnera facilement, je l'espère. Un jeune lieutenant de vingt et un ans ne serait pas complet s'il ne possédait dans son bagage une grande part de légèreté.

Et l'on m'excusera d'autant plus volontiers que je savais bien, lorsque l'instant était grave, tenir ma place et rester sérieux, malgré tout ; si une fois peut-être j'ai été un peu plus loin que de raison...., mes souvenirs et mon expérience en ont largement profité.

Certains trouveront que sans doute j'aime trop la

guerre. Que voulez-vous, un tempérament de soldat ne se laisse pas influencer par une longue période de paix.

Et si je suis loin de souhaiter pour notre chère patrie le retour de sombres jours, et si je sais faire à l'intérêt commun le sacrifice de mes sentiments personnels, il ne m'est pas toujours possible d'étouffer en moi cette ardeur guerrière qui ne s'éteint jamais dans le cœur d'un officier.

La paix, certes, est le plus grand des bienfaits pour un peuple, mais la guerre, pour un soldat, est l'air vivifiant dans lequel ses vertus s'épanouissent. Aussi, cher Lecteur, vous m'accorderez toute votre indulgence.

Mon modeste travail observe dans cet ordre d'idées une juste mesure et, s'il n'est pas trop belliqueux, je suis persuadé cependant qu'il fera son chemin, même s'il n'a pas de préface.

Capitaine TANERA.

SOUVENIRS DE 1870-1871

I

VERS LA FRANCE

Depuis quelques jours les nuages qui obscurcissaient le ciel de la politique s'étaient à nouveau retirés et tout danger de guerre avait été heureusement écarté.

C'était là l'objet de toutes les conversations.

Pour nous autres officiers, il ne restait donc plus à présent qu'à dresser nos recrues, à nous exercer au service des places, à faire du pas de parade, alors que, dans nos rêves, nous nous étions déjà représentés dans cette belle France, et que notre imagination nous avait déjà laissé entrevoir ce que pouvaient être les honneurs et les gloires d'une campagne.

Et nous n'osions pas même, à la suite de cette orientation nouvelle des affaires, laisser percer notre dépit, sans nous attirer une réputation de légèreté juvénile. Aussi fîmes-nous le projet, deux de mes camarades et moi, de nous rendre en excursion à Oberammergau pour y voir jouer la passion.

Sitôt dit, sitôt fait; de suite nous demandions une permission de trois jours, et bientôt, par un beau matin, nous nous trouvions tous assis dans la voiture de poste qui devait nous amener au pied même des Alpes de l'Allgau.

A vingt ans, il n'est pas de déception qui dure, et cela est vrai surtout quand il s'agit d'un jeune lieutenant tout nouvellement promu.

Dans la soirée, un employé du télégraphe se présenta subitement à l'auberge où nous étions logés, et nous apporta la nouvelle surprenante que, malgré tout, la guerre allait avoir lieu : le roi de Prusse avait été offensé à Ems par le ministre de France.

Aux paroles de cet homme, nous sentîmes comme du feu nous passer dans les veines. Comment ! La guerre ? Il faudrait préciser un peu !

Et l'employé des postes nous obéit et précisa; nous l'écoutions avec une attention extrêmement tendue, et lorsqu'il eut fini, nous nous mîmes à discuter sur ce que pouvait être la situation véritable.

Il faut dire en passant que dans ce pays où nous étions, dans ces contreforts des Alpes, les gens étaient loin d'être belliqueux; même, quelques petits bourgeois qui se trouvaient à notre auberge, étaient tout particulièrement mal disposés et voulaient croire, tout au plus, à une neutralité armée.

Mais nous autres qui étions des soldats, nous ne devions pas douter un instant de la guerre; est-ce parce que l'on croit volontiers à ce que l'on souhaite ou bien, et c'est surtout cela, est-ce parce que nous connaissions trop notre grand roi, parce que nous le connaissions mieux que tous ces gens-là dont la lecture quotidienne n'était autre que le *Courrier du Peuple* ou la *Patrie,* l'un plus mauvais que l'autre !

« Et qu'allons-nous faire ? Allons-nous retourner de suite à Kempten ?

« C'est évident; la voiture de demain matin nous ramènerait trop tard.

« Aubergiste ! Il nous faut une voiture pour Kempten de suite. Combien nous coûtera-t-elle ?

« Quinze gulden.

« Fort bien; faites atteler immédiatement. »

Une demi-heure plus tard nous étions en voiture et, vers 3 heures du matin, nous avions regagné notre garnison.

Je ne parlerai pas de la semaine qui suivit, elle fut toute de travail, de jour et de nuit; mais nous ne nous fatiguions pas, tant nous étions enthousiasmés et gais et d'une humeur à venir à bout de toutes les difficultés.

Le 29 juillet, à 10 heures du matin, tout le bataillon était rassemblé dans la cour de la caserne; dans tous les regards se lisait la certitude de vaincre et la confiance la plus absolue en la personne de notre chef, le lieutenant-colonel Schmidt qui, lui, avait lieu d'être fier de ses chasseurs.

Il les connaissait si bien ! et savait qu'il pouvait compter sur tous ses hommes, jusqu'au dernier.

Sévère, mais juste, il les avait endurcis en temps de paix à une rude école, mais il avait su aussi conquérir leurs cœurs, grâce à son inlassable bienveillance.

On ne rencontre pas souvent un chef pareil..... mais ce n'est pas ici le moment de le dépeindre.

Qu'il me soit simplement permis de dire que, le 1er décembre suivant, c'est-à-dire à une époque où déjà la guerre nous avait endurcis, bien des chasseurs étaient sur le point de verser des larmes, quand celui qui nous commandait, nommé colonel d'un régiment d'infanterie, prit congé de nous; qu'il me soit permis de dire que, d'habitude, lorsqu'on voulait faire honneur à un chef et le gratifier de chevaleresque, c'était toujours notre « vieux » que l'on évoquait; qu'il me soit permis de dire, qu'aujourd'hui encore, dans tous les villages où jadis se recrutaient les chasseurs, on prononce et on rappelle toujours son nom..... et l'on comprendra sans peine qu'un tel homme soit arrivé à gagner l'affection et l'estime de tous ses subordonnés.

Nous ne regrettions qu'une chose en lui, c'était son avancement rapide qui devait nous priver trop tôt d'un pareil chef.

Nous aurions tant aimé le garder ! Les paroles qu'il nous adressa ce jour-là furent ce qu'elles devaient être venant de lui, brèves, énergiques, enflammées, électrisantes.

Et chacun pensait en lui-même : « Tu ne te trompes pas, nous irons où tu nous conduiras, et tu seras content de nous. »

La parole donnée fut tenue : le vieux Schmidt a eu le bonheur de voir le 1er chasseurs se couvrir de gloire.

Nous nous mîmes en route à midi 55; la musique jouait l'air de la « Garde du Rhin »; les habitants nous envoyaient leur dernier salut, de jolies filles nous disaient un adieu de la main; plus d'un baiser fut dérobé au passage qu'en d'autres temps on eut pris en mauvaise part, mais que ce jour-là on pardonna de suite.

Toute la nuit, nous fûmes secoués en chemin de fer, pour ne descendre qu'à Mekelsheim, localité située entre Bruchsal et Heidelberg.

De là, une marche fatigante nous amena jusqu'au Rhin en passant par Wiesbach, marche qui nous permit de nous rendre compte de ce que pouvaient être les premiers désagréments d'une campagne.

Il régnait une chaleur étouffante, dont je n'eus cependant pas à souffrir personnellement; n'étais-je pas jeune et vigoureux, et avant toutes choses, n'étais-je pas stimulé au plus haut point par une apparition soudaine qui devait me tenir en haleine : la cathédrale de Spire m'était apparue au loin, et chaque pas maintenant devait m'en rapprocher davantage.

Car Spire était mon pays natal; j'allais pouvoir y saluer une dernière fois mes parents et ma sœur que je n'avais pas revus depuis plus d'un an, et la seule pensée de ce « revoir » m'aidait à surmonter vaillamment toutes les fatigues.

Nous établîmes notre bivouac juste en face de la ville : devant nous le Rhin brillait magnifique, et sur la rive opposée, le vieux dôme impérial projetait dans les flots ses coupoles et ses tours que le soleil couchant enflammait de vastes rayons d'or.

A peine étions-nous installés que l'on vint m'annoncer l'arrivée de mes parents.

Je reconnus de loin mon père et ma mère qui, en approchant, me faisaient des signes d'amitié, tandis que ma petite sœur courait à moi, aussi vite que le lui permettaient ses jambes.

Ce fut une rencontre inoubliable; elle dura malheureusement trop peu de temps, car un ordre arriva qui obligea toutes personnes étrangères à quitter sans tarder le bivouac.

Le lendemain, notre bataillon prit la tête de la brigade et nous traversâmes Spire pour nous diriger vers l'ouest.

Mon détachement formait la pointe de la colonne; jamais, je dois le dire, je ne me sentis plus fier que ce jour-là, où, pour la première fois, je passais par ma ville natale à la tête de mes chasseurs, tandis que tous les habitants portaient sur nous leurs regards curieux et nous contemplaient avec un intérêt croissant.

Je fus naturellement reconnu de tous, on me montrait du doigt, on m'envoyait des regards significatifs, et des baisers.

Il me fut permis, une fois encore, dans la suite, de quitter mon cantonnement pour retourner à Spire dire un dernier « adieu » à la maison paternelle.

Je ne devais plus la revoir avant le 8 janvier 1871, lorsqu'on m'y ramena pour y soigner mes blessures, amaigri jusqu'aux os, inanimé de douleur et de froid, le bras fracassé, les chairs meurtries.

Le 4 août, avant le lever du jour, nous avions quitté le camp de Germersheim; nous ne tardâmes pas à entendre les premiers coups de canon qui nous arrivaient de Wissembourg.

On eût dit un roulement lointain de tonnerre; et cela produisait sur nous l'effet d'un aimant puissant qui nous obligeait à marcher plus vite, au point que nous en arrivions presque à prendre le pas de course.

Mais rien n'y fit; nous eûmes beau nous hâter, il était écrit que nous devions arriver trop tard, et que nous ne serions pas de la partie à ce jour fameux où, dans une fraternelle alliance, Prussiens et Bavarois allaient recevoir le baptême du sang.

Nous en étions devenus jaloux de nos camarades du IIe corps bavarois, plus heureux que nous, auxquels il avait été permis déjà de recueillir leurs premiers lauriers, sous les yeux mêmes du prince impérial qui commandait la troisième armée, chef affectionné entre tous, vers lequel s'étaient tournés tous les cœurs de l'Allemagne du Sud.

Ils avaient, il faut le dire, de concert avec les Ve et XIe corps prussiens, infligé une telle défaite à nos ennemis, qu'avec la meilleure volonté du monde, il ne nous restait plus rien à faire, sinon qu'à mettre un frein à notre impatience.

Aussi fûmes-nous de fort vilaine humeur, ce soir-là du 4 août, lorsque, près de Langen-Kandel, on nous obligea à nous installer dans un bivouac humide et mausade.

Il pleuvait à verse et sans discontinuer, au point que l'eau nous coulait tout le long du corps jusque dans nos bottes.

Cela ne m'empêcha pas, du reste, de très bien dormir et de passer une excellente nuit; je n'eus pas non plus trop froid, grâce à la sollicitude des villageois d'alentour qui, en nous apportant plus de paille qu'ils n'étaient obligés, en étaient arrivés à rendre notre camp des plus acceptables.

Tous ces braves gens étaient en général d'une générosité que je n'ai plus jamais rencontrée en aucune région de l'Allemagne.

Il faut dire qu'ils avaient des raisons toutes particulières de se féliciter de notre présence : l'ennemi se trouvait à peine à 9 kilomètres de là, et ces malheureux auraient eu à en supporter de dures, si, par malheur, nous l'avions laissé arriver jusqu'à eux !

Le 5 au matin, nous étions prêts depuis longtemps quand nous parvint l'ordre du départ.

Nous attendions avec anxiété le moment de nous mettre en route, impatients de nous rapprocher du champ de bataille de la veille, et ne désespérant pas de voir encore l'ennemi tenter une dernière attaque qui nous mettrait en face de lui.

Bientôt, des hauteurs de Schweighoffen, nous aperçûmes la ville et la région de Wissembourg, théâtre de la bataille d'hier; l'émotion était grande dans nos rangs quand nous pénétrâmes dans cette belle et si intéressante contrée.

Au coin d'une route, dans un grand jardin, 500 Français étaient prisonniers, gardés par des chasseurs bavarois du 10e bataillon; c'étaient, en grande partie, des turcos; on peut s'imaginer avec quelle curiosité nos hommes les contemplaient !

« En voilà-t-il des diables noirs ! » lança un vieux Bavarois; « en ont-ils des têtes de singe, et dirait-on vraiment des êtres humains ! »

Nombreuses étaient les réflexions de ce genre; la vue de ces prisonniers absorbait tant nos soltats que nous avions une peine inouïe à les faire avancer.

A ce moment-là, elles nous paraissaient encore comiques, toutes ces figures de régions lointaines, et nous n'en connaissions pas encore la grande valeur et la bravoure; ce n'est que plus tard, lorsque nous nous trouvâmes en présence au feu de la bataille, que nous apprîmes à les juger comme elles le méritaient.

Mais voici que soudain un long cri nous arrive de l'avant de la colonne, la parcourant tout entière, comme un frisson :

« La frontière ! voilà la frontière ! »

Alors spontanément, mille voix se mettent à chanter l'air fameux qui s'élève vers le ciel :

Un appel retentit comme un bruit de tonnerre

et nous continuons en cadence notre marche sur Altenstadt.

Le poteau frontière de France se trouvait juste contre la première maison du village.

« Hurrah ! hurrah ! hurrah ! » C'est à ces cris, agitant nos casques et sautant d'allégresse, que nous défilâmes devant lui,..... et de nouveau, dans nos rangs, s'éleva puissamment le chant glorieux :

Chère patrie, repose en paix,
Elle veille fidèle et forte, la garde au Rhin !

Et là-bas, sur notre gauche, en flots éblouissants, il roulait notre vieux Rhin ; il roulait étincelant, et, dans cet instant solennel, nous lui jurâmes de faire notre devoir pour qu'il restât allemand et pour qu'il ne soit jamais franchi par des Français, autrement que prisonniers.

Tous, nous avons tenu notre parole.

Sur la route que nous suivions, des troupes prussiennes avaient dû passer peu de temps auparavant, à en juger par les nombreux débris de paquets de cartouches qui se trouvaient disséminés tout le long du chemin.

C'étaient, sans aucun doute, les bataillons et régiments allemands qui, la veille, avaient marché vers la fusillade de Wissembourg.

Pendant longtemps encore dans la suite, tous ces braves gens, qui pour la première fois allaient au combat, ont dû entendre résonner à leurs oreilles le commandement de : « Chargez », prononcé juste en face du poteau frontière.

A Altenstadt, le plus grand désordre régnait, désordre

comme nous avons eu l'occasion d'en rencontrer souvent pendant la campagne, dans les villages situés sur les champs de bataille ou dans leur voisinage.

Dans la plupart des maisons se trouvaient des blessés; partout des drapeaux blancs à croix rouge indiquaient que telle ou telle habitation avait été convertie en ambulance et devait rester à l'abri des réquisitions.

Et cependant Altenstadt me séduisait par un charme tout particulier qui me faisait préférer cette localité aux autres dont j'ai conservé le souvenir : une jeune personne, une juive, belle comme le jour, se tenait à une fenêtre entr'ouverte, et, par sa grâce, était l'objet de l'admiration générale et le point de mire de tous les regards.

Je ne serais pas étonné que Makart se soit servi de ce modèle ravissant lorsqu'il peignait sa *Judith*.

Mais voici que pour la première fois apparaissait à nos yeux l'affreuse réalité de la guerre : plusieurs victimes de la bataille de la veille, que l'on n'avait pas eu le temps d'ensevelir, étaient là, devant nous, dans toute leur horreur. C'étaient des hommes du 47e régiment, qui, dix-huit heures auparavant, étaient montés si bravement à l'assaut du Geisberg.

Le spectacle de ces premiers morts que l'on rencontre sur un champ de bataille vous remue affreusement : ils sont là étendus, l'œil grand ouvert, regardant fixement le ciel, les mains crispées par la convulsion, et comme voulant repousser la douleur, la poitrine trouée ..... et l'on voudrait leur porter secours, on voudrait cacher l'horrible image, et rendre les cadavres au repos de la terre.

Mais on n'en a pas le temps; il est des choses plus pressantes; il faut aller de l'avant et marcher à l'ennemi, sans perdre une minute; à d'autres le soin de débarrasser le champ de bataille.

Nous arrivâmes à Ingolsheim dans l'après-midi, après une marche fatigante et par une pluie battante.

Nous prîmes une position d'attente au sud-est de ce village, dans un champ de pommes de terre, sorte de bouillie indéfinissable.

A peine nous étions-nous arrêtés, que l'ordre arriva de bivouaquer là; il nous fallut obéir; mais quel bivouac !

La pluie tombait à seaux, tandis que nous pataugions dans un vrai marécage, où nous avions peur de laisser nos bottes; en même temps, l'eau nous ruisselait tout le long du corps, comme sous une douche.

Avec cela, pas une goutte d'eau à boire : les puits avaient été complètement épuisés; quant au ruisseau, il avait été souillé par les cheveaux de la cavalerie, de l'artillerie et du train, et ne formait plus qu'un marais boueux.

Il restait bien encore une fontaine dans la cour de la mairie, mais elle était réservée au service des blessés, et des sentinelles en défendaient l'approche.

Il fallut donc organiser une corvée d'eau et envoyer nos chasseurs, déjà exténués, à plus d'une heure de là, pendant que la pluie continuait à tomber, comme par ironie.

Mais voici le bouquet ! Quand nous demandâmes de la paille pour nous reposer, on nous répondit qu'il n'en restait plus une brindille. Tout ce qui subsistait avait été réquisitionné par les Prussiens des Ve et XIe corps qui, la nuit précédente, avaient bivouaqué là, et ceux-ci n'avaient laissé derrière eux qu'un gâchis impropre à tout usage.

Même histoire pour le bois de chauffage.

Nous avions bien abattu des branches aux nombreux arbres fruitiers des alentours, mais elles ne brûlaient qu'à peine et répandaient plus de fumée que de chaleur.

Pour comble de malheur, le pain que j'avais emporté dans ma musette et que j'avais traîné toute la journée, ne formait plus qu'une panade nauséabonde, à laquelle allait se mêler un restant de chocolat provenant encore de ma mère.

Et cependant, malgré tous ces petits désagréments, nous étions gais et de bonne humeur. Le sentiment de nous trouver en France, la joie causée par la victoire de nos camarades, l'espoir de pouvoir, à notre tour, récolter bientôt les lauriers, nous faisaient tout oublier. Nous nous amusions même à plaisanter et à rire à maintes occasions.

C'est ainsi que je n'oublierai jamais certain officier de la landwehr qui s'allongea dans la boue de toute sa longueur et ne pouvait se consoler de voir son bel uniforme souillé pour toute la campagne.

Nous restâmes toute la nuit assis autour d'un grand feu allumé non sans peine ; un bon vin chaud nous tenait lieu de lit et remplaçait avantageusement notre trop peu confortable chambre à coucher.

Et nous continuâmes à bavarder jusqu'au jour, malgré tout joyeux et gais de voir se réaliser la première partie de notre rêve : nous nous trouvions en pays conquis, nous étions sur la terre de France.

II

LA JOURNÉE DE WÖRTH (6 AOÛT 1870)

— « Qui veut parier que nous verrons le feu aujourd'hui ?

— « Aujourd'hui ! jamais de la vie ! d'abord les Français, après la défaite que nous leur avons infligée à Wissembourg, se sont éclipsés ; et puis notre corps d'armée se trouve être le dernier dans l'ordre de marche ; enfin, j'ai tellement mal aux cheveux de ce punch que nous avons absorbé au bivouac d'hier, que je suis plutôt disposé à dormir qu'à me battre ; et comme vous ne pouvez pas vous battre sans moi.....

— « Ce sont là évidemment des raisons sérieuses et je suis persuadé que notre Kronprinz et son digne adversaire le maréchal de Mac-Mahon voudront bien en tenir compte ; mais tranquillise-toi, je parie malgré tout que ta grosse couenne de lard recevra quelque chose aujourd'hui.

— « Et ta trogne, donc !

— « Eh bien, tant mieux, mon ami, cela fait que nous aurons chacun notre part, ce qui n'empêche pas que je reste plus que jamais persuadé que nous trouverons du bon travail à faire avant ce soir.

— « Il n'en est pas question, te dis-je ; hier encore ces messieurs de l'état-major de la division prétendaient qu'on ne rencontrerait plus l'ennemi avant le 7 août.

— « Ce n'est pas mon avis ; parions-nous une bouteille de champagne ?

— « Je veux bien, à condition que tu t'occupes de la trouver, car je n'aime pas chercher !

— « Tope là, c'est entendu : si nous nous battons, c'est toi qui paies, sinon, c'est moi. »

Telle était notre conversation au matin du 6 août, tandis que nous suivions, en déambulant dans une boue sans fond, la grande route qui mène d'Ingolsheim à Wörth ; et c'était bien là le langage de deux jeunes lieutenants, l'un, comte de Reigesberg, gros et rond, l'autre, votre serviteur, svelte et élancé, tous deux au premier bataillon de chasseurs bavarois.

Était-ce possible d'appeler « marche » les mouvements que, ce jour-là, nous faisions pour avancer ? Assurément non, car nous pataugions bien plutôt que nous ne marchions.

Il pleuvait continuellement depuis quelques jours : hier, pendant que nous bivouaquions, les averses n'avaient pas cessé de tomber, et aujourd'hui, le Dieu de la pluie s'amusait encore à nous arroser plus qu'abondamment.

Tout cela ne nous donnait évidemment pas des airs de parade, pas plus que ce bivouac dans la bouillie d'Ingolsheim n'avait fait resplendir nos uniformes neufs.

Mais nous faisions bonne impression quand même, et je suis intimement persuadé que plus d'une charmante enfant eût été enchantée de serrer bien fort dans les siennes, une de ces mains malpropres, et même de se laisser voler un baiser pas l'un de nos gaillards, si elle eût été sûre de n'être remarquée de personne.

Ce qui nous donnait si bonne allure, c'est que dans nos regards luisait l'espérance de la victoire, c'est que nos poitrines étaient gonflées d'orgueil à la pensée de nous trouver en pays conquis, si bien qu'on n'apercevait plus les taches de boue qui souillaient nos uniformes et nos bottes.

Quel sentiment bien particulier que cette confiance inébranlable dans le succès final!

Nous n'avions pas combattu nous-mêmes à Wissembourg, mais nous étions à tel point fascinés par la victoire, que nous aurions facilement traité de fou celui qui eût osé prétendre que le sort pouvait encore nous devenir contraire. Chaque soldat et, à plus forte raison, chaque sous-officier, chaque officier comprenait fort bien que, cette fois, contrairement à ce qui s'était passé en 1866, on allait nous conduire droit au but, sans s'arrêter à des considérations politiques; chacun savait qu'il n'y aurait plus de repos tant que les Français ne seraient pas complètement battus, tant qu'ils ne demanderaient pas grâce.

Soutenus par de tels sentiments, on comprendra qu'il nous était facile de supporter toutes les fatigues et de conserver, nonobstant la pluie, notre provision de bonne humeur.

Eh bien, malgré tout, je ne puis affirmer que, ce matin-là, notre déjeûner fût succulent.

On ne connaissait pas encore, à cette époque, les tissus imperméables ; mon brave ordonnance portait mes provisions dans une musette qui, jusqu'à ces derniers jours, s'était assez bien comportée, mais commençait à ressembler à une de ces danseuses de ballet qui, le soir, charment le public et, le lendemain matin, se montrent à nous, sans fard, sans perruque, sans dents, sans autre charme que leurs quarante-cinq ans.

Cette malheureuse musette était devenue, petit à petit, le rendez-vous de plusieurs ruisseaux. Mon fidèle Sancho (on finira certes par me prendre moi-même pour un Don Quichotte) décida de conserver mon pain avec le sien et de n'en faire qu'un seul gros morceau au lieu de deux petits, ceci afin qu'il ne s'amollisse pas trop vite.

Son idée pouvait être très bonne, mais la pluie, en s'obstinant, devait venir à bout même de ce gros morceau de pain, et malgré que Sancho eût pris la précaution de le cacher sous un tas d'ustensiles de toutes sortes qui nageaient dans ma musette. Parmi ces objets se trouvait une trousse à cirage, que l'on croyait indispensable à cette époque, mais que l'on trouverait bien superflue aujourd'hui; son contenu, sous l'influence de l'eau, devint une sorte de bouillie, puis une sauce très liquide qui, en se répandant sur le pain, forma un mélange indéfinissable.

Mon dévoué compagnon garda naturellement pour lui la partie la plus abîmée de notre miche, et me laissa l'intérieur ; dire que cela ne sentait plus du tout le cirage de bottes, et qu'il ne fallait pas, pour le digérer, un bon appétit, et surtout un bon estomac, serait peut-être exagérer, mais l'essentiel n'est-il pas de l'avoir supporté et de ne s'en être pas trouvé plus mal pour cela?

Devant nous, nous apercevions le village de Schönenburg.

— « Dis-moi, l'ordonnance, peut-être trouveras-tu à acheter là-bas une nouvelle miche de pain?

— « J'essaierai, mon lieutenant. »

Il faut dire qu'à cette époque les ordonnances ne portaient pas de fusil, mais simplement leur paquetage et celui de leur officier; ils pouvaient ainsi quitter plus facilement la colonne pour aller aux provisions.

Mais ce matin-là, rien à faire ; et en effet, avant d'arriver à ce fameux patelin qui se trouvait devant nous (c'est ainsi que le soldat de 1re classe Wögele appelait indistinctement chaque localité française, qu'il s'agisse de Londonville, pauvre petit village du Perche, ou de Paris), on nous obligea à appuyer vers l'ouest, en nous faisant passer par un chemin de culture épouvantable, pour nous concentrer vers Keffenach.

Le sol devenait de plus en plus mauvais ; il nous fallait maintenant faire de gros efforts pour sortir nos bottes d'une boue épaisse et glaiseuse ; par contre, le ciel devenait plus clément : c'était Jupiter qui n'avait probablement plus de seaux à nous jeter et qui se contentait de vider des arrosoirs, qui voulut bien enfin ne plus envoyer d'eau du tout.

Heureux de ce changement de température, nous avancions plus allègrement et bientôt nous nous trouvâmes sur une élévation à l'ouest de Keffenach.

— « Oh ! oh ! Que se passe-t-il donc ? Voyez cet officier d'ordonnance qui nous arrive à bride abattue, éclaboussant tout sur son passage. »

En même temps, de l'avant, nous fut donné l'ordre d'accélérer.

— « Mais qu'y a-t-il donc ?

— « Je ne sais pas. »

Nous ne voyions ni n'entendions rien de particulier, et cependant une grande agitation s'empara de nous tous à la pensée qu'il fallait une raison sérieuse pour nous imposer une allure aussi rapide.

— « Là-bas, à droite, on entend du tonnerre! cria l'un de nos hommes.

— « Imbécile! lui répondit un camarade, c'est sur la terre qu'il tonne et le bruit que tu entends est celui du canon; je crois même que cela doit chauffer pas mal. »

Le son, je dois le dire, nous arrivait très atténué en raison de ce que, devant nous, la pluie n'avait pas cessé de tomber, mais nous commencions cependant à mieux nous rendre compte de ce que pouvait être le vacarme que nous percevions; le doute n'était plus possible à présent, c'était bien la canonnade.

Il fut inutile, à partir de ce moment-là, de nous encourager pour nous pousser en avant.

Les hommes paraissaient subitement grandis, ils avaient cessé de bavarder, ils prêtaient l'oreille et cherchaient à voir par-dessus les têtes, ils happaient au passage une parole lancée par quelque officier d'ordonnance, et ils avançaient, ils avançaient toujours......

Ils avaient compris qu'il fallait se dépêcher pour arriver le plus vite possible et ils y mettaient d'autant plus d'ardeur qu'ils avaient la chance de se trouver en tête de la brigade, c'est-à-dire les premiers à l'attaque dans le cas où celle-ci devait encore se produire.

Le lieutenant-colonel ne fit pas de long discours, il

nous dit simplement : « Là-bas se livre une grande bataille ; hâtons-nous et nous aurons peut-être le bonheur de pouvoir encore nous battre. »

Il connaissait bien ses hommes ! Nous ne marchions plus à présent, nous courions et bientôt nous laissions en arrière le régiment d'infanterie qui venait après nous. Les fantassins ne pouvaient plus nous suivre, ils n'avaient pas été dressés par le vieux Schmidt, eux !

C'est alors que je me souvins du reproche qu'on nous avait souvent adressé dans le temps, et à moi en particulier, d'exiger trop d'efforts de la part de nos hommes.

Il est évident que lorsque j'étais moniteur de gymnastique et d'escrime des sous-officiers, je les faisais travailler dur, mais je savais très bien à qui je m'adressais : ils appartenaient au bataillon Schmidt, c'était tout dire, et ils n'auraient pas hésité à faire sortir le diable de son enfer si le « vieux » en avait manifesté le désir.

Je me souvins encore que, peu de temps auparavant, j'avais fait, avec tous les sous-officiers du bataillon, et au pas gymnastique, le trajet aller-retour de Kempten à Kottern en 48 minutes, sans qu'un seul homme sortît du rang, pas même le petit caporal Fuchs qui cependant bedonnait déjà pas mal à cette époque.

Aussi étions-nous à même d'apprécier les résultats de cette rude école du temps de paix : nous ignorions la fatigue et je puis dire que, si le lieutenant-colonel et ses officiers n'avaient pas pris soin de régler eux-mêmes notre allure, nous aurions pris le mors aux dents pour arriver plus vite auprès de ces gaillards et leur donner de nos nouvelles. Mais nos chefs cherchaient, avec juste raison, à nous calmer, car ils savaient fort bien que le corps, même soutenu par la volonté et le moral, n'est pas capable de supporter un effort exagéré.

Devant nous la canonnade devenait plus bruyante. Il ne pleuvait plus; à nos pieds s'étendait un paysage riant, éclairé par un soleil radieux.

On commençait à distinguer des nuages de fumée : les uns, très éloignés, provenaient de villages incendiés, les autres, plus rapprochés, nous décelaient la présence d'une puissante artillerie déployée sur les hauteurs en avant de Preuschdorf.

Vers 4h 30 de l'après-midi, nous étions arrivés aux environs de Lampertsloch.

Nous n'éprouvions plus sur notre corps cette sensation d'humidité qui, tout à l'heure, nous venait du dehors; grâce au soleil, grâce surtout à la course rapide que nous avions fournie, nos uniformes allaient être trempés à nouveau par la transpiration abondante.

Sur la hauteur de Lampertsloch nous entendîmes, pour la première fois, le crépitement des mitrailleuses; nous avancions alors en contournant la lisière d'un bois.

— « Regardez là-bas, les voilà !

— « Qui ? les Français ? Mais ce n'est pas possible, vous voyez bien qu'ils tirent de l'autre côté ; ce sont les nôtres. »

C'étaient en effet les Prussiens du Ve corps dont les coups de feu éclairaient de leur lueur les hauteurs de Diefenbach ; on pouvait se rendre compte de l'efficacité de leur tir par les flammes qui s'élevaient des maisons incendiées de Fröschwiller et d'Elsasshausen.

— « Et plus loin, ne sont-ce pas des Français ?

— « Non, ce sont encore des Allemands, car s'il en était autrement, ils prendraient de flanc l'artillerie qui se trouve devant nous ; nous ne pouvons encore rien voir de l'ennemi.

— « Que sont donc ces petits nuages de fumée que l'on aperçoit dans les airs ?

— « Ce sont des schrapnels ; ils ne sont plus guère dangereux quand ils éclatent à cette hauteur ; ceux-là sont lancés par les Français, cela se voit, les nôtres ne monteraient pas si haut.

— « Mon lieutenant, voici des Français ! j'aperçois nettement les culottes rouges ?

Je m'arrêtai un instant, je pris une jumelle et je regardai, puis je rejoignis ma section.

— « Vous avez raison, Rief, ce sont bien des Français cette fois, mais ils sont prisonniers. »

Au même moment arrivait un officier d'état-major de la division qui se présenta au lieutenant-colonel et lui communiqua un ordre.

A notre gauche, nous avions un champ libre.

La grosse voix de notre chef résonna si fort que tous les hommes l'entendirent distinctement :

« Par le flanc gauche ! Colonnes de compagnies face au village devant vous, pas gymnastique, marche !.....

« Halte !.....

« Sac à terre !.....

« Les manteaux en bandoulière ; y attacher les marmites !.....

« Quatre hommes de chaque compagnie à la garde des sacs, sous la surveillance du sergent-major et d'un caporal de la 4e compagnie !.....

« Rassemblement sur la route !.....

« Allons, dépêchons-nous !..... »

Tous ces ordres furent exécutés avec la rapidité d'un éclair ; il n'était plus question d'aligner savamment les sacs, comme on nous l'avait appris à la parade ; nous étions à la guerre.

Donc chaque section — la compagnie, à cette époque, en comprenait quatre — plaça un homme à la garde des sacs ; je dus choisir, pour ma part, un vieux chasseur de la landwehr qui manquait de souffle.

Il faillit pleurer de ne pouvoir nous accompagner, mais n'osa pas insister ; il fit bien, car la marche forcée de tout à l'heure n'avait été qu'un jeu d'enfant à côté de ce qui nous était réservé.

« Pas gymnastique, marche! »

On n'entendit plus que le cliquetis des marmites qui battaient contre les baïonnettes et les fusils, en faisant un vacarme assourdissant; mais nous n'y prenions garde, nous ne nous intéressions qu'au bruit de la fusillade, et nous y courions, nous y courions dans une course folle à travers Preuschdorf, Mitschdorf et Görsdorf.

Nous vîmes soudain ce qui se passait sur le versant opposé du Sauerthal, à l'est de Fröschwiller ; c'était comme une fourmilière retournée; Prussiens et Bavarois allaient et venaient dans tous les sens; au milieu d'eux quelques Français isolés que l'on reconduisait en arrière; il y avait aussi des morts et des blessés comme s'ils avaient été semés, et là encore on reconnaissait beaucoup plus d'Allemands que de Français.

Nous arrivions trop tard pour assister au combat d'infanterie ; la grande batterie qui se trouvait à l'est de Wörth avait aussi cessé de tirer et le canon ne tonnait plus que de l'autre côté de la Sauer, moins fort cependant que tout à l'heure.

« Nous n'arriverons plus pour la charge, mais peut-être encore pour la poursuite, si nous faisons vite.

« Pas gymnastique, marche! »

Quelques vieux chasseurs de la landwehr, qui n'étaient

plus habitués à de pareils surmenages, durent quitter les rangs ; mais que nous importait l'absence d'une vingtaine d'essoufflés, puisque nous étions encore 980 qui pouvions arriver à l'ennemi et participer à cette victoire si magnifiquement préparée par les heureuses troupes qui se trouvaient en avant de nous.

Et nous courions toujours.

A notre gauche se tenait le général von Kirschbach avec son état-major ; j'aurais été heureux, à un autre moment, de le contempler à mon aise, mais je n'en avais vraiment pas le loisir pour l'instant.

Nous tournâmes à droite après Görsdorf et descendîmes, toujours en courant, le versant est du Sauerthal ; c'est là que nous devions rencontrer les premiers soldats tués, chasseurs du 4e bataillon et fantassins des 1er, 2e et 11e régiments de la Garde; mais nous n'en fûmes pas émus outre mesure.

La marche forcée à travers le champ de bataille de Wissembourg nous avait-elle déjà endurcis à ce point? Assurément non, mais nous n'avions pas le temps de nous apitoyer sur les morts, et notre pensée, comme nos pas, se portait en avant.

Ce n'est donc que rapidement, et en passant, que nous jetâmes un regard sur nos camarades étendus ; peut-être pourrions-nous nous occuper d'eux un plus tard.

Entre temps le crépuscule était tombé; nous étions arrivés dans le fond assez large du Wiesenthal où subitement la Sauer nous barra la route ; c'était un ruisseau extrêment profond, avec des rives très escarpées; son eau était d'apparence perfide.

Les compagnies se formèrent en colonnes.

« Pouvons-nous passer ?

« Oui, mais avec la plus grande prudence ; plusieurs hommes de la 1e division se sont noyés. »

« Les nageurs en avant ! » commanda le capitaine.

J'étais de ceux-là ; j'avais été élevé sur les bords du Rhin, et ce n'était pas en vain que j'avais passé dans les eaux mêmes de ce fleuve une grande partie de mes étés.

En un bond, je fus au milieu du ruisseau ; il était large à peine de dix pas, mais si profond qu'à mon grand étonnement j'eus de l'eau jusqu'au dessus de mes épaules : j'atteignis cependant vite la rive opposée, montrant ainsi que l'on pouvait traverser à pied.

« Baïonnette au canon !

« Enlevez les cartouchières ; accrochez-les à la baïonnette, et attention qu'elles ne se mouillent pas !

« Passez exactement où j'ai passé moi-même ! »

Les hommes obéirent.

Comme le ruisseau était beauceaup plus profond qu'il n'en avait l'air, chaque section dut choisir une place convenable pour le traverser.

Quelques privilégiés tombèrent sur une sorte de petit pont que nous ne connûmes que plus tard.

Il m'était du reste complètement indifférent d'être mouillé ; peu m'importait que mes vêtements fussent traversés dans un sens par la transpiration ou dans l'autre par l'eau du ruisseau ; la sensation n'en était que très agréable et je m'imaginais prendre un bain, voilà tout.

Ce qui nous fut le plus pénible, c'est qu'on nous força bientôt à nous arrêter, et qu'on vint nous annoncer que notre bataillon ne participerait plus à la poursuite, mais fournirait simplement ses médecins et ses brancardiers pour le relèvement des blessés.

Quoi ! après nous avoir fait trotter toute la journée comme des mercenaires, sur des chemins abominables, après avoir précipité les cinq derniers kilomètres comme s'il se fût agi du salut de notre âme, après nous avoir fait prendre un bain dans la Sauer, on venait tranquillement nous dire qu'on n'avait plus besoin de nous !

Je dois renoncer à écrire les mots qu'alors je prononçai, car ces vingt-cinq années de paix m'ont à nouveau civilisé ; mais combien je regrette l'autre époque, assurément moins avachie que la présente.

Il peut y avoir dans la guerre des moments pénibles, on y parle certes un langage plus rude, on y prononce des mots plus violents, mais c'est dans la guerre que l'on rencontre les plus beaux sentiments, les plus nobles, les plus élevés.

C'est dans la guerre que grandissent les vertus les

plus pures ; l'enthousiasme dans ce qu'il a de plus grand, le courage intrépide, la bravoure, l'instinct du sacrifice, la camaraderie la plus fidèle, le sentiment du devoir, l'abnégation, l'amour de la patrie et de son roi ; c'est dans la guerre que se forgent des hommes . . .

. . . .

On forma les faisceaux ; les hommes se mirent en groupes, les officiers firent de même, tout le monde s'étendit, puis les conversations allèrent leur train sur les événements de la journée.

Il était certain pour tout le monde que notre IIIe armée avait de nouveau remporté une éclatante victoire ; pouvait-il en être autrement du reste, et notre présence sur le champ de bataille abandonné par l'ennemi, n'en était-elle pas la preuve évidente ?

Une demi-heure après, nous étions reposés ; nous ne tardâmes pas à être rejoints petit à petit par les autres régiments de la brigade qui arrivaient à notre suite dans le Sauerthal.

Ma montre indiquait 7 heures ; elle marchait encore malgré le bain forcé que je lui avait fait prendre.

Le soir commençait à tomber, un de ces soirs comme je ne devais plus en rencontrer de ma vie, le plus admirable certainement qu'il soit possible de contempler sur la terre ; soir dont la splendeur était rehaussée encore par notre joie d'avoir été favorisés de la fortune.

L'air était pur, comme il arrive toujours après une longue pluie; la température était agréablement rafraîchie, le soleil disparaissait derrière la forêt de Langensoulzbach.

Bientôt la lune fit son apparition et projeta sur toute la vallée et sur la lisière des bois sa lumière étincelante et magique.

D'abord isolés, puis nombreux, et toujours plus nombreux, des feux s'allumèrent dans les bivouacs; on eût dit autant de vers luisants plus rouges s'ébattant au milieu de la verdure humide des coteaux.

Le ciel, en s'obscurcissant, rendait plus visibles encore les flammes qui s'élevaient des villages incendiés de Fröschwiller, Elsasshausen et Eberbach, jetant aux alentours leur lueur effrayante.

Dans la vallée, le bruit de la lutte et le fracas de la bataille avaient cessé; de rares coups de fusil partaient encore de temps à autre de la lisière des bois: sans doute quelque turco grièvement blessé qui, en rampant, venait de tuer le brancardier qui s'approchait de lui; — ce malheureux noir était-il capable de comprendre qu'un ennemi pouvait venir à lui autrement qu'avec l'intention de l'achever ou de le torturer; connaissait-il la convention de Genève, le droit des gens, la compassion, le respect des vaincus ? Il est certain que ses maîtres français n'avaient rien appris de tout cela à ce pauvre diable, qui se fût montré moins sanguinaire et moins décidé à ravager l'Allemagne ; or ce n'est certes pas là ce que désirait cette grande nation placée à la tête de la civilisation !

Elle fut trompée dans ses espérances de conquête, grâce au ciel, car le hasard mit heureusement la chance de notre côté.

Il n'en reste pas moins vrai que plus d'un Arabe se vit condamner et fusiller qui aujourd'hui nourrirait tranquillement sa famille, si, avant la guerre, quelqu'un avait pris la peine de lui apprendre à se conduire loyalement dans le cas où il aurait le malheur d'être blessé ou fait prisonnier.

Soudain, dans un régiment du Ve corps, une fanfare se fit entendre jouant la « Garde au Rhin ».

Ce fut comme une traînée de poudre : de tous côtés, sur les hauteurs, dans les vallons, partout où se trouvaient des troupes allemandes, les musiques suivirent cet exemple ; les accents de la superbe mélodie résonnèrent majestueusement, tandis que mille voix, s'élevant du champ de bataille vers le ciel étoilé, chantaient la victoire.

A la « Garde au Rhin » succéda le « Salut à notre Roi », hommage des troupes à leur chef suprême, puis la « Prière », un témoignage de gratitude envers le Grand Directeur des batailles qui, en soutenant le bon droit, avait aidé la destinée de l'Allemagne.

Notre fanfare joua superbement.

Nous écoutions, debout, les accords graves de ces hymnes, la tête découverte, profondément recueillis, et je dois dire que jamais, dans aucune église, je ne me sentis ému comme à ce moment-là, au soir de la bataille, en pleins champs, devant la grande nature. . .

. . . .

Notre repos ne fut pas de longue durée; vers 7 h 45 l'ordre arriva de nous porter en avant à l'ouest de Fröschwiller et de nous tenir prêts à toute éventualité.

Nous dûmes passer sur la hauteur où, quelques heures auparavant, s'était livré le combat le plus acharné de la journée; de nombreux morts et blessés jonchaient le sol, mais nous ne pouvions les apercevoir tant la nuit était obscure et le terrain déjà déblayé en partie; nous percevions cependant très distinctement leurs plaintes, car nos hommes avaient cessé de chanter, obligés qu'ils étaient de faire très attention à leur route pour ne pas tomber; des cris affreux de blessés et des suppliques de mourants nous arrivaient, tantôt en français, tantôt en allemand, tantôt en arabe; mais que pouvions-nous y faire ! Nous n'avions pas de temps à perdre et notre devoir était ailleurs; ces malheureux n'étaient du reste pas complètement abandonnés, nous en avions la preuve dans le va-et-vient de tous ces médecins et infirmiers que nous apercevions parfaitement à la lueur de leurs lanternes, accomplissant consciencieusement leur funèbre métier.

A Fröschwiller, le spectacle était terrifiant : l'incendie s'éteignait petit à petit, mais pas assez cependant pour que nous soient cachées toutes les misères de la guerre. A travers la clarté des fenêtres, on distinguait, plus ou moins éclairés, des médecins qui, sans relâche, se livraient à leur travail; et dans les rues ce n'étaient que brancardiers qui ramenaient des blessés sur des civières sanglantes, cherchant pour eux une petite place dans l'encombrement des maisons.

Au milieu de tout cela, les habitants couraient çà et là dans leur village en cendres, et renonçaient à retrouver les leurs qu'ils n'avaient pas vus depuis le commencement de la bataille et qu'ils croyaient à jamais perdus.

Nous fûmes heureux de sortir enfin de cette misère et de nous sentir de nouveau en pleine campagne.

L'ordre arriva aussitôt de nous faire prendre immédiatement une formation de combat, ce dont nous fûmes enchantés ; nous espérions encore pouvoir participer à la poursuite, mais hélas, ce fut en vain, et vers 10 heures, un nouvel ordre nous prescrivait de retourner à l'emplacement où nous avions laissé nos sacs, et d'y installer notre bivouac.

A nouveau, il nous fallut traverser Fröschwiller; nous prîmes ensuite sur la droite par Wörth et Diefenbach, et rejoignîmes la grand'route entre Preuschdorf et Sampersloch ; c'est là que nous devions nous arrêter.

Il était minuit ; nous trouvâmes de la paille en abondance, grâce au dévouement de notre officier d'approvisionnement, homme dégourdi et énergique s'il en fut ; nous pûmes ainsi nous étendre de suite et nous reposer.

Mais avant toute autre chose, il me parut indispensable de fouiller dans le sac de mon ordonnance ; j'en sortis du linge aussi sec que possible, puis je me déshabillai, sans faire attention à ceux qui m'entouraient, jusqu'à ce qu'il ne me restât plus que la peau pour habit ; je me fis alors frictionner sérieusement par mon homme et je passai mon linge soi-disant propre ; enfin seulement j'entrai dans le lit de paille que l'on m'avait soigneusement préparé.

Je dormis bientôt comme un bienheureux, — non pas du sommeil du juste, ce serait prétentieux, — mais d'un sommeil exempt de tracas, d'un sommeil de jeune homme exténué, qui reposait aussi confortablement à la belle étoile que dans le meilleur lit de sa maison paternelle.

III

CHARDOGNE

— « Croyez-vous qu'ils vont nous attendre au camp de Châlons ?

— « Je l'espère, car si le maréchal de Mac-Mahon avait voulu nous laisser libre la route de Paris, ce n'est pas à Châlons qu'il eût concentré sa nouvelle armée, mais bien derrière les fortifications de Paris.

— « Vous pouvez avoir raison; peu importe du reste que les Français s'arrêtent là ou là, pourvu qu'ils s'arrêtent.

— « Il serait bien regrettable qu'ils soient anéantis par les batailles de Metz, au point de songer à faire déjà la paix.

— « N'ayez crainte; les Français sauront faire des fautes par milliers, mais ils ne mettront pas bas les armes de si tôt, j'en suis certain. »

C'est en conversant de la sorte que, le 25 août 1870, nous suivions la route qui mène de Loissey à Bar-le-Duc, par Silmont. Nous fîmes halte près de cette dernière localité, au milieu d'une grande et belle prairie; la division immédiatement se forma en un immense carré, au centre duquel on éleva un autel.

Nous devions célébrer là, et d'une façon toute militaire, la fête de notre roi, Louis de Bavière.

En guise de pavoisement, nous avions déployé les drapeaux de nos régiments, dont les lions bavarois, du haut de leurs hampes, regardaient fièrement tout le pays conquis.

Le service divin terminé, l'officiant nous adressa une courte allocution, puis les fanfares de la division jouèrent l'hymne national et le *Te Deum*, enfin la prière pour le roi, qui fut accompagnée d'une véritable sonnerie de coups de canon. Ce fut un spectacle impressionnant que cette cérémonie religieuse, en pleine France, pendant la grande guerre.

. . . .

Nous reprîmes notre marche en avant, traversant Longueville, puis, peu après, Bar-le-Duc, petite ville charmante et très bien située. En passant dans la rue principale, nous eûmes la grande joie de défiler devant notre vénéré chef, le général von der Tann.

Ceux qui n'ont pas connu cette belle figure si chevaleresque, ce vrai gentilhomme, ce grand capitaine, cet admirable philanthrope, ne peuvent comprendre l'enthousiasme qu'il inspirait à tout le Ier corps bavarois. Nous le connaissions si bien, nous autres, que, l'eût-il ordonné, nous nous serions jetés sans hésiter au-devant d'une batterie crachant la mitraille.

En passant devant lui, nous redressions la taille, et

nous nous considérions comme suffisamment récompensés, si nous pouvions lire dans les yeux du vieillard qu'il était satisfait de notre tenue.

Nous passâmes à Fain, Verney, et nous arrivâmes vers midi à Chardogne, point terminus de notre marche de ce jour.

Je fus logé avec deux camarades, le capitaine d'état-major de Xylander et le lieutenant baron Aufsess, chez un paysan nommé Mathieu, chez lequel nous étions relativement bien. Nous apprîmes avec joie, le lendemain matin, que la journée serait consacrée au repos, afin de permettre aux corps d'armée retardataires de nous rejoindre.

Dans la matinée, je fis une promenade à travers le village, au cours de laquelle je rencontrai un sergent de ma compagnie n'appartenant pas cependant à ma section; je lui demandai s'il était bien logé, lui et ses caporaux, à quoi il me répondit : « A merveille, mon lieutenant; nous sommes dans une ferme qui se trouve à huit minutes du village, chez une veuve jeune et riche. Il y a chez elle, en plus des garçons de culture, quelques belles filles qui prennent soin de nous comme si nous étions leurs compatriotes; aussi n'avons-nous qu'un regret, c'est de ne pas savoir le français.

— « Et la jeune veuve, demandai-je, est-elle jolie?

— « Oui, me répondit le sergent, et âgée de vingt-deux ans seulement. Mon lieutenant devrait aller loger dans cette ferme; il y fait sûrement meilleur que dans le village.

— « Mais, y a-t-il encore de la place?

— « Oh! bien assez; j'ai même remarqué une grande chambre vide qui ferait bien l'affaire de mon lieutenant. »

La proposition me sourit; je flairais une joyeuse aventure dans laquelle j'étais enchanté de m'engager. Je donnai aussitôt l'ordre à un chasseur qui passait par là de faire faire ma malle par mon ordonnance et de lui dire de se tenir prêt à déménager dans un autre quartier.

Ceci fait, je me rendis moi-même à la ferme, accompagné du sergent; je dois dire que celui-ci n'avait rien exagéré : le cantonnement était parfait, la maîtresse de maison jeune, jolie et très aimable. Je n'eus pas de peine à lui faire comprendre que le village était encombré et que j'étais désigné pour loger chez elle; elle accepta mes dires de bonne grâce et me fit visiter la chambre que je connaissais déjà par la description que m'en avait faite le sous-officier. A peine m'y étais-je installé que Mme X... (le nom ne fait rien à la chose) m'apporta, pour me réconforter, du fromage, du beurre frais, du pain, du miel, le tout accompagné d'une excellente bouteille de vin de pays; la façon charmante avec laquelle elle m'offrit toutes ces bonnes choses et me versa du vin, mirent le comble à mon bonheur.

Au bout de cinq minutes, mon cœur de vingt et un ans était absolument en flammes. Je déclarai à mon hôtesse que la fête serait plus complète encore pour moi, si elle consentait à vouloir bien partager mon repas; elle ne se fit pas trop prier, et quelques instants après, nous bavardions gaîment tous les deux, comme si nous avions été des amis de longue date. A différentes reprises, elle manifesta le désir de regagner sa cuisine, afin de préparer le déjeuner de mes hommes et le mien, mais chaque fois je m'y opposai avec toute l'énergie dont j'étais capable. Il me fallut pourtant la laisser partir, mais à la condition qu'elle reviendrait dès que son travail serait fini.

Lorsqu'elle eut abandonné la chambre, je n'y tins plus : je me mis à la guetter, j'écoutais si elle ne revenait pas; je regardais par la fenêtre, enfin je finis par l'apercevoir dans son jardin qui cueillait un magnifique melon; dès lors je ne la quittai plus des yeux.

Elle revint cependant et se mit à apprêter consciencieusement notre déjeuner. Je profitai de l'occasion pour déclarer bien hautement à la jolie Française que j'étais absolument décidé à ne rien accepter d'elle, si elle ne voulait pas consentir à faire elle-même les honneurs du repas et si elle ne se décidait pas à le partager avec moi.

Elle céda, bon gré mal gré, se disant probablement qu'il valait mieux ne pas indisposer un ennemi, et elle me fit très bonne figure durant tout le déjeuner.

Nous causâmes d'une façon charmante. Personne n'eût pu se douter, et j'espère en faisant cet aveu, que l'on ne suspectera pas mon patriotisme, que notre conversation se tenait entre un officier allemand et une patriote française; un étranger, nous épiant, n'eût entendu qu'un jeune homme comme les autres, servant des amabilités à quelque jeune femme, sans une ombre d'allusion politique. Et n'étais-je pas avant tout un gamin de lieutenant et Mme Amélie (j'appris enfin son prénom) la grâce en personne.

Petit à petit, nous étions devenus l'un à l'autre de véritables amis, si bien que, dans ma joie, j'en aurais oublié l'heure et le reste, si, par bonheur ou par malheur, une vieille pendule murale ne s'était mise à sonner 1h45; je me souvins alors, avec stupéfaction, qu'à 2 heures, je devais assister à un appel, dans le village. Mme Amélie ne parut pas très enchantée de cette nouvelle; quant à moi, je dois avouer que jamais un service ne me parut plus long que celui auquel je dus assister, ce jour-là, à Chardogne. Et pour comble de malheur, le capitaine eut la malencontreuse idée de vouloir utiliser la journée de repos à passer des revues de toutes sortes, revue de nécessaires de pansement, revue de vivres de conserves, de cartouches, de havresacs, etc.

Il était 4 heures passées quand il nous congédia.

— « Et comment êtes-vous donc logés, Messieurs? » nous demanda-t-il.

— « Pas mal, mon capitaine, cela peut aller.

— « Si cela peut vous faire plaisir, je vous invite à m'accompagner chez moi tout à l'heure; je possède une très jolie chambre, même il n'y manquera pas de vin.

— « Merci beaucoup, mon capitaine, lui répondis-je, mais j'ai l'intention de bien me reposer cette nuit, et d'aller me coucher très tôt; j'ai aussi quelques lettres à écrire.

— « A votre convenance, mon cher! Et vous, Messieurs?

— « Très volontiers », répondirent mes camarades.

Le capitaine ajouta : « On ne sait encore rien, quant au départ de demain, si ce n'est qu'on sonnera le rassemblement une heure après le réveil. Nous nous retrouverons ici, où se fit l'appel aujourd'hui. Au revoir, Messieurs! »

— « Au revoir, mon capitaine! »

Enfin nous étions libres!

Je me débarrassai, non pas sans peine, de mes camarades, et je repris aussitôt le chemin de mon cantonnement, m'efforçant de marcher aussi doucement que possible, tant que l'on put me voir; puis, dès que je fus hors de vue, je m'élançai et courus en droite ligne vers la ferme, vers elle, vers ma chère Mme Amélie.

Elle ne parut pas ennuyée de me revoir, et j'en fus naturellement très fier.

Quelques minutes après, elle m'apportait un excellent café; je la suppliai de vouloir bien le partager avec moi et de me tenir compagnie, ce qu'elle fit avec la meilleure grâce du monde, et bientôt nous bavardions gaîment comme de vieilles connaissances. Elle commença par me raconter toute son histoire..., que son mari était mort depuis telle époque, etc., etc. Nous en arrivâmes même à parler politique, et cela me permit d'entendre toutes les histoires plus ou moins extraordinaires que l'on avait inventées, avant la guerre, sur nous autres Bavarois, à l'usage de ce brave peuple français.

— « Nous savons très bien, me disait-elle, que vous avez été obligés de marcher et qu'à la première victoire française, vous vous seriez mis de notre côté. »

Rien n'y fit; je ne pus la contredire; elle savait toujours des choses nouvelles et incroyables.

— « Il est évident, me dit-elle pour finir, que vous ne pouvez plus maintenant reconnaître vos intentions premières, car les Prussiens, eux, ne manqueraient pas de vous donner le coup de grâce, mais, soyez sans crainte, cela ne nous empêchera pas de devenir un jour des alliés quand même, parce que les Allemands vont être battus près de Châlons et qu'alors vous serez très heureux si nous voulons bien encore vous accepter pour amis. »

Que pouvais-je y faire? Essayer de la convertir et de modifier sa façon de voir me paraissait à peu près impossible.

A quoi bon du reste? Je trouvai le sujet par trop peu intéressant pour nous y attarder davantage, et je m'efforçai bien plutôt, ce qui fut assez difficile, de changer de conversation, en lui faisant quelques compliments sur la beauté de ses yeux.

Et le méritaient-ils vraiment! ces yeux. Ils avaient pris, dans l'animation de la conversation de tout à l'heure, un éclat extraordinaire qui avait produit sur moi une impression très forte, à la grande joie de la dame.

Nous causions à nouveau depuis quelques minutes quand, en jeune lieutenant que j'étais, je devins subitement plus entreprenant, parlant d'abord à mots couverts, pour en arriver finalement à manifester très ouvertement le désir... de recevoir un baiser, dans la seule intention, disais-je, de sceller une amitié réciproque. Mais Mme Amélie ne voulut rien savoir; le proverbe allemand : « Personne n'a le droit de se défendre d'un baiser d'honneur », ne la décida pas davantage, pas plus que l'énumération de tous les usages et coutumes pratiqués çà et là, comme le « baiser de Pâques » en Russie, ou d'autres encore.

J'en aurais abandonné la partie, si je ne m'étais dit qu'un soldat n'a pas le droit de battre en retraite, et doit toujours se maintenir sur les positions acquises, et ceci d'autant plus que l'ennemi semblait maintenant ne plus vouloir tellement résister...

Quand brusquement la porte s'ouvrit et mon ordonnance se précipita dans la chambre, en criant : « Mon lieutenant, on sonne la générale dans le village! »

Nous sautâmes en l'air, Mme Amélie et moi, comme électrisés, et je ne trouvai pas de suite mes mots.

— « Il y a urgence, mon lieutenant, nous allons sans doute être attaqués.

— « Comment dis-tu? Nous allons être attaqués? Mais tu es fou, mon ami!

— « Écoutez vous-même, mon lieutenant! »

Et en effet, on sonnait la générale dans le village; même le trompette, qui se trouvait à la ferme, venait d'en répéter le refrain.

Que pouvait signifier tout cela puisqu'il n'y avait pas un ennemi dans le voisinage?

La sonnerie se fit entendre encore; il ne m'était plus permis de douter maintenant.

— « Tiens, Hans, dis-je, voici la clef de la malle; fourre tout dedans et fais-la suivre aussitôt. »

Et me tournant vers Mme Amélie: « Adieu, lui dis-je, il me faut partir et vous quitter; mon rêve a été trop beau, il ne devait pas se réaliser. Pensez à moi de temps à autre, s'il m'arrivait de tomber sur la terre française; adieu! »

Et me ravisant: « Mais dois-je vraiment m'en aller sans ce baiser? » Elle ne répondit pas, mais ses yeux consentirent. Alors je la saisis dans mes bras et l'embrassai; puis je pris mon sabre, mon casque et me dirigeai vers la porte. En me retournant, je la vis qui m'envoyait encore un salut de la main, comme pour me montrer qu'elle n'avait pas pris en mauvaise part ma petite incartade de tout à l'heure. Elle ajouta tristement, comme si elle eût regretté mon brusque départ: « Quelle triste chose que la guerre! » à quoi je lui répondis en soldat: « Oui, la guerre, ma chère madame Amélie! Mais, que voulez-vous, à la guerre comme à la guerre! Adieu, madame Amélie, adieu! »

En quelques bonds j'étais en bas de l'escalier; devant la porte, les chasseurs étaient déjà prêts à partir. — « Pas gymnastique, marche! » Cinq minutes après, nous étions au rassemblement, et 6 heures sonnaient comme le bataillon se mettait en marche dans la direction de Bar-le-Duc, d'où nous étions venus hier.

Je revis la ferme en passant, de l'autre côté de la route; je lui envoyai, par la pensée, un dernier salut, tandis que je murmurai tout bas « au revoir ». . . .

. . . .

en vain, sans doute, car depuis trente ans, je n'ai jamais revu ni Chardogne ni la charmante Mme Amélie.

. . . .

. . . .

Bien des désagréments nous étaient réservés ce jour-là : d'abord de ne pas savoir où nous allions, ni pourquoi on nous avait mis en route aussi rapidement et si mystérieusement.

Deux heures après notre départ, nous passions pour la seconde fois dans Bar-le-Duc ; mais, chose bizarre, tandis qu'hier la petite ville nous avait semblé complètement morte, aujourd'hui tous les habitants se trouvaient devant leurs portes et nous adressaient au passage des paroles plus ou moins ironiques ou moqueuses.

— « Vous voulez aller à Paris, nous criait-on, mais c'est par là ! » et en même temps on nous montrait la direction opposée, d'où nous venions ; ou bien : « Bon voyage à Berlin, messieurs les Allemands, dépêchez-vous bien vite ! » ou encore : « Les Prussiens sont battus, ils vont être exterminés. »

Toutes ces réflexions nous portaient sérieusement sur les nerfs, et nous ne doutions plus maintenant que les choses avaient dû mal tourner près de Metz ; un grand malaise se mit à régner sur toute la colonne.

Qu'on ne s'étonne pas alors si, dans cet état d'esprit, un vieux chasseur s'oublia au point de porter à l'un de ces voyous, plus hardi et plus acharné que les autres, un violent coup de crosse qui l'étendit sans connaissance.

Nous suivions toujours la même route ; soudain, alors qu'il commençait à faire déjà nuit, l'ordre arriva de prendre une direction plus au nord.

— « Ah ! ah ! pensa chacun, voilà que nous remontons vers Metz ; pourvu que nous arrivions encore à temps. »

Et nous allions toujours, infatigables, malgré l'obscurité très grande et les à-coups nombreux dans la marche, traversant successivement Naives, Rigmont, Bilotte, Ville-devant-Belrain, Nicey.

Plusieurs fois, nous fûmes dépassés par de l'artillerie qui nous obligeait à nous ranger sur le côté de la route ; il nous fallut, à plus d'une reprise, lui donner un coup de main pour l'aider à dégager une pièce embourbée dans la vase.

Enfin, on fit arrêter la colonne ; un appel retentit : « Messieurs les Officiers ! » auquel, comme on peut se l'imaginer, il fut vite répondu ; tout le monde était avide de nouvelles.

— « Messieurs, commença notre chef, dites à vos hommes qu'il va falloir, dans les quelques jours qui vont suivre, faire des marches forcées vers le nord. Le maréchal de Mac-Mahon, avec l'armée de Châlons, a quitté le camp de Mourmelon et se porte vers Rethel, pour, de là, tenter de délivrer le corps de Bazaine enfermé dans Metz.

« Nous devons aller nous porter à sa rencontre, l'attaquer dès que nous le rencontrerons et lui barrer la route. Nous pouvons l'atteindre d'ici très peu de jours et saisir alors l'occasion propice de livrer victorieusement de glorieux combats. Messieurs, je dois ajouter qu'à Metz tout va pour le mieux. »

Ces paroles nous enthousiasmèrent. Quelques hommes, les plus rapprochés, les avaient entendues. Comme un éclair, la nouvelle se répandit dans tous les rangs, qu'on allait se porter à la rencontre de Mac-Mahon pour lui livrer bataille et qu'à Metz tout allait bien.

Ce fut une véritable fête : personne ne ressentait plus ni fatigue ni découragement ; les officiers se félicitaient réciproquement, les hommes poussaient des cris de joie, la colonne entière était redevenue vivante, chacun ne demandait qu'à repartir de suite, pour pouvoir, cette nuit encore, se rapprocher de l'ennemi.

Il nous fallut attendre plus d'une grande heure, afin de permettre à de l'artillerie qui se trouvait devant nous de passer une rivière.

Enfin, nous nous remîmes en route, traversâmes le village de Pierrefitte pour arriver, vers 2 heures du matin, à Longchamp où nous devions passer la nuit.

Je me souviendrai longtemps de ce cantonnement : 5 officiers de notre compagnie, 12 hommes, 2 chevaux se trouvaient logés dans une petite maison de paysans à un étage, très sale, habitée par un vieux couple, le père et la mère Amelot, deux êtres bizarres, parents, sans aucun doute, des sorciers du Blockberg. La femme avait une voix insupportable, la plus pincharde et la plus criarde qu'il soit possible de posséder; avec cela, elle ne cessa de maugréer toute la nuit, de se plaindre et de jurer; elle circula de la chambre où nous étions à celle de nos hommes, n'arrêta pas de remuer le feu dans la cheminée, en un mot nous empêcha de dormir jusqu'au moment où, pour la calmer, je la menaçai de l'enfermer dans son écurie à cochons, mais il m'eût été par trop pénible de toucher à cette vieille femme, couverte de vermine.

Ironie du sort! Ce monstre s'appelait aussi « Amélie ».

Avoir été, quelques heures auparavant, l'hôte de Mme Amélie G...., à Chardogne, et me trouver logé maintenant chez cette femme Amelot, je frémis encore en y pensant.

Quant à l'homme, qu'on m'épargne son portrait: il avait la goutte, le rhume, il chiquait et passait son temps à cracher sur le plancher.

Nous restâmes dans cet enfer, autour d'un petit feu, jusqu'à 8 heures du matin; puis nous reprîmes la route de Dombasle et de Verdun.

Le soir, nous bivouaquâmes; je ne devais plus jamais, grâce au ciel, rencontrer de logement semblable à celui de cette Amélie Amelot. . . . .

. . . .

Quelques jours après, nous avions rejoint l'armée française ; puis ce fut Beaumont et Sedan.

Quant à Mme Amélie, je ne sais si elle est toujours en vie, ni si, de temps à autre, elle pense encore à notre bonne rencontre, suivie de ce brusque départ si tristement significatif.

IV

LA PREMIÈRE BATAILLE

En somme, nous pouvons bien affirmer que nous avons assisté à la bataille de Wörth, puisque nous nous trouvions pendant l'attaque en première réserve et que, peu de temps après, nous avons été utilisés pour la poursuite.

Et cependant nous n'avions pas l'impression d'avoir reçu là ce que l'on peut appeler le baptême du feu. Si quelques grenades perdues étaient bien venues passer au-dessus de notre bataillon, il n'avait pas été suffisamment éprouvé; or, les pertes sont indispensables à ce genre de baptême, comme l'eau pour la cérémonie religieuse, sans laquelle elle n'est pas régulière.

Ce n'est que le lendemain qu'il devait nous être permis de prendre vraiment part à la fête.

N'avez-vous jamais remarqué, durant une campagne, que, toujours avant quelque événement, des bruits se mettent à courir, venant on ne sait d'où? Ils se propagent rapidement jusqu'au dernier des soldats, et, comme ils sont le plus souvent fondés, chacun les répète avec conviction; les uns y croient, les autres sont sceptiques ; on en parle ; quelques jeunes officiers parient pour ou contre, et pour finir tout le monde attend les événements.

Seul, ce pauvre train des équipages ne se doute, paraît-il, jamais de rien.

Est-ce vrai ? Je ne le sais, n'y ayant jamais servi, grâce à Dieu !

Ainsi donc, les nouvelles circulaient nombreuses, ce soir-là, au grand bivouac, près de Sommerance.

— « Vous verrez, disait notre adjudant-major, que demain nous en arriverons aux mains ; les Français ne peuvent plus être éloignés ; nous ne sommes plus qu'à deux journées de marche de la Belgique. Quant à les avoir dépassés, le diable pourrait bien emporter toute notre cavalerie, si une chose comme celle-là devait être possible !

— « Soyez tranquille, cela ne sera pas, dis-je à mon tour ; demain nos fusils se feront entendre, je le tiens du capitaine de Xylander.

— « Le capitaine de Xylander est comme nous autres, il ne peut faire que des suppositions, on ne sait rien de certain, même à l'état-major de la brigade. »

L'avenir cependant donna raison au capitaine, et vingt-quatre heures plus tard, nos fusils parlaient tant et si bien que les Français durent en perdre et la vue et l'ouïe.

Quoi qu'il en soit, nous ne devions plus, à partir de

ce moment-là, bavarder beaucoup, car nous n'en eûmes véritablement plus le temps. . . . .

J'ai assisté à bien des bivouacs avant et après ce 29 août, mais il n'en est pas qui m'ait laissé un souvenir pareil à celui de ce jour-là, près de Sommerance, infiniment grandiose et superbe d'étendue.

Notre division se trouvait à proximité du village : à notre gauche, la première division bavaroise, puis le Ve corps prussien ; devant nous et à droite, la brigade de cuirassiers bavarois, de tous côtés des soldats, des soldats partout.

Spectacle admirable qui faisait que chacun de nous ressentait combien il pouvait avoir confiance dans les chefs qui nous commandaient, lesquels comprenaient si bien leur tâche, savaient, pendant la marche en avant, espacer leurs troupes pour qu'elles ne se gênent pas les unes les autres, et savaient les rassembler avant la bataille, afin qu'elles fussent toujours, et quoi qu'il arrivât, plus fortes que l'ennemi qu'il s'agissait de mettre en déroute.

Il nous arriva, certes plus tard, à la Loire, d'être presque toujours inférieurs en nombre, mais cela ne nous empêcha pas de les culbuter quand même, car nous en avions pris l'habitude.

Nous venions donc de nous installer le plus confortablement du monde à notre nouveau bivouac, aussi confortablement qu'il est possible en plein air et en pays ennemi. Mais, à défaut de confort, n'avions-nous pas d'autres et nombreux avantages ? Ne serait-ce que celui de ne pas voir, à peine arrêtés, arriver notre officier-payeur, suivi de son éternelle voiture à pain, à paille, à bière et à vivres ; de ne pas entendre crier le garçon du casino, avant même d'avoir pu déboucler nos sabres : « Ces Messieurs sont servis, c'est déjà commencé ! » Et puis, nous n'étions pas épiés par un tas de paysans qui cherchaient à savoir si nos soldats n'avaient pas écrasé la moitié d'une feuille de navet ; nous ne trouvions pas, à chaque centaine de mètres, quelque poste faisant semblant de surveiller ici un champ de pommes de terre, là un potager ; et il n'y avait pas de tous côtés, de ces regards indiscrets qui viennent espionner les soldats pour savoir si l'un d'eux n'a pas avalé par mégarde quelque pomme ou quelque prune.

Notre bivouac était confortable au sens guerrier du mot, ce qui veut dire plus confortable certainement qu'à la façon banale des manœuvres.

Déjà nos chasseurs avaient découvert de sérieuses provisions de pommes de terre ; ils avaient trouvé de l'eau ; la forêt voisine avait fourni du bois à volonté ; il y avait du pain et du sel dans les musettes ; les trous étaient creusés pour faire la cuisine ; tout était prêt ; il ne manquait plus qu'une chose : la viande.

Elle ne se fit pas trop attendre, et bientôt après, le détachement chargé des réquisitions était de retour.

Nous recevions, pour notre part, un superbe taureau. Le boucher était là, déjà prêt à l'abattre; il se disposait à brandir sa hache pour frapper, quand la bête effrayée réussit à s'échapper; elle renversa dans sa course un chasseur et lui fit une blessure à la tête, puis elle fonça droit sur notre compagnie.

— « Attention, voici un bœuf! » cria un homme.

— « Il va nous arriver un bel accident », dit notre capitaine.

— « Aucun danger », pensa le vieux caporal Mögele, « n'ayez pas peur. »

Et, très froidement, prenant son fusil, il releva le chien et visa; paf! le taureau roula, donna quelques coups de pied et ne bougea plus.

Lorsque le boucher du bataillon et son aide, qui couraient derrière, vinrent chercher la pièce, ils furent accueillis autrement qu'avec des mots de tendresse; mais la tempête s'apaisa bien vite; le beau coup de fusil de Mögele avait mis tout le monde en joie, officiers et soldats, et puis enfin, il faut le dire, chacun de nous mourait littéralement de faim.

Une dizaine d'hommes s'attelèrent au taureau qui maintenant ne donnait plus signe de vie, et le traînèrent derrière le parc aux voitures, où l'on se mit immédiatement à le découper en des centaines de morceaux; bientôt après, nous le vîmes gaiement cuire dans les marmites de nos soldats.

Le chasseur qui avait été renversé ne se ressentait plus de rien; la tête lui bourdonnait encore terriblement, mais sa blessure ne lui donnait plus aucune inquiétude.

— « Dis donc, Tanera, le capitaine demande quel morceau nous allons avoir aujourd'hui?

— « Ne vous tourmentez pas, répondis-je, tu peux dire au capitaine que mon ordonnance a de nouveau réussi à se faire délivrer la langue; elle sera bientôt cuite. Avez-vous du vin, au moins?

— « Suffisamment; mais dépêche-toi; tu sauras que nous sommes installés là-bas, en avant. »

A cette époque, on me confiait encore, de temps à autre, dans notre compagnie, le soin d'organiser la popote des officiers, mais on ne tarda pas à me retirer ces délicates fonctions, en raison de mon peu de compétence, pour les remettre à l'un de mes camarades.

Notre repas fut terminé pour 3 heures; il s'était composé de soupe, de pain, de langue de bœuf (ou plutôt de taureau), de pommes de terre, de sel, de vin, de vin encore, de vin toujours.

S'il m'est arrivé, dans mon journal, d'écrire bien souvent ce mot de « vin » et même de le souligner, c'est que... je me comprends et tous ceux aussi qui alors étaient avec moi.

. . . .

Le soir du même jour, notre musique se mit de la partie; il faisait un temps magnifique; nous étions réunis entre camarades et causions des projets du lendemain.

Que l'on se battrait à coup sûr ne faisait plus de doute pour personne; on en avait acquis la certitude en mettant la main sur un officier d'état-major français qui portait des ordres écrits au 8e corps, lesquels nous apprirent bien des choses utiles.

Nous allâmes nous coucher plutôt tard; le vin que nous avions absorbé nous faisait désirer vivement notre lit, si l'on peut appeler de ce nom quelque sillon dans un champ, et là, malgré notre grande envie de dormir, nous ne goûtâmes qu'un sommeil des plus agités, troublé par les pensées que suggèrent les veilles de bataille.

Mes yeux pourtant se fermèrent assez vite; ma conscience nette pouvait n'être pas un oreiller très moelleux, puisque je reposais sur des mottes de terre, elle n'en était pas moins la raison d'une grande tranquillité d'esprit, ce qui pour moi valait bien quelque chose.

Dès le lever du jour commença le remue-ménage. Il y a toujours, dans un bivouac, des hommes qui éprouvent le besoin, en dépit de leurs camarades, de gesticuler et de s'agiter à peine éveillés; ils marchent sur les jambes de ceux qui dorment, renversent ici quelque chose en passant, allument là du feu sans nécessité, s'appellent les uns les autres, font tout ce qu'il faut pour exaspérer ceux qui ont encore besoin de sommeil.

Aujourd'hui, il n'y avait pas de ces gens-là, car bien avant qu'ait apparu le soleil sur la forêt, à l'est de Sommerance, tous, nous étions déjà debout, impatients de nous mettre en route.

Mais il nous fallut attendre assez longtemps, et ce n'est que vers $5^h 30$ du matin que se mit en marche l'avant-garde formée, malheureusement pour nous, de la 4e brigade. Notre bataillon suivait derrière avec le gros dont il formait la tête; l'itinéraire passait par Saint-Georges, Champigneulles, Verpel, vers Busancy.

Mon camarade Schmeckenbecher et moi, nous marchions côte à côte, entre nos deux sections.

— « Vois donc là, me dit-il, ces inscriptions françaises sur les volets, indiquant des cantonnements. »

Je regardai; les Français avaient en effet procédé exactement comme nous le faisions nous-mêmes, et l'on pouvait lire que, le 27 août, le 12e régiment de chasseurs à cheval et le 4e régiment de chasseurs d'Afrique auraient dû passer la nuit dans cette localité, si les uhlans saxons et les cavaliers du général Pilsach n'étaient venus les en déloger d'une façon tout à fait peu amicale.

Immédiatement derrière le village, nous eûmes à passer un train de bagages qui venait de se garer; il appartenait au 4e corps prussien, et sans doute aussi à la 6e division de cavalerie. Il y avait là une telle variété d'uniformes de toutes couleurs que nos chasseurs en furent émerveillés, mais ils s'extasièrent surtout devant ceux des hussards rouges de Zieten, qu'ils voyaient ici pour la première fois.

Ils devinrent plus tard, dans le sud, très camarades avec leurs compagnons de même couleur, dits de Blücher, mais à cette première rencontre les hussards rouges étaient encore tout nouveaux pour eux.

En face de Busancy, nous fîmes halte et prîmes une formation d'attente; un officier d'ordonnance passa devant nous à cheval; je le reconnus aussitôt, il n'était autre que le lieutenant Lobenhofer, dont je devais prendre la place plus tard lorsqu'il fut blessé.

— « Quoi de neuf? » lui criai-je.

— « Nous allons attaquer!

— « Bientôt? »

— « Je n'en sais rien!

Déjà il était parti.

Ainsi donc nous allions attaquer, mais où et quand? On ne voyait trace d'ennemis nulle part.

Et cependant n'étaient-ils pas là, tout près de nous,

à moins de 10 kilomètres, et nous ne nous en doutions pas et commencions à désespérer!

Partout des officiers d'état-major et des adjudants parcouraient les positions; devant nous, le général von der Tann s'était arrêté, entouré de sa suite; des émissaires partaient au galop dans toutes les directions et revenaient; aucun ne voulait parler; ils n'en avaient pas le temps, et nous restions ainsi dans l'incertitude, ne sachant rien, sinon que nous allions « attaquer ».

Lorsque arriva enfin le commandement de rompre les faisceaux, nos hommes avaient déjà eux-mêmes exécuté le mouvement. Ils mouraient d'impatience et d'envie de partir en avant pour aller montrer à ces pantalons rouges comment savaient tirer les soldats bavarois.

Nous prîmes la direction de Sommauthe; de minute en minute notre cadence devenait plus accélérée; on se poussait littéralement en avant, les régiments qui arrivaient derrière nous étaient obligés à tous moments de prendre le pas de course pour nous rattraper, mais que nous importait à nous autres chasseurs?

Nous fûmes dépassés au trot par un régiment de dragons prussiens, puis par une batterie d'artillerie.

Quel malheur, pensions-nous, de ne pouvoir trotter nous aussi!

— « Mais que se passe-t-il donc là-bas ? Les voilà qui enlèvent les avant-trains ! »

Ils les enlevaient en effet; pourtant ils en restèrent là et ne se décidèrent pas à ouvrir le feu.

Et nous marchions toujours, nous marchions de plus en plus vite.

— « Écoutez, écoutez, on tire ! »

Et vraiment oui, on tirait devant nous, vers la droite; aussitôt la batterie que nous avions vue prendre position à notre gauche prit de l'animation ; la pièce de droite commença et ouvrit le feu, les autres suivirent son exemple, nous vîmes les grenades passer dans l'air et disparaître derrière une colline qui nous barrait la vue. Où allaient-elles ? nous l'ignorions, mais ne doutions pas que ce fût sur l'ennemi.

Nous avancions toujours. Quel sentiment bien particulier on éprouve, quand on marche ainsi à la bataille ! On pense plus vite que d'habitude, on voit tout, on entend tout, chaque sens est en éveil, le cœur bat plus fort, tout l'être vibre, on voudrait pouvoir se dédoubler pour se trouver partout à la fois et pour tout savoir.

Malheureusement, il était écrit que nous ne saurions et ne verrions toujours rien.

Le tir de l'artillerie était devenu de plus en plus violent, il était accompagné maintenant d'une sorte de crépitement sourd que nous prenions avec raison pour le bruit de la fusillade.

Ma bonne mère, un jour que j'avais failli mourir à la suite d'un pari ridicule, me disait : « C'est bon, tu connaîtras bien une fois la peur dans ta vie, et s'il doit t'arriver de te trouver pour de bon dans une bataille où tu verras apparaître cent fois la mort, tu demanderas à Dieu de te protéger. »

Ma mère s'était trompée ; je n'ai pas eu plus peur ce jour-là que tel autre de mes camarades, et je n'ai pas songé, je dois l'avouer, un instant à Dieu. Ma pensée était trop absorbée par les choses qui se déroulaient devant moi.

Nous venions enfin d'arriver sur la crête de cette colline qui jusqu'alors nous avait si jalousement caché toute espèce de vue.

Spectacle inoubliable ! Tout le champ de bataille de Beaumont et de Thibaudine se trouvait là devant nous.

A nos pieds, à deux kilomètres à peine, c'était un va-et-vient extraordinaire, sorte de grouillement confus qui faisait penser à l'animation d'une fourmilière dans laquelle on eût agité un bâton.

A droite et à gauche, les sommets des collines semblaient cracher du feu ; dans la vallée, le long de la lisière du bois, un crépitement sec rappelait d'assez près le bruit que fait la grêle en tombant sur les vitres d'une serre.

L'artillerie française était placée de l'autre côté sur une hauteur et tonnait à notre intention ; ses saluts bientôt nous arrivèrent, mais ne nous firent d'autre mal que de nous arroser de sable et de boue.

Nous traversâmes le village de Sommauthe. Les dernières maisons passées, nous vîmes, à droite de la route, sur un énorme rocher, se tenant debout, notre ecclésiastique; une étole argentée lui pendait sur sa robe noire, il portait dans ses mains un crucifix et nous envoyait, au passage, sa bénédiction.

Nous aimions encore beaucoup les prêtres à cette époque; ils n'étaient pas alors les semeurs de désordre et les grands ennemis de l'État qu'ils devinrent plus tard, et nous étions, nos hommes et nous-mêmes, animés à leur égard du plus profond respect.

Les refrains de nos chasseurs éclataient gaîment sur la route; je ne les entendis jamais résonner plus clairement que ce jour-là, entre le village de Sommauthe et le bois voisin dans la vallée.

— « Vive notre roi! chantait-on en avant, et vive notre prince Léopold! Vivent aussi nos généraux et nos officiers! Nous sommes de joyeux Bavarois! »

Et de l'arrière on répondait:

— « Tapons, tapons sur les chassepots! » — puis reprenait le vieux refrain, si drôle:

— « La cavalerie, attaquez! L'infanterie, tiraillez! Les chasseurs, avancez avec armes et bagages!

— « Appuyez à droite! Faites de la place! »

Et notre artillerie divisionnaire nous passa devant.

— « Hurrah, les canonniers !

— « Hurrah, les chasseurs ! Est-ce donc pour aujourd'hui !

— « Oui, et nous allons bien leur montrer qui nous sommes !

— « Les chasseurs, avancez, avec armes et bagages !

— « Silence ! Chargez !..... »

Plus de doute maintenant, l'instant devenait sérieux; le silence se fit aussitôt, comme si chacun avait ressenti la solennité de cette minute ; on n'entendit plus que le cliquetis des fusils dont on manœuvrait les culasses, et le bruit sec des chiens que l'on abaissait au cran d'arrêt.

Nous n'apercevions plus rien de la bataille, mais, par contre, nous n'en entendions que mieux tous les bruits qui nous en arrivaient, et ceci à tel point que nous pensions alors ne jamais devoir assister à quelque chose de plus formidable.

Et, pourtant, qu'était tout cela à côté de Sedan, à côté d'Orléans, de Coulmiers, de Loigny, de Beaugency?

Nous fîmes un détour et passâmes par un sentier de la forêt voisine ; il devait nous conduire à une batterie française que nous avions déjà remarquée tout à l'heure en raison de ses attelages de chevaux blancs. Nous arrivâmes, tout en marchant, aux abords d'une clairière où nous aperçûmes pour la première fois une ambulance en plein fonctionnement ; déjà les médecins se livraient à leur horrible besogne, aussi fûmes-nous très heureux de rentrer à nouveau sous bois, vivement impressionnés par le spectacle de toutes sortes d'opérations, et surtout d'une amputation que l'on venait de pratiquer devant nous sur un sous-officier du 10e régiment.

Notre compagnie se trouvait à la tête du bataillon ; nous suivions un chemin qui s'élargissait petit à petit pour aboutir de nouveau à une clairière.

— « Bon Dieu, que se passe-t-il ? En voilà des nôtres qui battent en retraite ! »

C'était en effet le 10e qui avait été pris de flanc ; notre avant-garde, attaquée sur sa gauche par toute une division ennemie, risquait d'être complètement tournée.

— « Messieurs, nous cria notre capitaine, tenez vos sections serrées ; il faut à tout prix que nous passions ! »

Jamais je n'aurais cru la voix de notre petit père Zimmer aussi puissante, elle d'habitude si grêle.

Vite, nous courûmes à nos sections.

— « Suivez-nous, les chasseurs ! Serrez-vos rangs, ne laissez pas passer les hommes du 10e ; sus à l'ennemi ! en avant, pas de charge, en avant ! »

Pas un des nôtres ne s'arrêta ; la compagnie tout entière, dans un élan irrésistible, parvint à se frayer de force un passage, tandis qu'à notre droite les deux premières compagnies suivaient le mouvement, et que la 4e nous appuyait comme soutien.

L'exemple produisit son effet; tous les hommes du 10e, à quelque grade qu'ils appartinssent, se joignirent à notre élan; il n'y eut bientôt plus personne devant nous.

Le bois devenait de plus en plus clair.

— « En tirailleurs! »

A peine les ailes pouvaient-elles se déployer tellement le centre avançait vite; tout le monde courait à présent.

— « Baïonnette au canon! En avant, les chasseurs, en avant! »

Les braves gens étaient incomparables! Comme je leur pardonnais maintenant toutes les peines et tous les petits ennuis que m'avait fait endurer jadis leur tempérament flegmatique de l'Allgau!

Nous arrivions à l'extrémité du bois; devant nous s'étendait un champ libre d'une largeur d'environ 200 pieds; de la lisière opposée une ligne blanche de fumée s'élevait lentement, et, à travers cette fumée, des pantalons rouges qu'éclairait le soleil.

Enfin, nous les avions devant nous!

Aussitôt des balles de chassepots nous sifflèrent aux oreilles, avec un bruit bizarre; nous n'y prîmes garde, pensant bien que cela ne pouvait durer, et n'y répondîmes même pas.

— « En avant ! » criait notre capitaine.

— « En avant, les chasseurs », lui répondions-nous, en nous élançant vigoureusement dans la zone découverte.

Quelques camarades tombèrent, qui avaient trébuché sans doute sur quelque racine..... ou sur du plomb.

— « Hurrah ! Hurrah ! »

Comme à cet instant ce cri nous emportait !

— « Hurrah ! Hurrah ! » clama toute la compagnie, et d'un bond elle se précipita au milieu des autres, qui durent s'imaginer que nous étions tombés du ciel pour les exterminer.

Un petit fossé se trouvait à la bordure du bois, dans lequel nous attendait couchée la première ligne ennemie. Sauter par-dessus fut pour moi une bagatelle : j'étais encore un jeune homme à cette époque, avec cela bon gymnaste et bon escrimeur ; derrière moi venait le caporal de notre aile droite, Bux, brave et beau garçon, que j'ai complètement perdu de vue depuis ; enfin suivaient nos chasseurs.

La plus grande partie des Français prit la fuite alors que nous étions arrivés juste contre les canons de leurs fusils ; ils n'auraient eu, s'ils l'avaient voulu, qu'à presser sur les détentes pour expédier plus d'un beau garçon là où sont bien accueillis les braves, mais où ils ne vont jamais qu'à contre-cœur.

Une partie cependant des ennemis tint bon et se

défendit courageusement, mais à quoi bon ? Les chasseurs et les hommes du 10e arrivaient toujours et toujours plus nombreux.

J'entends encore aujourd'hui ce brave Zu-Rhein, notre lieutenant en premier, s'adressant à un grand diable qui le mettait en joue, lui crier : « Bas les armes ! » et je vois encore le fusil tomber des mains de ce gaillard, comme si le canon subitement était devenu brûlant.

Et cet autre, un grand mince de Français qui s'en prenait à mon pauvre crâne et le menaçait de son fusil, quand survint un de mes chasseurs, le brave Moser, qui lui enfonça si terriblement sa baïonnette dans la poitrine, que l'autre, en tombant, l'entraîna avec lui, et que Moser eut ensuite toutes les peines du monde à retirer du cadavre son arme pliée ; le coup était parti en l'air, sans m'atteindre, heureusement.

Et je vois encore un sergent-major français auquel je fis tomber le sabre des mains, et qui me demanda pardon comme un enfant.

Tout cela ne dura qu'un éclair : massacrer ou faire prisonnier ce qui restait encore, peu de chose en somme, fut l'affaire d'un instant ; le reste tourna les talons et prit la fuite à toutes jambes.

On nous permit alors de faire entendre, à notre tour, nos fusils ; je dois dire qu'ils ne craquaient pas si fort que les chassepots, mais ils touchaient bien quand même, et c'était là ce que nous demandions. Puis, nous nous mîmes à la poursuite des fuyards, mais moins vite cependant que tout à l'heure. N'est-il pas vrai que même une locomotive finit par perdre son souffle, à plus forte raison un homme qui ne possède en tout et pour tout que des poumons, et porte sur son dos un sac et le reste.

Nous atteignîmes enfin l'extrême lisière du bois où nous nous arrêtâmes ; ce fut alors un véritable tir à la cible sur tous ces malheureux qui couraient à travers champs, anéantis et littéralement morts de fatigue.

Beaucoup d'entre eux restèrent à jamais couchés ; je les plains aujourd'hui de toute mon âme, mais là-bas mon unique préoccupation n'était-elle pas de voir si mes chasseurs visaient consciencieusement et s'ils touchaient bien ?

Quand nous n'eûmes plus rien à tirer, nous repartîmes en avant, rejoints cette fois par les autres compagnies qu'une petite conversion à gauche avait légèrement mises en retard.

Le lieutenant-colonel Schmidt, notre « bon vieux », s'était élancé à notre tête ; il brandissait son sabre que c'en était une joie et donnait, à cet instant, le démenti le plus formel à tous ceux qui auraient pu véritablement le considérer comme un vieux.

N'était-il pas au contraire toujours jeune, notre vieux, toutes les fois qu'il s'agissait de faire un effort, d'affronter des fatigues, d'attaquer l'ennemi? Si peu de gens arrivaient à l'égaler, que personne ne pouvait se vanter d'oser le surpasser.

On nous fit arrêter en pleins champs ; devant nous, à moins de 400 pas, au nord du village de Varniforêt, une batterie ennemie était installée qui venait de nous accueillir à coups de grenades. Le mieux n'était-il pas de lui répondre à coups de fusil? C'est ce que nous fîmes aussitôt, tandis que notre 4ᵉ compagnie se déployait à notre gauche et se portait directement sur le village, dans le but d'arriver plus vite à l'ennemi. Pendant ce temps, nous ne voulions laisser à celui-ci ni loisir ni tranquillité; nous tirions mieux puisque nous n'étions plus essoufflés, et notre feu soutenait puissamment les nôtres, tout en facilitant l'attaque de la 4ᵉ compagnie.

Les artilleurs français résistaient d'une façon admirable ; un de leurs officiers, monté sur un cheval blanc, ne cessait de trotter de l'un à l'autre.

— « Abattez-le donc, cria quelqu'un, il a l'air d'un officier supérieur. »

Plusieurs coups lui furent destinés, aucun ne l'atteignit.

— « Kraus, dis-je, apporte-moi ton fusil.

— « Voici, mon lieutenant ! »

Je le mis en joue deux fois sans tirer, car je n'étais pas sûr de mon affaire ; la troisième fois je fis feu ; l'officier battit l'air de ses bras et s'écroula, tandis que son cheval, devenu libre, s'enfuyait au galop.

Il me sembla dès lors que la batterie voulait essayer de venger son chef blessé ; je dis « blessé », car nous ne devions pas retrouver son cadavre tout à l'heure, quand nous nous emparâmes de la position ; et elle essayait de le venger, sans aucun doute, car à partir de ce moment les grenades nous arrivèrent plus nombreuses, mais toujours sans nous causer beaucoup de mal. La 4e compagnie, dans l'intervalle, avait passablement gagné de terrain.

Le Vieux se mit à notre tête :

— « Debout, les chasseurs, en avant, en avant ! »

Et comme nous avions refait nos forces, la course reprit de plus belle.

Les Français, à notre approche, ne firent aucune résistance et filèrent de toute la vitesse de leurs jambes, pas assez vite cependant pour empêcher la 4e compagnie de les atteindre, de leur prendre deux pièces de canon avec leurs attelages et leurs servants et, comme ils ne se défendaient pas, de les faire prisonniers.

Nous arrivions à notre tour ; mais la 4e, cette fois, s'était bien réservé la place d'honneur ; nous n'en fûmes pas jaloux, ayant eu déjà notre part de succès.

Les autres se trouvèrent bientôt hors de portée ; nous en profitâmes pour nous rassembler à nouveau et reprendre, aussi rapidement que possible, nos formations premières. Nous vîmes alors que nous étions complètement isolés des autres troupes, laissées loin derrière nous.

Il ne nous restait plus qu'à nous féliciter et à nous interroger les uns les autres, comme c'est le cas généralement en pareille circonstance.

Notre « Vieux » (qu'il me pardonne de l'appeler toujours ainsi) rayonnait de joie et de bonheur : ses chasseurs avaient été tels qu'il les avait élevés, durs à la fatigue, résistants, courageux, énergiques, incomparables dans le combat.

Quelqu'un cria, je ne sais plus qui, un caporal, je crois : « Vive notre Vieux ! Vive le lieutenant-colonel Schmidt ! » et tout le bataillon, officiers et soldats, de répondre : « Vive, vive, vive notre lieutenant-colonel ! »

Jamais enthousiasme ne fut plus sincère, et il le sentait si bien, le Vieux, qu'il en était touché jusqu'au fond du cœur et que des larmes lui coulaient le long des joues, et il ne s'en défendait pas et nous ne l'en estimions que plus ; grande était notre émotion de voir des pleurs dans les yeux de cet homme qui passait pour n'avoir jamais su rire.

Il fut assez heureux dans la suite pour atteindre au plus haut grade que puisse briguer un officier pendant le temps de paix, il fut élevé au sommet de la hiérarchie militaire ; mais lui arriva-t-il jamais d'éprouver ce même sentiment de joie et de satisfaction intérieure qu'il ressentit ce jour-là, après la bataille? Je l'ignore, je le lui souhaite, bien certain que, de son côté, il n'a pas oublié ses chasseurs.

La bataille était finie; il ne nous restait plus qu'à reprendre nos places et à compter les absents; ceux-ci étaient malheureusement plus nombreux que nous ne l'avions cru tout d'abord, mais était-ce payer trop cher le grand succès que nous avions remporté?

Nous reçûmes, pour cette belle attaque du 1er chasseurs bavarois, de nombreuses félicitations et marques d'estime; il n'en fut pas qui nous touchèrent plus profondément que celles qui s'adressèrent directement à notre « Vieux », qui se vit décerner pour Beaumont la plus haute récompense militaire de Bavière, l'ordre de Max-Joseph.

Les autres parties de la brigade se rassemblèrent petit à petit autour de nous; nous prîmes alors la route de la Besace où nous établîmes notre bivouac.

Nous ne sûmes plus rien de l'ennemi, si ce n'est qu'il fut poursuivi par notre cavalerie et par toute notre première division; nous ne devions pas être de la partie cette fois, heureux nous-mêmes de profiter d'un repos largement gagné.

Nous n'avions reçu, pendant la bataille, aucune nourriture; nous ne devions pas être plus heureux dans la soirée et commencions à désespérer, quand un brave camarade, Baumgärtner si mes souvenirs sont exacts, nous apporta un énorme pot de saindoux, sur lequel il avait mis la main. Nous fîmes, avec de la farine dont l'un de nous avait découvert un sac, une espèce de bouillie que nous apprêtâmes, malheureusement sans sel.

Et nous trouvâmes cela très bon, surtout lorsqu'un sous-officier vint nous apporter plusieurs bouteilles de champagne qu'il avait réunies à notre intention. N'étions-nous pas comme le « Seigneur en France », heureux de rire et de nous amuser ?

Et n'avions-nous pas derrière nous la première bataille, et la première victoire ?

V

AUTRECOURT ET REMILLY (31 AOÛT 1870)

Le lecteur sait, par le chapitre qui précède, quel était notre état d'âme au soir du 30 août.

Nous avions une idée de nous-mêmes qui devait encore se modifier quand, le lendemain matin de bonne heure, nous sortîmes de nos maigres paillasses.

N'étions-nous pas maintenant des soldats aguerris? N'avions-nous pas vécu toute une bataille, remporté et payé de notre sang la victoire? N'étions-nous pas, en un mot, des guerriers accomplis.

A de telles pensées l'esprit s'élève et se ressaisit. Je me sentais, dès ce 31 août, et malgré mon jeune âge, un homme complètement mûri ; je m'estimais sans conteste l'égal de civils beaucoup plus âgés que moi; j'avais fait mes preuves dans la mesure de mes forces.

Je connaissais ce sentiment d'orgueil pour l'avoir éprouvé déjà l'année précédente quand je sortis pour la première fois dans les rues de Munich, mon sabre d'officier aux côtés, louchant de droite et de gauche sur mes épaulettes à la mode de l'époque.

N'avais-je pas été assez effronté, ce jour-là, pour monter chez mes futurs beaux-parents et réclamer, sans succès du reste, celle qui plus tard devait devenir ma femme et qui n'était alors qu'une simple gamine ?

Mais tout ce que l'on peut éprouver comme jeune officier nouvellement promu n'est rien à côté de ce qu'on a la joie de ressentir après la première bataille gagnée, après la première victoire ; car c'est alors seulement que l'on peut se rendre compte de la grandeur de la tâche accomplie et que l'on a conscience d'être devenu un véritable défenseur de son trône et de sa patrie.

Telles sont les considérations qui nous firent oublier, ce matin-là, que le sucre manquait totalement dans notre café, et que le lait aussi brillait par son absence. Nous dûmes avaler notre café noir, très amusés du reste par la triste figure de ce brave Lind, lieutenant de la landwehr, enfant gâté de sa mère, qui trouvait par trop frugal ce maigre repas.

J'allais m'éloigner de mes camarades pour m'occuper de mes chasseurs, quand un de mes sous-officiers, le caporal Kniele, si je me souviens bien, vint à moi, et, sortant mystérieusement de sa musette une bouteille de champagne, me la tendit en disant : « Je l'ai mise de côté hier, mon lieutenant, afin que vous ayez encore quelque chose à boire aujourd'hui ; si je ne l'avais fait, elle aurait été certainement vidée par ces messieurs. »

Je le remerciai, enchanté de l'aubaine, puis, versant

dans une marmite de campagne le contenu de la bouteille, je bus consciencieusement et remis le reste à mon brave sous-officier heureux d'aller le partager avec ses autres camarades ; il fit ainsi le bonheur de notre bon grand sergent-major Renner qui se trouvait dans le voisinage, et dont la réputation était, lorsqu'il portait de l'alcool à ses lèvres, de devenir subitement très conservateur, tout en restant naturellement toujours très correct.

Pendant la nuit, les patrouilles qui s'étaient écartées au cours de la bataille d'hier, nous avaient rejoints, et nous nous trouvions, au moment du départ, à peu près au complet.

Il nous manquait cependant ce brave Stummvoll, mon camarade et voisin, lieutenant de la landwehr, auquel les pantalons rouges avaient traversé la main d'un coup de feu, et que l'on avait dû malheureusement emmener dans une ambulance.

J'avais aussi perdu quelques hommes de ma section ; de tous, celui que je regrettais le plus était un nommé Reuch, infatigable plaisanteur qui savait conserver sa bonne humeur dans les plus graves circonstances et ne cessait de nous égayer tous.

Il dort maintenant près de Varniforêt . . . . . .

. . . .

Notre division se mit en marche derrière la première,

les chasseurs en tête. Nous arrivâmes sans incident à Raucourt où nous nous arrêtâmes.

On entendait distinctement la fusillade dans la région de Remilly.

— « Ah ! ah ! les voilà de nouveau aux prises avec la première division ; ils vont une fois de plus se faire secouer, et, si cela doit durer, il n'en restera bientôt plus. »

Comme on s'habitue vite à tout !

Lorsqu'au 4 août dernier, près de Langenkandel dans le Palatinat, nous entendîmes pour la première fois le canon de Wissembourg, puis lorsqu'au 6 août, nous nous précipitâmes sur le champ de bataille de Wörth, et lorsque enfin hier nous prîmes d'assaut les hauteurs de Sommauthe, nous étions à peine maîtres de nous.

Aujourd'hui, nos nerfs étaient bien encore quelque peu surexcités et, pourtant quelle différence déjà avec alors ! Mais plus tard, quand chaque jour il nous fallut entendre le bruit du canon, nous ne devions même plus y prendre garde, si ce n'était pour nous orienter dans la bataille en nous guidant sur le bruit, sur sa direction, sur sa violence.

On peut dire, et je parle ici de nous autres jeunes officiers et de nos hommes, qu'au début de la campagne, nous percevions tout avec notre tempérament, tandis que plus tard ce fut avec notre raison.

Nous eûmes, disons-le en passant, à prendre part à

deux espèces de guerres : l'une loyale, chevaleresque, livrée par des gentilshommes à l'armée impériale française; l'autre sauvage, cruelle, meurtrière, guerre d'extermination contre le peuple soulevé au sud de Paris, guerre au couteau contre les masses de la République, contre des citoyens égarés se croyant obligés de défendre leur patrie, les armes à la main.

Subitement la voix grave de notre chef se fit entendre :

— « Lieutenant Tanera !

— « Voilà, mon colonel ! » et déjà j'étais à ses côtés, à la tête du bataillon.

— « La première division, me dit-il, est engagée près de Remilly et Bazeilles; la deuxième la suit en réserve. La cavalerie nous informe qu'il n'y a plus de forces importantes sur la rive gauche de la Meuse; il se pourrait cependant que des patrouilles isolées, et même des compagnies, se trouvassent encore sur ces hauteurs boisées.

« Prenez votre section, allez parcourir le bois de Cogneux, le bois de Chenois, le village d'Autrecourt et portez-vous le long des crêtes qui bordent la Meuse, vers Remilly. Ces crêtes forment la couverture de droite de la division; il ne s'y trouve pas de cavalerie. Quand vous serez à Remilly, vous chercherez à rejoindre le bataillon.

« Avez-vous quelque chose à me demander?

— « Non, mon colonel.

— « Bien, vous pouvez donc partir de suite. »

Il me jeta un regard aimable; je fis demi-tour et retournai à mes chasseurs au plus vite, me disant en moi-même que le lieutenant-colonel Schmidt savait bien prendre ses gens, fier aussi de la mission sérieuse et pleine de responsabilités qu'il venait de me confier.

En choisissant ainsi non pas le plus âgé de ses officiers, mais un très jeune lieutenant, le colonel ne stimulait-il pas l'amour-propre de celui-ci au point de lui faire apporter à sa mission, fût-il même très flegmatique et pour justifier la confiance que l'on mettait en lui, toutes les forces dont il était capable ?

Notre chef avait au suprême degré le don de nous encourager lorsqu'il nous demandait quelque chose de particulier. Il ne nous faisait jamais de compliments, mais nous savions deviner quand il était satisfait, et notre grande joie était de pouvoir lire dans un regard de ce digne homme que nous avions fait notre devoir.

Son principe était de demander « l'impossible » pour obtenir le « possible »; très difficile à contenter, il nous arrivait parfois cependant d'obtenir de lui un signe d'approbation; juge sévère, mais toujours foncièrement juste et bienveillant, je suis certain qu'aucun de ses chasseurs n'eût consenti à changer sa place contre celle d'un camarade, fût-il d'ailleurs le plus privilégié, car ses hommes savaient tous qu'un signe de tête de leur « Vieux » était plus difficile à gagner qu'ailleurs le plus superbe hommage, et cela n'avait-il pas sa valeur ?

Lorsque j'appris à mes chasseurs la mission pleine d'honneur qui venait de nous être confiée, ils éprouvèrent comme moi un grand sentiment de fierté; mais il en fut autrement des pauvres camarades moins heureux que nous, qui devaient rester dans la vallée et qui nous suivirent d'un regard d'envie lorsqu'ils nous virent gravir les pentes abruptes de la colline.

Nous arrivâmes bien vite à la forêt que nous avait indiquée la carte; elle était, comme toutes celles de la région, plantée de hêtres moyens et de taillis épais.

Je détachai aussitôt mes patrouilles, mis ma section en tirailleurs, et prudemment, l'arme prête à faire feu, nous nous enfonçâmes dans la broussaille.

Nos chasseurs étaient bien là dans leur élément. Combien de fois n'avions-nous pas parcouru de jour et de nuit, les bois et les montagnes qui bordent les deux rives de l'Iller, allant ainsi jusqu'aux murailles de pierres de la haute montagne, jusqu'au Rottachberg et jusqu'à la partie supérieure du Wertachtal.

Aussi étions-nous aujourd'hui récompensés de tous ces efforts; nous avancions sans la moindre peine, sans même nous aider de la voix, sans coups de sifflet, sans nous faire de signaux.

Rien n'eût décelé la présence d'êtres humains dans cette forêt tranquille, n'eût été de temps à autre le craquement d'une branche sèche.

Tout à coup une détonation retentit vers mon aile droite; une seconde suivit, puis une troisième, et tout rentra de nouveau dans le calme. Mes chasseurs, en gens bien dressés, s'étaient immédiatement transformés en statues de marbre, le doigt sur la détente, le fusil presque en joue, l'œil scrutant les buissons, l'oreille aux aguets. On n'entendait plus que le gazouillement des oiseaux.

Je fis signe à mes voisins de se dissimuler, les autres firent de même, puis je me portai de ma personne dans la direction d'où nous étaient venus les coups de feu que nous avions entendus.

Je ne tardai pas à rencontrer un chasseur que l'on m'envoyait de mon aile droite; il m'informa que dans une ligne, à 300 pas devant nous, une patrouille française avait été aperçue, forte de 5 à 6 hommes, laquelle avait tiré par trois fois et s'était repliée vers l'est, poursuivie par un groupe de 3 chasseurs.

A mon signal, tous mes hommes se portèrent en avant. J'adressai quelques compliments au caporal Zink, qui commandait la fraction de droite, pour n'avoir pas fait tirer inutilement, et je me tins, dès lors, beaucoup plus près de lui.

Nous arrivâmes bientôt à la place où les Français

avaient été vus; nous n'y trouvâmes plus qu'un feu qui pétillait encore joyeusement et dans la cendre duquel une quarantaine de pommes de terre cuisaient. Ceux de nos hommes qui passèrent à proximité s'en emplirent les poches, ou plutôt les musettes, et la poursuite continua de plus belle.

A la jonction d'un sentier qui conduisait à Autrecourt, nous perdîmes de vue la trace des Français; devant nous une grande quantité de havresacs, de chassepots, de képis et de sabres étaient abandonnés à terre; tout démontrait bien que l'ennemi en déroute avait passé là et qu'il avait dû se débarrasser, pour s'alléger de tout ce qui pouvait le gêner, afin de chercher au plus vite son salut de l'autre côté de la Meuse.

Nous atteignîmes vers 2 heures la lisière est des bois du Chenois; à nos pieds se trouvaient la vallée de la Meuse, le village d'Autrecourt, et le hameau de Villers devant Mouzon.

— « Mon lieutenant, là-bas, dans ce parc, il y a des Français! »

Caché derrière un arbre, j'observai le parc à l'aide de ma lorgnette : environ 30 ou 40 hommes, vêtus d'un uniforme noir bizarre, coiffés d'un képi, circulaient dans tous les sens; derrière un bosquet, un drapeau rouge: pas la moindre trace d'armes.

— « De là, mon lieutenant, on aperçoit très bien un drapeau sur un château. »

Je suivis celui de mes hommes qui me donnait ce renseignement et je vis, en effet, flottant au vent, un grand drapeau blanc sur lequel se détachait la croix rouge de Genève.

— « Ah! pensai-je, nous avons en face de nous un hôpital de campagne français. » J'allais donner l'ordre d'avancer tranquillement quand un de mes hommes de la patrouille que j'avais envoyée à la poursuite de l'ennemi, vint m'annoncer que les Français, au nombre de 5, avaient disparu dans le village d'Autrecourt.

La raison nous conseillait d'être prudents. Je décidai d'envoyer une patrouille vers le village en leur ordonnant de s'arrêter à une centaine de pas de la lisière du parc et d'observer très attentivement; je devais suivre moi-même le mouvement avec le reste de ma section, en basant ma conduite éventuelle sur les coups de feu que je pourrais entendre.

Tout se passa comme j'avais prévu; il n'y eut pas la moindre alerte, et, quand je fus bien certain que toutes mes patrouilles étaient en place et guettaient, comme des renards, toutes les issues du village, je m'avançai, suivi de toute ma ligne de tirailleurs.

Nous avions à peine fait notre apparition sur une partie de terrain découvert que, du parc qui s'était subitement animé, sortirent une quarantaine d'individus, venant à nous, le drapeau rouge en tête. Je vis sans peine, malgré la distance d'environ 600 mètres qui nous séparait, que ces gens n'étaient animés envers nous d'aucun sentiment hostile et je laissai mes chasseurs avancer paisiblement.

Les hommes noirs firent de même.

Tout à coup, comme si on eût jeté une pierre dans une bande de moineaux, ils se dispersèrent dans tous les sens, et la plupart s'en retournèrent en courant vers le parc. Là ils se rassemblèrent à nouveau, se mirent en rangs et revinrent bientôt dans ma direction.

Je me rendis compte alors que tout à l'heure ils avaient dû être surpris par l'une de mes patrouilles qui s'était avancée jusqu'à leur flanc, et qu'ils avaient dû être très effrayés de voir mes chasseurs marcher sur eux, les armes prêtes à faire feu, comme l'ordonnait le règlement.

Un personnage de très bonne mine s'avança vers moi. J'arrêtai immédiatement mes hommes ; les étrangers en firent autant. Je pus alors distinguer nettement qu'ils portaient tous au bras une croix de Genève.

Dans un allemand plus que bizarre, le chef de la troupe m'expliqua que j'avais devant moi une équipe d'infirmiers volontaires belges, placés sous la protection du droit des gens, que l'on ne devait ni faire prisonnière ni molester.

Je lui répondis en français que toutes ces conventions étaient connues de moi et qu'il ne serait inquiété en aucune façon.

Il devint alors très aimable, me raconta que j'étais le premier Allemand qu'il voyait de si près, me fit quelques compliments en passant et me dit qu'il s'était figuré, jusqu'à ce jour, tout autrement les adversaires des Français.

Malgré toutes ces protestations d'amitié, je crus bon d'envoyer quelques patrouilles dans le village, et je me rendis moi-même dans le château pour m'assurer qu'il n'y avait réellement là que des blessés.

Je fis la connaissance du propriétaire, un M. Pasquier, homme très affable et très bien élevé qui, avec une amabilité parfaite, me donna tous les renseignements que je désirais. Nous échangeâmes nos cartes et j'appris alors qu'il était très lié avec des parents à moi, habitant la Belgique.

Il s'ensuivit plus tard, durant le séjour de six mois que je fis à Sedan, une série de visites qui me permirent de passer là, au sein de sa famille, quelques heures très agréables.

Bientôt mes patrouilles étaient de retour ; elles n'avaient rien observé d'anormal dans le village, mais avaient aperçu les éclaireurs français rencontrés précédemment dans le bois, qui traversaient la Meuse à gué, se dirigeant vers Doucy; je ne crus pas devoir m'arrêter plus longtemps à Autrecourt, et, gravissant à nouveau les pentes de la Meuse, je me dirigeai vers le nord sur Villers devant Mouzon et Petite-Remilly.

Nous ne trouvâmes pas l'ombre d'un Français dans les forêts avoisinant ces localités, mais il y avait là, jonchant la terre, une grande quantité d'équipements ainsi que des armes.

Nous parcourûmes aussi le bois de Dames et nous arrêtâmes enfin à la ferme Saint-Pierre ; je vis de là qu'un chemin creux très profond, suivant la vallée, passait au moulin de Petite-Remilly.

Je me mis à observer de plus près à l'aide de ma lorgnette : je vis que dans ce chemin creux, à la sortie de Remilly, se trouvait une lourde voiture attelée de deux chevaux, dont l'un était debout, l'autre couché en travers de la route.

J'envoyai de suite une patrouille afin de me rendre compte de ce qui s'était passé là ; un des hommes fut bientôt de retour et me dit : « Mon lieutenant, ce chemin creux est rempli de fourgons ; ils sont les uns derrière les autres, plusieurs encore attelés ; pas la moindre trace de Français ; c'est tout un train ennemi qui a été abandonné là. »

Sans perdre de temps, j'installai quelques postes sur les hauteurs environnantes et dépêchai des patrouilles vers le village de Petite-Remilly et ses alentours, puis je me rendis en personne, avec le reste de ma section, sur la route où l'on avait découvert les voitures.

Il y en avait là sept; je reconnus, aux inscriptions qu'elles portaient, qu'elles avaient appartenu au train du 1er régiment de hussards français. Le hasard avait voulu que l'un des chevaux du premier attelage tombât et se cassât un membre, au moment même où la première voiture allait quitter le chemin creux, alors que les autres y étaient encore engagées. Toute la colonne se trouva donc bloquée, aucun des fourgons ne pouvant plus avancer ni reculer; les conducteurs, dans leur précipitation, n'avaient même pas eu le sang-froid de rendre libre le passage, et s'étaient contentés de couper les traits pour s'enfuir avec les chevaux sellés, abandonnant à leur triste sort les autres bêtes, quelques mulets et tout le matériel.

Je tenais à me rendre compte de ce que pouvaient transporter ces fourgons : dans le premier étaient entassées les malles des officiers, dont plusieurs, entr'ouvertes, laissaient échapper les objets qu'elles contenaient; il est à supposer que les fuyards, avant de partir, avaient dû trouver le temps cependant d'y faire encore une petite visite.

Des cartes personnelles étaient éparpillées çà et là; j'en pris quelques-unes au nom du prince de Beauffremont, colonel au 1er régiment de hussards; je mis aussi de côté l'aigrette tricolore du colonel, en souvenir : elle orne aujourd'hui encore mon cabinet de travail.

La voiture suivante contenait des chaussures, du pain en abondance et du linge.

J'y fis atteler le cheval valide et, après avoir fait abattre la bête blessée et mettre de côté le premier fourgon, je la fis tirer hors du chemin creux. Les autres voitures ne contenaient que des uniformes de hussards, des pièces comptables et quantité d'objets sans aucune utilité pour nous.

Plusieurs mulets qu'il nous était impossible d'employer furent aussi abattus, ainsi qu'un cheval blanc en très mauvais état ; quant à la voiture de pain, nos chasseurs complétèrent son chargement en y ajoutant quelques malles d'officiers, et je donnai l'ordre du départ vers Remilly.

Ici je crois devoir signaler un fait curieux : notre 4e compagnie qui avait, elle aussi, reçu l'ordre de se porter sur le flanc droit de la division, tomba comme nous sur le train de voitures abandonné ; elle y trouva la somme énorme de 90.000 francs environ dont elle s'empara.

Cet argent fut versé dans les caisses du corps d'armée ; il en revint une partie à notre bataillon dont chaque homme, chaque blessé, chaque officier, reçut, si je ne me trompe, 20 francs, 40 francs, 10 francs, selon le cas.

J'ai porté longtemps ma petite pièce d'or à ma

montre, je l'ai portée jusqu'à Tivernon, près de Toury, au nord d'Orléans. C'est là que je la perdis, le 13 novembre, dans l'écurie du maire, avec la montre et la chaîne et d'autres souvenirs.

Je revins bien, quelques heures après, de Toury, dans l'espoir de la retrouver, mais je fus reçu par des cuirassiers français qui me saluèrent de leurs gros pistolets; et je ne revis plus ni ma montre ni ma petite pièce d'or.

. . . .

Le gros percheron blanc que nous avions attelé à la voiture de pain trottait si allègrement que le chasseur qui le conduisait pouvait à peine le retenir. La pauvre bête, dont le ventre était vide depuis plusieurs jours, s'imaginait sans doute retourner à son écurie.

Bientôt revint la patrouille que j'avais envoyée pardessus la colline; elle m'annonça que toute notre division avait installé son bivouac sur le versant opposé à moins de 1.000 mètres de nous; j'appris aussi par mes éclaireurs que le village de Remilly-sur-Meuse était occupé par des fractions de notre 1re division.

Je me décidai à envoyer de mes nouvelles à mon bataillon; en réponse, je reçus l'ordre de rejoindre ma compagnie, ce que je fis aussitôt et de grand cœur.

Mon premier devoir fut de me présenter à notre lieutenant-colonel et aux officiers de sa suite, heureux de leur faire contempler la voiture de butin que nous ramenions triomphalement.

Ce fut un cri de joie dans tout le bataillon quand on déchargea l'une après l'autre toutes les belles miches de pain frais. Les hommes qui, depuis la veille au matin, n'avaient touché que de la viande, fêtaient ce pain comme la plus belle de toutes les trouvailles.

Chacun en reçut beaucoup plus qu'il ne lui en fallait, et les miens, dont les musettes étaient déjà remplies, ne furent pas les plus mal partagés.

On se distribua ensuite les chaussures et les bottes; j'en reçus pour ma part une paire qui, pendant dix mois, me fit un excellent usage.

Entre temps, notre chef d'approvisionnement était arrivé avec du vin, portant ainsi à son comble la joie et la gaîté de nos hommes.

Il était à peu près 6h 30 quand fut terminée la visite de toutes les malles d'officiers que nous avions aussi ramenées; on y trouva des cartes ainsi que des lettres pouvant nous être d'une certaine utilité que l'on mit de côté, puis on nous partagea le linge dont j'obtins pour ma part quelques très jolis mouchoirs.

On fit moins bon accueil aux uniformes et autres objets du même genre. Quelques chasseurs pourtant s'en emparèrent, les endossèrent et se mirent à parcourir le bivouac, déguisés en officiers de hussards français, tandis que d'autres se travestissaient aussi de façons différentes plus ou moins grotesques.

On s'amusa ferme et on dansa fort avant dans la

nuit; enfin la réjouissance devint générale quand arriva notre 4ᵉ compagnie ramenant aussi avec elle les malles qu'elle avait prises. Des scènes absolument théâtrales et du plus haut comique se déroulèrent, où ne manquait vraiment et où l'on ne pouvait regretter que l'élément féminin.

Je n'oublierai jamais ce chasseur de la 2ᵉ compagnie qui jouait si parfaitement le troupier français vantard que nous faillîmes en mourir de rire, ni le lieutenant baron Aufsess qui, d'une façon plus fine et plus satirique, nous amusa follement, revêtu de l'uniforme de colonel français qui lui allait, du reste, à merveille.

Les autres bataillons de la division n'avaient obtenu ni pain, ni même autre chose; nous reçûmes naturellement leur visite et devînmes rapidement le point de ralliement de tout le bivouac; nous restâmes ainsi à rire et à plaisanter jusque fort tard dans la nuit.

. . . .

A moins de 800 mètres de nous, dans le village de Remilly, étaient rassemblés les blessés que l'on y avait transportés après la bataille de ce jour. Parmi eux se trouvait mon cousin, le baron Donnersberg, du 4ᵉ bataillon de chasseurs.

J'ignorais complètement sa présence en ce lieu, et, lorsque plus tard je voulus aller lui rendre visite, il était déjà mort, et je ne pus retrouver que sa tombe.

N'est-ce pas là une image saisissante de la guerre?

D'un côté, la gaieté, la joie, de l'autre, la tristesse et le deuil; « aujourd'hui, frais et rose », comme dit la chanson, « demain mort », tel est le sort de la guerre; aujourd'hui le joyeux soir de Remilly, demain les pleurs versés sur les camarades emportés dans la bataille.

Et n'est-il pas heureux pour la plupart d'entre nous de ne pas connaître l'avenir, si favorable soit-il? Et n'est-ce pas une obligation pour nous de cacher à nos hommes toutes les éventualités possibles et de les maintenir constamment en bonne et joyeuse humeur?

C'est ce que comprenait fort bien notre lieutenant-colonel, guerrier incomparable, qui savait toujours fermer un œil quand ses hommes, en dehors du service, se trouvaient être un peu plus gais qu'à l'ordinaire et plus exubérants que ne l'eût permis quelque héros neurasthénique ou goutteux.

Il ferma les yeux à Remilly comme ailleurs, ce qui n'empêcha pas ses chasseurs, le lendemain, à Bazeilles et à la Moncelle, de lui prouver que, lorsqu'il le fallait, il pouvait compter sur eux.

Et c'était tellement vrai que, après la campagne, lorsque quiconque voulait parler d'une troupe d'élite, il citait toujours les chasseurs bavarois et, parmi eux, ceux du 1er bataillon, ceux du bataillon de Schmidt.

VI

LA BATAILLE DE SEDAN (1er SEPTEMBRE 1870)

S'il m'était permis de comparer les batailles à des édifices ou à des promenades, je dirais que la bataille de Sedan, dans sa grandeur, pouvait ressembler à quelque château somptueux, construit en un style sévère et majestueux, meublé des objets d'art les plus précieux, entouré des parcs les plus magnifiques.

Les batailles de la Loire, elles, ressemblaient plutôt à de ces mines qui s'étendent à perte de vue sous les montagnes et qui, par la puissance des machines qu'elles renferment, sont la preuve éclatante de la supériorité du génie humain.

Le souvenir de Sedan est, en quelque sorte, sublime, empreint de joie et de fierté; celui de Loigny, d'Orléans et de Beaugency, agréable aussi, mais cependant mêlé d'horreur.

Cela veut-il dire qu'il n'y eut pas à Sedan quelques scènes abominables! Non! et nous en savons quelque chose, nous qui fûmes à Bazeilles, à la Moncelle et sur les hauteurs de Daigny; autant de souvenirs qui m'apparaissent comme d'effrayantes images au milieu d'autres, comme pourrait m'apparaître l'enfer de Rubens, au milieu de quelques-uns de ces chefs-d'œuvre magnifiques que l'on n'oublie jamais, grâce à leur beauté sublime, comme la *Madone della Sedia* de Raphaël, la *Sancta Magdalena* du Titien, la *Cléopâtre* de Guido Reni et autres tableaux de Perugino, Andrea del Sarto et Tintoretto.

J'ai vu beaucoup de ces œuvres de grands maîtres au palais Pitti, à Florence, délicieuses comme celles que je viens de nommer ou effrayantes comme l' « Infidèle » de Mazzolini.

Ainsi m'apparaît la bataille de Sedan, superbe, pleine de fierté et de distinction.

. . . .

Nous étions debout dès le lever du jour et fort bien disposés, comme si nous avions pressenti les succès que nous allions remporter. La nuit n'était pas encore dissipée que déjà nous avions appris les récits des combats de la veille, livrés par les 4e et 9e chasseurs.

Nous ne tardâmes pas à apprendre que Bazeilles et les hauteurs environnantes étaient occupées par d'importantes troupes ennemies ; à Bazeilles même se trouvait de l'infanterie de marine, troupe d'élite qui, certes, ne nous céderait pas facilement la place.

Nous apprîmes aussi par des officiers d'ordonnance et par des adjudants-majors, qu'il s'agissait aujourd'hui pour nos ennemis d'une lutte pour la vie et qu'ils allaient jouer leur dernier atout. Quant à nous, notre mission était de les battre, de les vaincre à jamais et de les jeter par-dessus la frontière belge afin de les rendre inoffensifs, en les éloignant définitivement du théâtre de la guerre.

Pouvions-nous espérer, à ce moment, que nous ferions mieux que cela et que nous les ramènerions prisonniers avec armes et bagages ? Certes non ; nous étions loin de nous en douter au matin du 1er septembre et je dois ajouter que nous ne le savions encore pas au soir même de la bataille.

L'intention des Français était de se frayer un passage vers Metz et d'y donner la main au maréchal Bazaine.

La route de Sedan à Metz passe par Bazeilles. Nous devions, nous autres Bavarois, nous emparer de ce village ainsi que de ses alentours et tenir là jusqu'à ce que les Prussiens des Ve et XIe corps aient réussi à prendre l'ennemi à rebours et lui barrer la route de l'ouest ; pendant ce temps, notre IIe corps, la Garde, le IVe corps prussien et les Saxons devaient se porter à l'est et au sud afin qu'il ne restât plus à l'ennemi qu'une ligne de retraite possible, celle du nord, vers la Belgique.

Et nous pouvions nous dire à l'avance que notre participation à la bataille allait être des plus importante, puisque nous allions avoir, et ce n'était pas une petite affaire, à résister victorieusement au choc de toute une armée poussée par le désespoir. Mais nous sentions bien que nous étions à hauteur de la tâche; on avait déjà tellement exigé de nous que nous en étions sortis grandis. N'avions-nous pas déjà montré ce que nous savions faire à Wörth et à Beaumont, et puis, le général von der Tann n'était-il pas là et ne devait-il pas infailliblement réussir quand il entreprenait quelque chose?

Nous ne connaissions rien, dans la troupe, de la magnifique organisation de cette bataille de géants; nous ne nous doutions pas de la précision minutieuse avec laquelle Moltke, ce maître de la stratégie, savait amener juste à temps les régiments pour le combat; dans notre étroite vallée de Remilly, nous ne savions rien des emplacements que pouvaient occuper les autres corps d'armée.

Mais ce que nous savions, c'est que le vieux général de Moltke, ainsi que son état-major, avaient dans leur main toutes leurs troupes, qu'ils ne les abandonneraient pas à des combats au-dessus de leur forces, et que, si cela devenait nécessaire, les Prussiens viendraient à notre secours, quand bien même nous ne pouvions les voir.

Et ils l'ont fait à Sedan comme à la Loire, témoignant ainsi d'une fraternité d'armes qui se répéta sur tous les champs de bataille de France et qui devra se perpétuer dans l'avenir.

1870 a été la confirmation que Prussiens et Bavarois pouvaient avoir confiance les uns dans les autres.

Il y avait encore du brouillard dant la vallée au fond de laquelle nous avions bivouaqué lorsque après avoir éteint nos feux, nous nous équipâmes, attendant l'ordre de nous mettre en marche.

Une même pensée animait toute la troupe, du plus ancien des officiers au plus jeune des chasseurs; tout le monde était sérieux et calme, chacun se préparait en silence.

Les hommes ajustaient leurs courroies, soufflaient dans les lumières de leurs fusils pour leur donner de l'air; celui-ci élargissait la capsule d'une cartouche afin de pouvoir la placer plus facilement sur le piston; un autre essayait le ressort de son chien; un troisième dégageait sa baïonnette pour pouvoir la tirer plus aisément hors de son fourreau. Les officiers s'orientaient sur leurs cartes, armaient leurs revolvers, et plus d'un, à ce moment, donna des instructions à un camarade, en vue d'un malheur possible.

Pour ma part, j'eus vite terminé mes petits préparatifs; je m'étais entendu depuis longtemps avec mon meilleur ami, le lieutenant Schmeckenbecher, et nous avions convenu de la manière de nous comporter mutuellement, en cas de malchance.

Nous possédions, l'un et l'autre, l'adresse de nos

parents respectifs, afin de pouvoir les prévenir ; puis nous devions prendre et conserver les souvenirs de celui de nous qui succomberait, afin de les remettre aux survivants qui, certes, devaient y attacher une inestimable valeur.

Il ne nous restait donc rien à faire qu'à mettre au net notre conscience afin de pouvoir nous présenter au souverain juge, si cela devait être.

Mais dois-je dire que même cette préoccupation ne nous tourmentait guère : un brave soldat, qui tombe en accomplissant son devoir, n'a pas à craindre que « là-haut » ses péchés soient inscrits sur un livret.

Comme le veut la vieille croyance militaire, le sang versé sur le champ de bataille efface toutes les taches, même celles qui pourraient marquer notre conscience.

Nous avions aussi envisagé le cas où tous deux nous aurions été tués, et nous portions sur nous les adresses de ceux auxquels un camarade devrait faire savoir que nous avions accompli notre devoir jusqu'au bout.

Tout cela ne fut heureusement pas nécessaire : Schmeckenbecher rentra chez lui sans avoir reçu la moindre blessure ; il avait été cependant l'un des rares officiers bavarois qui toujours furent au premier rang dans les combats livrés par von der Tann, l'un de ceux, parmi les braves, qui reçurent en récompense l'ordre du « Mérite militaire », la croix du « Mérite méklembourgeois » et la « croix de fer ».

Ce n'est que vingt ans plus tard qu'il mourut d'une maladie quelconque ; quant à moi, j'eus le bras fracassé, mais cette blessure ne mit jamais mes jours en danger ; je n'en restai même pas estropié, puisque aujourd'hui encore, je me sers aisément du membre blessé, quoiqu'il soit un peu plus court que l'autre et quelque peu de travers.

Il était environ 4h30 du matin lorsque les premiers coups de canon retentirent à nos oreilles ; c'était notre artillerie de corps qui avait pris position sur les hauteurs à l'ouest de Remilly et qui, grâce au combat de la veille, connaissait exactement la distance qui la séparait de Bazeilles ; elle avait donc pu ouvrir le feu malgré l'épais brouillard qui voilait encore complètement toute la vallée de la Meuse.

Nous pûmes nous mettre en route vers 5 heures ; nous formions la pointe de la deuxième division, avec laquelle nous traversâmes la Meuse sur des ponts que le génie avait établis pendant la nuit au nord-ouest de Remilly. Il faisait encore complètement nuit quand la première division se disloqua.

Aucune étoile ne brillait au firmament ; le ciel était nuageux ; le brouillard toujours épais, on avait dû placer des lanternes au bout de certains fusils afin de marquer les têtes des compagnies.

Nous nous arrêtâmes dans un pré pour nous déployer

en formation de combat. Devant nous crépitait avec violence la fusillade de l'infanterie, en même temps que tonnaient les pièces d'artillerie.

Nous étions certains à présent que la première division avait dû pénétrer dans Bazeilles.

Chez nous régnait le silence de l'attente; un officier se présenta et remit un ordre à notre chef.

Celui-ci se retourna et de sa voix sonore: « Mes enfants, s'écria-t-il (c'est ainsi qu'il nous appelait depuis Beaumont), mes enfants, l'instant est sérieux! Vous ferez, j'en suis certain, tout ce qui est humainement possible. Conduisez-vous comme à Beaumont, et je serai fier de vous! En avant, pour le Roi et la Patrie! En avant! »

Telles furent à peu près ses paroles; elles nous allèrent droit au cœur.

Un officier de la landwehr, à côté de moi, qui le connaissait encore peu, me dit: « Je n'aurais jamais cru que cet homme si froid, si sombre d'habitude, pût vous enflammer comme il vient de le faire, par ses paroles et par son exemple. »

Et c'était bien vrai; il savait vous empoigner au point de vous faire aller, le cœur léger, vers une mort certaine; il comprenait si bien le sentiment de l'honneur militaire et de la bravoure, que l'on faisait son devoir avec tout l'enthousiasme dont on était capable.

C'était un guerrier dans toute la force du terme.

Le bataillon avançait à rangs serrés. Subitement le brouillard se dissipa ; devant nous apparut éclatant un riant paysage.

Chacun se fit alors très grand pour voir ce qui se passait.

Nous traversâmes la voie du chemin de fer, nous dirigeant vers le parc si pittoresque du château de Monvillers, au nord de Bazeilles.

Quelles étaient les pensées qui, durant cette marche en avant, pouvaient animer nos esprits ?

A vrai dire, elles étaient rares ; nous étions tellement en proie à l'émotion, nous avions tant de choses à voir ! et puis le feu de plus en plus furieux des canons et des mitrailleuses, le bruit des salves d'infanterie nous assourdissaient et finissaient par anéantir nos sens.

« A la grâce de Dieu ! » telle était probablement la pensée dominante de chacun de nous.

Nous traversâmes la grande route de Carignan à Sedan.

— « Attention ! une branche qui tombe ! » — cria quelqu'un. C'était en effet une branche qui tombait, abattue par une grenade ; nous ne l'avions même pas entendu craquer, tellement grand était le vacarme autour de nous.

Nous vîmes partir en avant la batterie Sigmund

allant prendre position sur une hauteur, à l'est de la Moncelle, à côté d'une batterie de la 1re division.

— « Colonnes de compagnies à intervalles ! les 2e et 4e en tête. Direction : le coin du parc au nord de Bazeilles ! »

Les compagnies de tête prirent le pas gymnastique; les autres (1re et 3e) suivirent.

— « Sacrebleu, mais tout le parc est occupé par les Français : entendez-vous quel bruit ils font là-dedans ? »

Bon ! une première grenade nous arriva et tomba au milieu de nous avec un bruit sourd; elle n'éclata pas, heureusement.

Puis ce fut une deuxième.

— « Attention ! jetez-vous de côté, elle fume ! » — elle sauta formidablement : des éclairs jaillirent de droite et de gauche dans un nuage de fumée ; un chasseur tomba la face contre terre, put encore se retourner et ne bougea plus ; deux autres roulèrent, les jambes fracassées ; plusieurs reçurent des blessures plus ou moins graves.

— « Serrez vos rangs ! Faites sortir les brancardiers ; en avant, les chasseurs, pas de charge ! »

Les compagnies s'élancèrent ; on passait sur les camarades tombés ; on trébuchait sur les morts..... Qu'importe ; ils ne souffraient plus. Voici que déjà les premières lignes de tirailleurs se jetaient à l'assaut avec des « Hurrahs » frénétiques. Comme à Beaumont, elles n'avaient même pas le temps de préparer par des feux préliminaires cette vigoureuse attaque : elle réussit pourtant, et tout le monde suivit.

Mais voici que le parc est entouré d'un fossé de 1m50 environ, dont les bords sont murés. Il n'est pas fait pour arrêter les chasseurs bavarois ; un saut pour y descendre, deux pas dans le fossé, les mains sur le bord opposé, un bond, et voilà nos gaillards de l'autre côté.

Cependant l'infanterie de marine ne prend pas la fuite : n'a-t-elle donc pas suffisamment d'espace derrière elle ? Elle reste sur place jusqu'à ce que nous soyons face à face.

Les malheureux n'ont même plus le temps de charger leurs fusils : celui-ci tombe, le crâne fracassé par une crosse bavaroise, avant qu'il ait eu seulement le temps de refermer la culasse de son chassepot ; celui-là perd la vie, traversé par une baïonnette ; cet autre ne consent à lâcher un fusil qu'il avait saisi dans la peur, que parce que l'un des nôtres tire un couteau de sa botte ; un officier, qui vient de désarmer un de nos hommes, meurt étranglé, comme un renard saisi par un chien-loup.

En quelques minutes, toute la lisière du bois était à nous.

Les 2e et 4e compagnies prirent alors la direction de Bazeilles, les 1re et 3e, celle de la Moncelle, reliée au parc vers le nord.

Nous dûmes repasser le fossé que nous avions franchi tout à l'heure et suivîmes son bord en nous pressant le plus possible. Plus d'une balle siffla à nos oreilles. Nous arrivâmes enfin derrière un mur.

— « Halte ! Reposez-vous un instant !

— « Il va falloir que chaque compagnie se porte vers ces maisons, à l'intérieur de la Moncelle, pour marcher de là sur les hauteurs au nord de Bazeilles.

— « C'est entendu, mais cela va nous obliger à traverser la route.

— « Mon capitaine, là-bas, à moins de 600 pas de nous, j'aperçois plusieurs batteries française.

— « Oui, mais tirent-elles sur nous ou sur notre artillerie ?

— « Elles ne nous ont pas encore aperçus.

— « Eh bien, alors, au pas de course derrière cette haute maison qui me paraît inoccupée. »

Nous traversâmes, par sections, le vaste espace qui nous en séparait, nous allions vite, mais les Français allaient plus vite encore : dès que la tête d'une section apparaissait sur la route, ils faisaient feu de leurs maudites mitrailleuses. Celles-là d'habitude ne valaient rien, mais elles étaient extrêmement pratiques dans un moment comme celui-là ; il n'était même pas nécessaire de viser, il suffisait de les tenir dans la direction et de tourner la manivelle.

Quelques coups étaient-ils trop courts, ils ricochaient

sur le sol dur et nous arrivaient dans le ventre avec du sable et de la terre.

Cet instant n'avait rien d'agréable.

Nos premières sections avaient eu relativement de la chance, car le tir des Français n'avait pas encore pris la distance exacte, mais il n'en fut pas de même pour celles qui suivirent, et la mienne était l'avant-dernière.

Nos hommes semblaient terrifiés.

Pour les rassurer, je me portai de ma personne, et au pas, jusqu'au milieu de l'espace vide, je me fis aussi grand que possible, et criai de là l'ordre d'avancer.

Je dois dire de suite que ceci n'était pas une action d'éclat de ma part, car j'étais pour les Français un but par trop insignifiant, seul sur cette place, mais je réussis ainsi à exciter le courage de mes hommes qui à ce moment réfléchissaient plus ou moins, et vite toute la section passa. Même ce lourdeau de R... qui était le plus paresseux de la bande, courut comme un lévrier.

Quelle chance j'avais! De toute ma section un seul homme tomba, jeté à terre par deux balles qui avaient traversé son sac : il resta étendu.

Mais lorsque cessa le feu des Français, il se releva et d'un bond fut derrière la maison qui nous protégeait. Il n'avait reçu qu'une blessure superficielle qui guérit très vite : et c'est ainsi que ce fameux passage ne me coûta aucun homme.

Il n'en fut pas de même des autres sections qui en

perdirent une dizaine ; ceux-là étaient bien morts, frappés par 15 et 20 balles et traversés de part en part.

Il nous fallait à présent gagner les maisons les plus éloignées du village, qui se trouvaient au pied de la côte.

Homme par homme, nous courions d'un coin à l'autre.

Qui nous eût observés n'eût jamais pensé que ces gaillards agiles étaient natifs de l'Allgau, du Pfront, du Hinterlangental et des hautes Alpes. Ils ne portaient pas trace de ce flegme si particulier aux gens de la montagne, ils n'étaient ni lourds ni empruntés.

Tous ne demandaient qu'à partir en avant jusqu'à ce qu'ils aient trouvé une bonne petite place d'où l'on pourrait voir au loin ; ils avaient la même pensée que leur camarade Richard, un vrai de l'Allgau celui-là et un de mes meilleurs soldats. Richard disait : « Si je ne trouve pas une petite place où je puisse me coucher pour tirer à mon aise tous les Français qui se présenteront, la bataille n'aura plus aucun charme pour moi. »

Nous trouvâmes bientôt de ces petites places en quantité.

De l'autre côté de la vallée, à environ 400 pas de nous, à une vingtaine de mètres de la crête, un chemin de terre longeait le versant de la colline ; il était occupé par des troupes d'infanterie ; sur la hauteur même se trouvait de l'artillerie qui tirait par-dessus elles des grenades et des schrapnels.

Nous autres officiers, nous ne nous préoccupions pas beaucoup des premières dont la moitié à peine réussissaient à éclater, et bien moins encore des schrapnels qui éclataient trop haut dans les airs et ne pouvaient plus nous faire aucun mal. Mais il n'en était pas de même pour nos hommes, lesquels restaient très impressionnés par ces masses qui tombaient à terre, envoyant dans tous les sens du sable et des pierres.

Les petites balles de chassepots étaient bien autrement à craindre.

Celui auquel elles étaient destinées n'était pas prévenu de leur arrivée, mais soudain il lui semblait qu'on lui arrachait les entrailles ; il tombait, déchiré par d'atroces douleurs, et ne doutait plus qu'il fût mortellement blessé. D'autres ne sentaient qu'une légère piqûre, mais immédiatement après, le sang leur montait à la bouche, ils avaient la poitrine traversée. Il y en avait qui se renversaient comme si, dans leur course, ils avaient rencontré quelque obstacle invisible. Quant à ceux qui étaient frappés au cœur ou à la tête, ils tombaient raides et ne bougeaient plus.

C'est ainsi que mourut en héros notre brave lieutenant Ulmer, d'une mort que pas un poète ne pourrait assez dignement chanter.

La 4e compagnie chassait des bosquets, au sud du parc de Montvillers, tout ce qui s'y trouvait encore ;

elle avançait de buissons en buissons, remplissant l'air de ses joyeux hurrahs.

Entre la lisière du parc et la route de Bazeilles, un large fossé lui coupa la marche.

Ulmer se trouvait à environ 8 pas en avant de sa section ; lorsqu'il vit le fossé, il prit un gros élan, et d'un bond formidable, le sabre haut, un hurrah sur les lèvres, il passa de l'autre côté.

Il n'avait pas compté sur le perfide petit morceau de plomb que, pendant qu'il sautait, il reçut en plein cœur. Il s'écroula de l'autre côté et ne bougea plus : sa main serrait encore le sabre qu'il dirigeait vers l'ennemi ; sa bouche était ouverte comme pour crier encore ; hélas, elle ne devait plus se refermer.

Tomber comme Ulmer est beau et digne du proverbe latin : *Dulce est pro patria mori.*

. . . .

Pour nous autres commençait à présent la plus dure partie de la journée. Les Français avaient renforcé leur ligne d'infanterie ; nous-mêmes, nous avions amené, petit à petit, dans notre chaîne de combat, les 3e et 12e régiments. Vers 9 heures, toute notre brigade occupait une seule ligne de tirailleurs faisant feu, autant que les fusils pouvaient donner, sur les Français arrêtés à environ 360 pas de nous.

A notre gauche était engagée toute notre 1re division, disputant à l'ennemi les maisons de Bazeilles;

quelques sections de notre 4e compagnie s'étaient jointes à elle. A ce moment, les premières pièces de notre artillerie divisionnaire parvinrent heureusement à s'établir près de la Moncelle, prêtant ainsi main forte à la faible batterie Sigmund qui n'en pouvait plus, anéantie par le feu de près de six batteries françaises. Nous fûmes ainsi débarrassés des éclats d'obus que nous lançaient les canons ennemis, occupés qu'ils étaient à se défendre contre notre artillerie.

Déchargés d'elle, nous pûmes approcher à environ 280 pas des Français, nous établir dans un fossé, et, de là, leur tirer dessus sans interruption.

— « C'est à n'y plus rien comprendre, me dit soudain Lang, un de mes chasseurs qui était couché près de moi et visait avec le plus grand calme, voilà trois fois que je tire sur ce bonhomme dont vous voyez briller le képi, et que je n'arrive pas à le toucher. »

— « Donnez-moi votre fusil, lui répondis-je ; il y a 300 pas à peine jusqu'à lui, il faut que je le touche. »

Je le mis en joue lentement, visai et tirai : rien ne bougea ; je ne savais pas si j'avais tapé juste.

— « Avez-vous vu où a porté le coup ?

— « Non, mon lieutenant.

— « Peut-être était-ce trop haut, je vais viser plus bas. » Je tirai à nouveau.

— « Mon lieutenant, cette fois, c'est trop court.

— « C'est aussi mon avis ; j'ai tiré plus bas de la largeur d'une main; mais alors le coup précédent devait être bon. Donnez-moi encore une cartouche. »

Je tirai, rien ne tomba.

— « Sacrebleu, m'écriai-je, je n'y comprends plus rien! Ce doit être un officier, un képi de troupe ne brille pas ainsi.

« Essayez encore une fois, Lang; j'observerai avec ma jumelle. »

Le chasseur tira, je vis la balle porter exactement, mais le Français ne bougea pas.

— « Lang, j'ai trouvé! Ce gaillard est mort depuis longtemps; choisissez-en un autre! »

Le soir même, après la bataille, mon homme alla se rendre compte par lui-même : il trouva un lieutenant français dont le crâne était traversé de cinq ou six balles.

Nous avions donc bien visé, mais en pure perte dès le deuxième coup.

— « Le capitaine fait dire à mon lieutenant de se porter avec la 3e section dans la direction de Daigny et de prendre contact avec la 1re compagnie déjà partie de ce côté. »

Je sifflai; environ six de mes hommes m'entendirent; je leur donnai l'ordre de se rassembler derrière une maison que je leur indiquai, et d'en faire part à leurs camarades de droite et de gauche.

Ils s'y rendirent un par un; dix minutes après, je pouvais me mettre en route avec une trentaine d'hommes. Ceux que mon ordre n'avait pas touchés étaient morts ou blessés.

J'avançai prudemment; vers 1h 30 j'arrivai à Petite-Moncelle sans avoir rencontré ni la 1re compagnie, ni l'ennemi, aussi commençai-je à être de fort mauvaise humeur.

Où était-elle donc cette 1re compagnie? Fallait-il aussi que ce fût moi qui parte à sa recherche au lieu de rester avec mes camarades, faire comme eux le coup de feu sur l'ennemi et le culbuter ensuite avec des hurrahs?

Nous continuâmes notre chemin. De temps à autre, un de mes chasseurs s'amusait à tirer sur un Français que l'on voyait apparaître de l'autre côté de la vallée. Je ne les en empêchais pas.

Je traversai la Givonne, fouillai la fonderie de Daigny, la ferme de la Rapaille, mais en vain! Pas l'ombre d'un Français, pas l'ombre de la 1re compagnie.

Nous arrivâmes à Daigny; j'y rencontrai des Saxons, mais toujours pas la 1re compagnie. J'allai plus loin, vers Haybes; je remarquai, pendant ce trajet, que le combat sur la hauteur de Daigny, après s'être quelque peu apaisé, reprenait à nouveau.

Il fut heureux pour moi qu'à cet instant aucune balle

ne me parvînt, car je jurais en moi-même si formidablement que saint Pierre m'eût sans nul doute claqué la porte au nez, si je m'étais présenté d'aussi mauvaise humeur à la porte du paradis.

J'arrivai enfin à Haybes; ma pointe y rencontra par hasard celle d'un bataillon saxon du 101e régiment, ainsi que des patrouilles d'un bataillon de chasseurs de la Garde prussienne. Je demandai à un officier où il devait se rendre.

— « Nous allons monter à l'assaut de cette hauteur », me répondit-il.

Un lieutenant saxon vint à nous.

— « Mon cher camarade, que va-t-on faire?

— « Nous devons nous emparer de cette hauteur, il doit y avoir une attaque générale. »

Pour mon compte, j'étais à bout de patience : « Que le diable emporte la 1re compagnie! pensai-je en moi-même, je ne la chercherai plus. »

Et m'adressant à mes hommes :

— « Chasseurs! Les Saxons vont monter à l'assaut de cette hauteur, nous irons avec eux!

— « Bravo pour notre lieutenant! En avant! En avant! »

Je vis venir à nous un officier d'état-major saxon, à cheval.

— « Mon colonel, lui dis-je, je suis chargé de rechercher une compagnie de mon bataillon, mais je ne la trouve nulle part. Permettez-moi donc de prendre part, avec mes chasseurs, à l'assaut qui va se livrer. Je m'appelle Tanera.

— « Très volontiers, mon cher camarade : colonel von Schimpff.

— « Mille fois merci, mon colonel; où faudra-t-il me placer.

— « Ici, à gauche de la section d'avant-garde.

— « A vos ordres, mon colonel. »

Je m'adressai à mes hommes : « Chasseurs, allons-y ! Montrez aux Saxons et à la Garde prussienne comment savent se conduire les chasseurs bavarois. En avant ! »

Ce fut une véritable joie; nous nous étions déployés en tirailleurs à côté de l'avant-garde saxonne.

Mon sergent-major, Renner, avait tiré son sabre et, malgré son âge, s'était élancé très vite en avant de l'aile gauche de la section, tandis que le sergent Kisling prenait l'aile droite; je gardai près de moi les trompettes Mathes et Spät; nous gravîmes ainsi les pentes abruptes avec la plus grande facilité, comme nous étions habitués à le faire dans les Alpes.

Mais ce qui avait été pour nous un jeu d'enfant (il n'y avait même pas de rochers) fut pour les Saxons une très grosse difficulté, malgré le bel entrain dont ils faisaient preuve; il en fut de même pour les chasseurs de la Garde prussienne, beaux et forts gaillards, et pour les grenadiers du régiment « Empereur Franz », également de la Garde.

C'est que, dans leur pays plat, ils n'avaient pas l'occasion de grimper souvent, tandis que nous autres, nous trouvions déjà, à proximité de Kempten, des murailles de plus de 160 pieds de haut; nous pouvions, au cours du moindre service en campagne, dans le voisinage de la garnison, escalader sur les bords de l'Iller des montagnes de 3.000 et 4.000 pieds.

Combien de fois n'avais-je pas fait l'ascension du Stuiben, élevé de 7.000 pieds, comme simple promenade de l'après-midi !

Et le Grüntenberg! Et le Hauchenberg! Et le Marienberg et le Pfänder, simples excursions pour moi!

Il en était, du reste, de même pour mes hommes; le temps de compter trois et nous étions en haut; les premiers coups de feu partirent des « Podevils » et furent tirés par mes chasseurs, ce dont je reste toujours fier.

Les autres ne tardèrent pas à nous rejoindre; ils eurent à peine le temps de respirer que nous repartîmes tous en avant. Et les chasseurs n'étaient pas les derniers, je vous prie de le croire; les Saxons l'ont fort bien reconnu dans la suite.

Nous arrivâmes tellement vite sur les Français qu'ils n'eurent même plus le temps de tirer; la tempête qui leur tombait dessus leur avait fait perdre la tête. Ils se rendirent en grande partie, les autres prirent la fuite, la hauteur était emportée.

. . . .

J'eus alors une chance extraordinaire : à ma gauche, non loin de moi, j'aperçus le bord supérieur d'une de ces petites carrières comme il s'en trouve beaucoup dans cette région.

J'y regardai : elle était pleine de Français ; les malheureux, surpris, ne pouvaient plus en sortir ; la seule issue les eût conduits à la vallée, c'est-à-dire à nous.

J'envoyai aussitôt quelques-uns de mes chasseurs vers le trou de sortie en leur donnant l'ordre de tirer sur ceux qui tenteraient de s'évader ; puis je me rendis avec mes autres hommes sur le bord supérieur de la carrière et je criai : « Bas les armes ! »

Quelques-uns ne voulurent pas obéir de suite, mais ils furent vite ramenés à la raison par leurs officiers quand ils aperçurent plusieurs canons de fusils que leur montraient nos chasseurs.

Sur ma demande, ils se déclarèrent prêts à se rendre.

Il ne me restait plus qu'à les faire prisonniers, cela me gênait d'autant moins que là-haut on n'avait plus besoin de moi : le combat semblait fini et je ne crus pas utile de participer à la poursuite des Français qui fuyaient à toute allure.

Je prescrivis à quelques-uns de mes hommes de

rester sur le bord de la carrière et de veiller à ceux qui s'y trouvaient enfermés.

— « Si vous remarquez qu'ils soient décidés à résister, leur dis-je, vous tirerez, mais à cette condition seulement. Avez-vous compris?

— « Oui, mon lieutenant. »

Je courus de ma personne, avec la plus grande partie de ma section, en bas, à la sortie, où se trouvaient déjà environ le tiers de mes hommes.

Puis je demandai aux Français de venir à moi sans armes, et je les fis sortir l'un après l'autre.

Quelle joie! Je suis certain que le général von der Tann n'éprouva pas le même sentiment de fierté lorsqu'il gagna la première bataille d'Orléans, que moi, ce jour-là, quand je rassemblai ma troupe de prisonniers, comptant 4 officiers et 71 sous-officiers et soldats.

Mes chasseurs aussi ne se tenaient plus de plaisir; notre tâche était terminée, les Français se trouvaient là, impuissants, entourés seulement de 2 sous-officiers, 2 trompettes et 21 chasseurs du 1er bataillon bavarois.

Je pris le nom de chacun et l'inscrivis, afin de pouvoir en rendre compte; j'échangeai ma carte de visite avec les officiers et je leur fis rendre leurs sabres qu'on avait laissés dans la carrière.

Je dois dire que ces officiers et leurs hommes se sont conduits dans la circonstance d'une façon parfaite; les premiers devaient avoir absolument leur troupe dans la main, car celle-ci se comporta de la façon la plus digne, obéissant encore aveuglément à ses chefs. Ces Français avaient droit à toute notre considération : ils se sont montrés, dans l'adversité, comme des hommes qui savent supporter avec courage le destin malheureux.

Les noms des officiers étaient les suivants : capitaine Lacomer, capitaine Langlois, lieutenant Jacques Bolyert, sous-lieutenant Édouard Bolyert ; ces deux derniers étaient des frères. Tous appartenaient, ainsi que leurs sous-officiers et leurs hommes, au 55e régiment de ligne.

Il ne me restait plus qu'à prendre congé des Saxons.

Je n'eus pas de mal à trouver le lieutenant-colonel Schimpff qui m'avait autorisé à prendre part à l'assaut ; je lui demandai de vouloir bien certifier ceci sur une carte, afin de pouvoir, tout à l'heure, en rendre compte, à mon retour au bataillon. Il me serra les deux mains et ne pouvait s'arrêter de nous complimenter ; nous fûmes rejoints par d'autres officiers saxons et prussiens qui, eux aussi, me témoignèrent leur plus sincère admiration.

Le lieutenant-colonel me remit sa carte de visite avec quelques mots aimables, et me demanda la mienne en échange. Je la lui donnai, mais je suppose qu'il dut la perdre dans la suite, et voici pourquoi : en 1875 parut, dans un travail de l'État-major général, l'historique de la bataille de Sedan. Je le lus certes avec une attention fiévreuse, comme tous ceux qui, avec moi, y assistèrent. Il s'y trouvait le récit d'une certaine attaque près de Haybes, mis je n'y étais pas nommé. A la page 1254, il était dit qu'à la marche en avant des 1er et 3e bataillons du 101e régiment s'étaient joints, en plus des chasseurs de la Garde, une fraction de la 3e compagnie du 1er bataillon de chasseurs bavarois.

Et plus loin, à la page 1257, dans une description de l'assaut principal, il était écrit : « Des fractions du 1er bataillon de chasseurs bavarois, et des chasseurs de la Garde prussienne s'étaient joints à l'attaque. »

C'était tout. Oh, combien j'aurais donné pour qu'il y fût dit par exemple : « des fractions du 1er bataillon de chasseurs bavarois, commandés par le lieutenant Tanera, et des chasseurs de la Garde prussienne, etc..... ».

Je me serais volontiers laissé abattre par les Français deux ou trois doigts de la main pour que mon nom se trouvât à sa place dans le travail de l'État-major où figurent tant d'autres qui n'en ont pas fait plus.

Mais M. de Schimpff a perdu ma carte, et je suppose que c'est pour cela que je ne suis pas nommé dans son compte rendu.

Cher lecteur, ne me reprochez pas d'être orgueilleux ; n'est-il pas un peu permis de l'être à un soldat, quand il est assez sincère pour le reconnaître?

Je pris donc poliment congé des Prussiens et des Saxons et retournai à mes chasseurs, ainsi qu'à mes prisonniers. Notre joie était plus complète encore par le fait que, dans tout cet épisode, nous n'avions eu qu'un seul blessé, et très légèrement.

Il était à peu près 4h 30; le combat avait cessé au nord de Sedan, on n'entendait plus que quelques coups de canon au sud et à l'ouest.

Je repris la route de la Moncelle, sans autre mesure spéciale de précautions, en passant par Daigny, emmenant avec moi mes prisonniers.

Il était 5h 15 quand nous arrivâmes sur la place de la Moncelle que nous avions dû traverser dans l'après-midi sous le feu bienveillant des mitrailleuses. Elle présentait maintenant une animation extraordinaire, toute notre brigade s'y trouvait rassemblée : les hommes faisaient leur cuisine tant bien que mal, les commandants et les capitaines écrivaient leurs rapports, les adjudants et sergents-majors établissaient la liste des pertes, et les lieutenants bavardaient et se racontaient maintes scènes vécues.

Mon premier soin fut d'aller me présenter à mon chef, le capitaine Zimmer; mais j'appris avec peine qu'il avait été assez grièvement blessé et que l'on avait dû déjà le transporter ailleurs.

Il avait été remplacé au commandement de la 3e compagnie par mon vieil ami, le lieutenant en premier Zu-Rhein.

Inutile de dire que je fis grande sensation avec ma troupe de Français ; la brigade n'avait presque pas fait de prisonniers, aussi réserva-t-on aux miens le plus chaleureux accueil.

Notre lieutenant-colonel, auquel je me présentai en lui remettant la carte de son collègue saxon, me prodigua force compliments ainsi qu'à mes chasseurs, et nous en fûmes tous très fiers.

Les quatre officiers français furent invités à partager notre modeste repas ; quant à leurs hommes, ils furent les hôtes des nôtres qui prirent soin d'eux de la façon la plus cordiale.

Nous avions peu de chose à leur offrir, mais ce n'était pas faute de bonne volonté.

Puis les conversations roulèrent sur les événements de la journée : j'appris, avec beaucoup de peine, que, de notre côté, nous avions éprouvé de grosses pertes : c'est ainsi que notre gai compagnon, le baron Aufsess, qui, la veille, nous avait tellement amusés, travesti en colonel de hussards français, se trouvait, assez grièvement blessé, au château de la Moncelle.

J'y courus aussitôt, impatient de le revoir : son pied avait été broyé d'un coup de feu, au point qu'il fut obligé, dans la suite, de quitter le service. Nous perdîmes en lui le meilleur camarade de notre bataillon. Je rendis visite aussi à un de mes amis de l'école de guerre, le lieutenant de Gravenreuth, auquel un coup de fusil avait fendu le crâne ; il ne devait en mourir que dix ans après, et d'une façon assez malheureuse. D'autres encore avaient été blessés que l'on avait déjà transportés dans les services de l'arrière.

Je retournai à mon bataillon, écrivis une carte postale à la maison sur laquelle je racontai avoir assisté à une nouvelle bataille, puis j'allai m'entretenir à nouveau, assez longuement, avec les officiers français.

Nous ne connaissions rien encore de l'issue de la bataille.

Une chose était certaine, c'est que nous avions été victorieux à Bazeilles, la Moncelle, Daigny, Haybes, et que nous avions enlevé les hauteurs environnantes, sur lesquelles nos propres canons, derrière nos avant-postes, regardaient Sedan d'un air menaçant.

Mais nous ignorions complètement ce qui s'était déroulé à l'ouest de notre position : rien de grave assurément, sans quoi on serait bien certainement venu nous chercher pour marcher sur Sedan.

Le profane ne se doute pas combien l'officier dans le rang sait peu de chose de ce qui se passe dans une bataille ; il ne connaît que ce qu'il voit, c'est-à-dire presque rien. Il en est tout autrement aux manœuvres, parce que là on vous indique à l'avance toutes les conditions du combat, parce que les fronts sont moins étendus, les effectifs moins importants et que les critiques ont vite fait de vous mettre au courant.

Lorsque plus tard je fus devenu officier d'ordonnance, je pus alors me rendre compte des situations générales, mais en tant que chef de section je ne savais rien, et devais m'en rapporter aveuglément à l'autorité supérieure.

Nous passâmes la nuit, les quatre officiers français et nous, dans la salle de billard d'un petit café de la Moncelle.

Nous étions debout, le lendemain matin, dès la première heure.

C'est alors que nous arrivèrent, une à une, les nouvelles de notre victoire.

— « L'armée ennemie est complètement enveloppée », nous fut-il annoncé tout d'abord.

— « Si elle ne se rend pas, elle sera anéantie », nous dit-on ensuite.

— « L'Empereur Napoléon est parmi elle.

— « Pas possible !

— « Parfaitement. Et même il a envoyé un de ses généraux auprès du roi de Prusse pour lui remettre son épée.

— « La Garde, les Ve et XIe corps ont coupé aux Français la route de Belgique.

— « Ils vont être obligés alors de se rendre tous. »

Et il n'en fut pas autrement.

Nous apprîmes en effet, dans le courant de la matinée, que toute l'armée française, l'Empereur en tête, avait mis bas les armes et s'était rendue à l'armée allemande victorieuse.

Lecteur, si tu n'as pas eu le bonheur de combattre avec nous à Sedan, tu ne peux comprendre le sentiment de fierté bien légitime qui s'empara de nous à l'annonce de cette nouvelle. Mais toi, camarade qui fus des nôtres, tu dois te souvenir comme nos cœurs battirent, et tu dois revivre encore souvent cette minute inoubliable.

. . . .

Dans la matinée du 2 septembre, nous eûmes à remplir un pieux devoir, celui de rassembler nos morts, de transporter dans les hôpitaux les blessés abandonnés, et de débarrasser autant que possible le champ de bataille.

Il nous fallut creuser beaucoup de fosses ; nous ensevelîmes, dans la plupart, de 10 à 20 cadavres provenant de toutes armes, au gré du hasard. Dans l'une d'elles, située entre la Moncelle et le parc de Bazeilles, reposent ensemble 500 Bavarois. Je parlerai plus tard de cette tombe, ainsi que du monument que l'on y éleva plus tard.

Quand on enterra le lieutenant Ulmer, il me fallut aller jusque dans Bazeilles.

Dieu, quel spectacle ! Rien que des ruines fumantes, des cadavres à demi consumés, des murs écroulés, des arbres hachés, des chevaux et du bétail rôtis dans les écuries, de larges flaques de sang qui suintaient affreusement, des poutres enflammées, des armes, des équipements, des morts.

Pas une maison de la petite ville n'avait été épargnée ; seule, la villa Bunmann, située à l'extérieur, tenait encore debout, mais elle aussi était criblée de grenades et de balles.

Bazeilles a souffert épouvantablement non seulement par l'anéantissement de ses maisons, mais encore par la disparition d'une grande partie de ses habitants qui, avant la bataille, ne s'enfuirent pas à Sedan ou ailleurs. Ces derniers furent étouffés dans leurs caves, brûlés ou écrasés par les plafonds et les toits qui s'écroulaient.

Il en fut qui participèrent à la lutte, dans l'aveuglement de la colère ; ceux-là subirent le sort de tous les civils qui prennent les armes sans être appelés, ils furent tués dans la bataille ou fusillés après.

Je pourrais narrer ici bien des scènes pénibles, mais à quoi bon ? Elles était le résultat d'un fanatisme irréfléchi dont les victimes furent cruellement punies.

Les Français seront-ils plus raisonnables dans la prochaine guerre ? Je n'en sais rien, mais enfin ils connaissent le prix de leur imprudence.

. . . .

Vers 10 heures du matin, nous dûmes nous séparer de nos prisonniers. Ils furent, je crois, les premiers à le regretter. Savaient-ils quel sort les attendait ailleurs ?

Ici, du moins, nous les avions aidés à supporter patiemment leur malheur.

Nous passâmes encore une nuit à la Moncelle.

Ce n'est que le lendemain matin que nous partîmes de Sedan dans la direction de Glaires, où notre corps d'armée, ainsi que le XIe corps prussien, reçurent la mission de surveiller l'armée française prisonnière dans une île.

Telle fut la part que j'eus l'honneur de prendre à la plus importante bataille de la grande guerre.

Je me suis trouvé, pendant la campagne, dix-neuf fois sous le feu ; j'ai assisté, sur les bords de la Loire, à des situations plus critiques, mais c'est toujours à Sedan que, dans mes pensées, je reviens avec émotion, au parc de Bazeilles, à la Moncelle, à Haybes ; c'est là que j'ai remporté mes plus beaux lauriers, en faisant prisonniers 4 officiers français et 71 de leurs hommes.

Et je suis fier aussi d'avoir eu ma petite part dans cette victoire qui fit s'écrouler un empire, sur les ruines duquel un empire nouveau s'éleva, l'empire allemand, « l'Allemagne, sous l'empereur Guillaume le Grand ».

VII

EXÉCUTION PAR LES ARMES DE CHEVAUX FRANÇAIS, LE 9 SEPTEMBRE 1870

Depuis le 3 septembre, nous étions au bivouac devant Glaires, le long de ce canal qui ferme la boucle de la Meuse, à l'ouest de Sedan.

Nous montions la garde autour de ces pauvres diables que l'on avait parqués dans une île et qui attendaient, le désespoir au cœur, leur tour de prendre rang dans une colonne en partance pour l'Allemagne.

Et ils s'en allaient ainsi depuis six jours, sans interruption. On avait placé des détachements de troupes au pont de Glaires qui recevaient chacun environ 2.000 prisonniers, puis se mettaient en route pour Pont-à-Mousson et l'Allemagne.

Combien de scènes déchirantes se sont déroulées à ce pont!

Un vieux général, les yeux pleins de larmes, disait un dernier adieu à son état-major qui ne pouvait le suivre. Il n'avait pas voulu séparer son sort de celui de ses troupes et préférait partager leur captivité que de devenir libre sur parole et ne pouvoir plus assister qu'en spectateur impuissant à la lutte suprême qu'allait encore livrer la France.

Que nous fûmes émus à ce spectacle! Nous saluâmes le vieillard militairement; il nous remercia avec la plus profonde dignité.

Plus loin, un colonel adressait un suprême adieu à ce qui restait de son régiment; il était quelque peu théâtral dans ses allures, comme le sont généralement tous les Français, mais qu'il savait bien empoigner le cœur de ses hommes! Il leur parlait en termes parfois pompeux, mais ne leur disait que des choses très sensées, comme celles-ci par exemple: « Montrez, même dans la captivité, que vous êtes des soldats disciplinés, que vous êtes des Français. Vive la France! »

Les hommes accouraient de toutes parts, entouraient son cheval, lui tendaient leurs mains, au point qu'il put à peine se dégager quand il lui fallut rejoindre le détachement auquel il appartenait, composé uniquement d'officiers et de leurs ordonnances.

Nous fûmes les témoins attristés de beaucoup de ces scènes déchirantes.

Peu d'excès, peu d'ivrognes.

Ce furent là, devant ce camp de prisonniers, les seuls incidents pénibles qui vinrent troubler momentanément notre gaieté habituelle.

N'étions-nous pas les combattants et les vainqueurs de Wörth, de Beaumont et de Sedan?

N'avions-nous pas la perspective, dès que serait accomplie notre mission d'escorter les vaincus, de pouvoir continuer victorieusement notre marche triomphale vers l'intérieur de cette belle France, vers sa capitale, vers Paris?

A cette seule pensée, pouvait-il subsister quelque sentiment de tristesse? Évidemment non. Et cependant nous étions profondément tristes, car, depuis six jours, il pleuvait, il pleuvait sans interruption.

J'étais arrivé, en prenant maintes précautions, à pouvoir conserver mes poches relativement sèches; mais cela ne devait pas durer; m'étant endormi dans ce qui me servait de tente, sorte de hutte recouverte de branches d'arbres fruitiers, je m'éveillai avec, naturellement, de l'eau plein mes poches.

Je sortis en rampant de mon palais, dont le parquet était fait d'une bouillie de terre glaise, de pluie et de brindilles de paille, et je retournai mes goussets.

Il était trop tard, l'eau s'était déjà frayé un chemin souterrain vers mes bottes où on l'entendait bouillonner.

— « Lieutenant Tanera!

— « Voilà, mon capitaine!

— « Vous allez partir de suite avec 48 hommes pour Fresnoy; là vous vous présenterez au major Ott qui vous donnera des instructions pour l'exécution, demain matin, de quelques centaines de chevaux.

— « A vos ordres, mon capitaine.

— « Sergent-major B..., rassemblez de suite ma section; vous m'aviserez dès que cela sera fait. »

Le sous-officier, se tournant vers les fours de cuisines, cria de toutes ses forces le rassemblement de la deuxième section.

Pendant ce temps, je mettais en ordre mes affaires, sifflai mon ordonnance et, comme je tenais à ce que ma tête au moins fût convenable, lui demandai de me faire une raie, que je ne pouvais faire moi-même à défaut de glace, et je m'apprêtai à partir.

Deux heures et demie après, je me trouvai avec mes 48 chasseurs devant le château de Bellevue où m'avait envoyé, en me donnant des instructions, le major Ott que j'avais rencontré à Fresnoy.

Quel spectacle!

La hauteur sur laquelle se trouvait le château se terminait en pente abrupte du côté nord-ouest, formant une espèce de muraille en demi-cercle qu'il était impossible à des chevaux d'escalader.

Au pied de cet escarpement avait existé jadis une prairie qui n'était plus aujourd'hui qu'une bouillie infâme, plus épaisse encore que celle qui formait le sol de notre bivouac. Et dans ce bourbier, dans cet espace étroit situé entre la muraille de hauteurs et la Meuse, quelques milliers de chevaux à demi morts de faim étaient rassemblés et retenus avec peine; troupeau confus qui pataugeait, faisait trisser la boue, trépignait, courait, hennissait, tapait, se mouvait comme une mer de corps vivants qu'eût agitée un violent ouragan.

C'étaient là les chevaux de cette belle cavalerie française, et ceux du train des équipages, encore si fier il y a douze jours.

On en avait bien réparti quelques milliers dans l'armée victorieuse; d'autres avaient été vendus à des marchands allemands ou belges; une certaine quantité avaient été volés par de ces rusés campagnards français; un grand nombre d'entre eux aussi gisaient inanimés sur le champ de bataille.

Ceux que nous avions devant nous s'étaient dispersés et avaient parcouru en troupeaux ou isolément les bivouacs, où ils avaient causé de nombreux dommages; on avait dû les arrêter et les amener ici où ils étaient actuellement prisonniers.

Or, il advint que les marchands allemands ne voulurent plus se déranger pour nous les acheter, dans l'impossibilité qu'ils étaient de trouver suffisamment de fourrage pour les nourrir; on apprit d'autre part que les marchands belges les revendaient aussitôt aux Français. La conséquence fut la suivante: l'ordre vint de mettre à mort tous les chevaux présentant une certaine valeur militaire et que l'on ne pourrait pas destiner à quelque troupe allemande.

C'était là le sort réservé à toutes ces pauvres bêtes rassemblées devant nous.

Mais quelle délivrance pour elles!

Depuis 9 ou 10 jours, elles n'avaient reçu aucun soin ni la moindre nourriture; dans les premiers temps elles avaient encore pu manger l'herbe des prairies et ce qu'elles avaient pu trouver dans les champs; mais, depuis deux ou trois jours, tout était converti en bourbier et rien n'existait plus. C'était au point que les chevaux d'artillerie que l'on avait amenés du parc de Torcy et qui, depuis quatre jours, se tenaient debout sous leurs harnais, en étaient arrivés à se manger réciproquement la crinière et la queue.

Notre travail de bourreau devait commencer le lendemain matin.

La nuit était froide, il nous fallait du feu; nos hommes étaient désireux de faire sécher leurs uniformes mouillés; mais il n'y avait de bois nulle part.

C'est alors que l'un de mes chasseurs découvrit, derrière une auberge de Fresnoy, sur la route de Sedan à Donchery, une voiture de paysan qui n'avait plus que trois roues.

La traîner jusqu'à nous fut l'affaire d'un instant. Mais nous n'avions pas compté avec le propriétaire qui nous rejoignit en courant et défendit sa propriété comme il put. Cela ne lui servit à rien; nous lui répondîmes qu'il était impossible de se servir d'une voiture à trois roues, et nous en fîmes du feu.

Elle ne brûla malheureusement que quelques heures;

il n'était pas minuit que déjà il n'en restait plus rien.

Mes chasseurs durent s'en aller une seconde fois à la recherche de combustible ; ils revinrent bientôt avec la moitié d'une porte de grange. Celle-ci dura plus longtemps que la carriole et nous eûmes du feu jusqu'au lendemain matin; un de mes soldats vint alors m'apporter la quatrième roue de la voiture dont il ne restait déjà plus que le souvenir.

Le rusé paysan l'avait cachée dans sa grange, afin de rendre sa voiture inutilisable, dans le cas où les Allemands seraient venus la réquisitionner pour leurs transports.

Comme ils ne le firent pas, le paysan n'eut pas à se plaindre.

J'en arrive maintenant à l'assassinat de nos pauvres bêtes.

Je dois dire en passant que le pont du chemin de fer de Mézières, détruit depuis, traversait la Meuse à cet endroit et que les bords du fleuve étaient murés en forme de quai.

Il fut procédé de la sorte : un chevau-léger à pied, (après lui ce fut un hussard) enlaçait d'une corde le cheval le plus près de lui, conduisait la pauvre bête haletante et tremblante sur le bord du quai, puis lui fermait un œil.

A ce moment, un chasseur plaçait le canon de son

fusil juste sous l'oreille du cheval, pressait sur la détente et faisait tomber le cadavre dans la Meuse, très profonde à cet endroit, d'où il était entraîné par le courant dans la direction de la frontière belge.

Un peu plus loin, au pont de pierre de Donchery, une compagnie de pionniers était chargée d'empêcher l'amoncellement des cadavres que charriait le fleuve.

Les autorités belges avaient dû sans doute prendre des précautions contre ces cadeaux que leur apportait ainsi la Meuse. Mais de notre côté, nous ne pouvions faire autrement, pour nous protéger des épidémies, que d'éloigner au plus vite tous ces corps d'animaux de la région de Sedan.

« Chacun pour soi », telle était à ce moment la devise de chacun.

Il arrivait qu'un cheval tombait à l'eau imparfaitement touché. Quelques chasseurs, spécialement désignés à cet effet, lui envoyaient alors un ou plusieurs coups de fusils pour l'achever.

Nous en avions ainsi exterminé 254 au début de l'après-midi, quand nous fûmes relevés par une section d'infanterie, désignée pour continuer cet ignoble travail.

Parmi tous ces martyrs, que d'exemples de l'inévitable fatalité !

C'étaient de nobles étalons arabes, ayant appartenu à des officiers de chasseurs d'Afrique, qui n'avaient pu être admis dans l'armée allemande, parce qu'étalons, de lourds normands, chevaux de cent-gardes; des étalons berbères de spahis et de chasseurs d'Afrique qui, à demi morts de faim, restaient indomptables; et encore des chevaux de dragons venant du centre de la France, tous pêle-mêle, voués à la mort et ensevelis dans les profondeurs de la Meuse.

Je n'oublierai jamais telle jument anglaise légèrement blessée à la place de la selle, ce qui l'avait sans doute empêchée d'être acceptée par un de nos régiments; cette petite plaie, bien soignée, eût été guérie au bout de trois ou quatre semaines, et la bête eût recouvré sa valeur de 800 ou 1.000 talers . . . . un éclair, une détonation, elle était dans le fleuve.

On nous amena aussi pas mal de chevaux allemands, portant la marque des haras ou le matricule d'un régiment; ils avaient dû sans doute céder leur place à quelque cheval ennemi plus favorisé et mourir pour lui la mort du sacrifice. C'est ainsi que finit la pauvre vieille Liese de mon capitaine qui, en 1866 déjà, avait été jugée impropre à faire campagne ; elle fut remplacée par un gros cheval de cent-gardes, qu'en souvenir, nous appelâmes « Sedan ».

Je fus très satisfait de remettre à un autre la tâche ingrate et pleine de responsabilités que je venais d'accomplir, heureusement sans ennuis.

Mais nous oubliâmes bien vite tous ces désagréments,

grâce à un épisode des plus comiques auquel nous eûmes la chance d'assister, avant notre départ.

Il est utile de dire en passant que, dans le courant de la journée, les pionniers avaient dû jeter un pont de bateaux sur la Meuse pour nous permettre d'amener une certaine quantité de chevaux sur l'autre rive où l'on rencontrait encore passablement d'herbe verte.

Leur traversée s'effectuait ainsi : des chevau-légers montés commençaient par séparer de la masse 200 ou 300 chevaux qu'ils poussaient ensuite vers le pont; en avant d'eux, six cavaliers, serrés les uns contre les autres, ouvraient la marche, suivis par le troupeau sauvage qui, voyant devant lui de beaux pâturages verts, se pressait d'y arriver; plusieurs douzaines de chevaux tombèrent ainsi à l'eau et cherchèrent à gagner l'autre rive à la nage.

On comprendra sans peine que la mission des chevau-légers, qui se trouvaient en tête, n'était pas des plus faciles; sans eux, toute la troupe se fût mise au galop, et alors que fût-il advenu du pont ?

Dès qu'ils atteignaient le rivage opposé, ils s'écartaient et faisaient de la place; les chevaux alors partaient à fond de train, faisant résonner et craquer de toutes parts le malheureux pont.

Deux fournées étaient déjà passées, la troisième allait se mettre en route.

Nous vîmes, à ce moment, venant à nous, montés

sur de bons chevaux, deux Anglais, le maître et son domestique, semblables en tous points à ceux que l'on représente dans les caricatures.

Le maître était, comme je l'appris plus tard, le correspondant d'un grand journal anglais, attaché à notre quartier général; il portait un chapeau haut de forme gris autour duquel était nouée une écharpe verte, une jaquette gris-clair, une culotte de cheval jaune, de grandes bottes, une grosse jumelle, un énorme porte-cigarettes, un large carnet à dessin; le domestique était vêtu d'une livrée brune, muni d'un important sac à provisions et portait un parapluie, à la façon d'une carabine.

Tous deux voulaient atteindre la route de Donchery et passer à cheval sur le pont de bateaux. De loin déjà, l'Anglais s'était mis à crier et à gesticuler, cherchant à nous faire comprendre son désir de traverser avant qu'une nouvelle troupe franchisse le pont. Mais les chevau-légers ne le comprirent pas, ou plutôt, disons-le, ne voulurent pas le comprendre, estimant à juste raison qu'il eût pu suivre un autre chemin.

D'ailleurs, personne n'eût été capable d'arrêter le passage de cette ruée hurlante et sauvage; les cavaliers avaient toutes les peines du monde à ne pas être renversés ou poussés en avant plus vite qu'ils ne l'eussent voulu.

A peine venaient-ils de mettre les pieds sur le pont,

suivis déjà des premiers chevaux, que l'Anglais s'y jeta à son tour, son domestique derrière lui.

Il poussa son cheval dans la bande, pensant qu'il passerait ainsi avec le reste. Mais à cet instant, les chevau-légers de tête ayant avancé de quelques pas, une poussée se produisit de la part des chevaux qui suivaient et nos deux Anglais furent transportés, comme par miracle, et bien malgré eux, au milieu du pont.

Ce fut alors une chose unique : les invectives et les jurons anglais se mêlèrent aux hennissements des chevaux, au bruit des sabots sur le pont, aux rires et aux cris moqueurs des chasseurs et des chevau-légers. La scène se termina fort heureusement bien.

A peine les cavaliers de tête eurent-ils fait de la place que toute la bande des chevaux se précipita pêle-mêle dans un galop furieux, entraînant avec elle les deux bons Anglais, le patron quelque peu couché sur sa selle, sans qu'il leur soit possible de s'échapper, ni à droite, ni à gauche. Je dois reconnaître cependant qu'ils ne se sont pas trop mal comportés à cheval.

Quand fut terminée cette poussée furieuse et que nos héros, redevenus maîtres de leurs chevaux, purent à nouveau les ramener en arrière, ils étaient tête-nue : leurs chapeaux hauts de forme avaient été enlevés, piétinés par les chevaux et n'étaient plus reconnaissables ; le beau parapluie aussi manquait à l'appel.

Quelques minutes après, l'Anglais, furieux, suivi de

son domestique muet, s'en vint vers nous, et, moitié allemand, moitié anglais, chercha à faire passer sa mauvaise humeur, en invectivant le capitaine des chevau-légers.

Il se trompa d'adresse; le capitaine lui répondit de telle façon qu'il n'eut plus qu'à se taire et à reprendre le même chemin, en maugréant dans sa barbe, toujours suivi de son éternel Sancho.

Il m'est impossible de décrire combien drôlement nos hommes imitèrent les deux personnages de cette scène ultra-comique, et les paroles qu'ensuite ils leur adressèrent. C'était du vieux bavarois authentique, sans la moindre trace d'intention flatteuse, naturellement.

N'empêche que le capitaine de chevau-légers et moi, nous en avons ri tellement que nous en eûmes les larmes aux yeux.

Et c'est ainsi que se termina l'exécution de ces pauvres chevaux français.

VIII

DE SEDAN A PARIS (11 AU 23 SEPTEMBRE 1870)

Nous allions donc abandonner cette région où nous avions assisté à tant de grandes choses, à tant d'événements intéressants, mais aussi à tant de tristesses que nous étions heureux de pouvoir enfin lui tourner le dos.

La tâche qui nous était échue depuis huit jours était extrêmement difficile ; nous étions moins favorisés que les autres détachements employés au transport des prisonniers; ceux-ci n'étaient pas obligés de vivre comme nous dans une région contaminée par les gaz délétères et où partout s'étalait le spectacle lugubre de la décomposition des corps; ils n'avaient pas à contempler partout ces horreurs, ni surtout à les toucher des mains comme nous autres qui avions été désignés pour nettoyer et purifier le champ de bataille.

Avec cela, la mission d'exterminer plusieurs centaines de chevaux se prolongea pendant quelques jours.

Et cependant nous n'avions rien à envier à ceux de

nos camarades qui avaient été chargés de parcourir, avec leurs hommes, les bois et les champs pour y rechercher les cadavres, les reconnaître et les enterrer. Ils en trouvaient, quatre et cinq jours encore après la bataille, dans les bois touffus de la Garenne ou dans les ruines de Bazeilles et de Balan; et, après plus de huit jours, ils rencontraient encore, par-ci par-là, pas mal de cadavres de chevaux, pauvres bêtes qui, blessées, s'étaient traînées pendant quelques temps, étaient tombées et finalement étaient mortes abandonnées.

Il suffira, pour se faire une idée de ce qu'étaient les environs de Sedan au commencement de septembre, de se dire qu'on avait été obligé d'y enfouir plus de 9.000 cadavres de chevaux.

Le 10, au soir, nous apprîmes que nous devions partir le lendemain matin pour marcher, à la suite des autres corps allemands, vers Paris, en traversant la Champagne et la Brie.

Nous nous en réjouîmes de tout cœur, nous autres les jeunes officiers, mais plus d'un de nos vieux camarades et plus d'un soldat eussent été plus heureux de reprendre le chemin du retour après la grande victoire de Sedan. N'avaient-ils pas espéré qu'après la chute de la dynastie des Bonaparte, la guerre serait terminée?

Mais nous eûmes raison, les jeunes, et c'est le cœur

plein de gaieté et de joie que nous nous apprêtâmes à traverser la Champagne.

Ce mot de « Champagne » à lui seul n'était-il pas suffisamment alléchant? Ne nous laissait-il pas espérer que nous aurions à rompre le cou à plus d'une bouteille de ce vin mousseux et doré? et Dieu sait si nous fûmes trompés dans nos espérances.

Le 11 septembre, le temps lui-même qui, jusqu'à ce jour, était resté maussade, variant entre les averses et les ondées, se mit de la partie, et c'est par un beau soleil que, dans la matinée, nous prîmes la grande route de Chevanges, Chéhéry, Chémery, vers Paris. Nous étions enthousiasmés à la pensée qu'après notre grande victoire, nous allions pénétrer plus avant dans le cœur de la France, vers sa capitale, vers ce Paris magique et fabuleux, si séduisant pour un jeune officier.

Je n'eus pas à me féliciter de mon premier cantonnement, à Mairy, chez une Mme Chelin; c'était pauvre et cela sentait la fumée.

Mais je n'en perdis pas ma bonne humeur pour si peu, et le lendemain je continuai tout aussi gaiement qu'auparavant notre marche en avant par Chêne, Neuville-à-Day et Semuy.

Dans cette dernière localité, je reçus l'ordre de partir en réquisition dans la région qui se trouve au nord de l'Aisne, et de me rendre ensuite isolément à Attigny.

C'était la première fois de ma vie que pareille mission m'incombait : je devais rapporter huit à dix bœufs, du pain en aussi grande quantité que possible, de la farine, de l'avoine et du vin.

Dès mon arrivée dans le premier village, je fis venir à moi le maire et lui exposai très poliment mon désir.

— « Rien du tout », me répondit-il.

Cela débutait assurément très mal.

— « Caporal Zuit, criai-je, allez donc faire un tour dans les maisons et dans les écuries. »

Le sous-officier partit avec huit hommes.

— « Et du pain, Monsieur le Maire?

— « Rien du tout.

— « Et de la farine?

— « Du tout.

— « Et du vin?

— « Du tout, du tout. »

C'en était trop! Je lançai à ce coq de village un de ces jurons énergiques, qu'il comprit très bien du reste, et lui expliquai que si, dans une demi-heure, je ne recevais pas tout ce que je lui avais demandé, je me verrais dans l'obligation d'employer les grands moyens.

Il me promit de faire tout son possible et je le laissai aller.

J'attendis environ une demi-heure. Pendant ce temps, le sous-officier que j'avais envoyé en reconnaissance était de retour, mais ne me rapportait que deux ou trois miches de pain, un peu de farine et un petit tonneau de vin.

Il y avait dans ce dernier juste assez pour une section; un bataillon eût été loin d'y trouver son compte : autant donner, à un étudiant assoiffé de Munich, de la bière dans un verre à liqueur.

Le maire ne revenait toujours pas. J'envoyai quelqu'un à sa recherche et j'appris alors qu'une demi-heure auparavant, on l'avait vu partir dans la direction du sud pour une affaire urgente.

C'était véritablement trop fort! Ma première pensée fut d'emmener avec moi quelques paysans comme otages; après réflexion, je pris un parti différent.

Il y avait, tout proche de nous, un autre village, je m'y rendis tranquillement suivi de mes chasseurs; je fis appeler le maire comme tout à l'heure, mais je lui parlai, cette fois, d'une façon tellement nette et impérieuse qu'il n'eut pas un instant l'idée de vouloir me cacher quelque chose; il me promit, au contraire, de me procurer aussitôt 4 bœufs, 10 sacs d'avoine, 5 sacs de farine et 300 litres de vin. J'eus la bonne précaution de conserver par devers moi mon homme, afin qu'il ne lui prenne pas, à son tour, l'envie de partir en voyage, et je me fis apporter par des domestiques et des paysans les denrées que j'avais exigées.

Tout était là au bout d'environ trois quarts d'heure, y compris une voiture pour le transport.

Je n'avais plus maintenant qu'à songer à mon plan de vengeance.

Je partis tranquillement avec ma section et ma voiture de réquisition dans la direction d'Attigny ; arrivé dans une forêt que j'avais déjà reconnue sur ma carte, je m'arrêtai ; je laissai là un poste de six hommes avec un sous-officier, ainsi que la voiture et les havresacs que j'avais fait enlever, et je me mis en marche avec le reste de ma section vers notre premier village, en ayant soin de me tenir continuellement sous bois.

Lorsque nous fûmes dans le voisinage des premières maisons, je partageai mes hommes en patrouilles, et leur donnai l'ordre d'aller occuper le plus rapidement possible toutes les issues du village, en leur recommandant bien de ne laisser sortir personne et de rester là jusqu'à la sonnerie du rassemblement ; puis je fis partir un caporal débrouillard avec 5 chasseurs, en leur donnant la mission de se rendre immédiatement dans la maison du maire, de l'arrêter s'il était là, et de le conduire, séance tenante, sur la place de l'église.

— « Si, pendant l'opération, ajoutai-je, le gaillard essuie quelques bons coups de poing, cela n'a aucune importance » — et je terminai là-dessus mes recommandations. Nous sortîmes à notre tour de la forêt, parcourûmes au pas de course et en quelques minutes les 600 mètres qui nous séparaient du village que nous entourâmes aussitôt, avant qu'un seul habitant ait pu donner la moindre alarme.

Tout se passa comme je l'avais prévu : au bout de dix petites minutes, mon caporal me ramena le maire, enfin revenu de son voyage d'affaires.

Je dois dire que mes chasseurs avaient surtout très bien retenu mes dernières recommandations, car le malheureux faisait une bien triste figure, il voulut se plaindre de leur façon d'agir, mais je ne laissai pas le temps.

La manière et le ton avec lesquels je l'accostai lui causèrent une telle frayeur qu'il en resta tout tremblant, ne pensant plus qu'à une chose : prendre ses dispositions pour me procurer le bétail et les provisions que je lui demandais. Il était surtout terrorisé par la réflexion que j'avais émise, qu'il me serait très agréable de faire envoyer du plomb à travers les côtes de quelque maire récalcitrant.

— « Aussi, lui dis-je pour finir, si vous voulez me faire un grand plaisir, vous persisterez dans votre obstination. Je serais très curieux de savoir comment se comporte un maire français quand on le passe par les armes ; enfin, nous verrons cela dans une heure. »

Je regardai la pendule et m'en allai.

Il se produisit alors un grand mouvement parmi les paysans qui m'avaient écouté en curieux. Le maire, toujours gardé par des chasseurs, leur donnait toutes les instructions nécessaires, et des ordres, tant et si bien que trois quarts d'heure après, j'avais devant moi 5 bœuf et vaches, une voiture de 30 sacs d'avoine, une autre voiture de 10 sacs de farine, un tonneau de 500 litres de vin rouge et environ 40 miches de pain. Une femme me remit personnellement de l'excellent fromage et du beurre, tandis que mes hommes recevaient de leur côté du fromage, avec du vin très largement mesuré.

Je fis remettre le maire en liberté et lui tendis le « bon » réglementaire en riant; j'ajoutai, pour le confondre, que si tout à l'heure, il avait persisté à ne rien vouloir livrer, je ne l'aurais pas fait fusiller, mais tout simplement emmené comme prisonnier.

Il fit une triste figure et disparut, non sans que je le félicite encore pour la conclusion rapide de son petit voyage d'affaires.

Deux heures plus tard nous arrivions à Attigny, non sans avoir, en cour de route, relevé notre poste et ramené notre première voiture, et nous faisions remise de notre butin dont tout le monde fut enchanté.

Je pris alors joyeusement le chemin de mon logement, chez MM. Bauart-Morin, ou je fus très bien reçu.

Le 13 septembre, nous traversâmes les localités de Baux et de Pauvres, entrant ainsi dans la Champagne pouilleuse proprement dite. Il ne me fut pas donné cependant de remarquer, chez Mme Tourette où je fus assez bien logé le soir, la moindre de ces petites bêtes qui prêtent si agréablement leur nom à toute une province.

Nous passâmes le lendemain à Bignicourt et à Baine; là je fus hébergé par un M. Lundy qui, à peine étais-je arrivé, m'offrit du champagne. Je bus avec une émotion bien légitime le premier verre de ce vin mousseux que l'on me versait au sein même de la Champagne.

Le jour suivant nous amena dans l'aimable petite ville d'Ay, aux environs immédiats d'Épernay, où nous cantonnâmes plus agréablement que jamais ; puis nous vîmes d'autres localités, toutes célèbres par leurs étiquettes, Sillery, Verzenay, Verzy, et nous pûmes admirer, à 2^{km}500 environ, la ville de Reims avec sa magnifique cathédrale. Ce fut pour nous une surprise des plus agréables d'apprendre que le 16 septembre allait être un jour de repos.

Nous n'avions pas encore fait rompre les rangs à nos hommes que le maire de l'endroit se présenta à nous et fit à notre chef la proposition suivante :

— « Vous défendez à vos soldats, dit-il, d'aller dans nos vignes; veillez à ce que cet ordre soit observé. En échange, la ville vous accordera, par homme et par jour, deux bouteilles de tisane, et par officier et par jour deux bouteilles de notre meilleur champagne. »

Cette offre, en plus que très agréable, était dans

notre intérêt même, puisque le fait de manger trop de raisins plus ou moins mûrs, pouvait nous causer des malaises ; nous l'acceptâmes donc très volontiers.

De notre côté, nous tînmes notre promesse et plaçâmes des postes à l'effet d'empêcher les hommes de franchir certaines limites. En échange, ce fut un bonheur pour nos chasseurs de savourer chaque jour deux bouteilles d'un champagne appelé tisane, pas extraordinaire il est vrai, mais très buvable ; quant à nous, il nous fut permis de déguster, non pas de la tisane, mais ce qui pousse de meilleur en champagne, et je dois dire que nous ne nous en tenions que par hasard au nombre fixé de deux bouteilles par tête.

Mon hôte, M. Alfred Aubert, un des plus riches fabricants de champagne de la ville, voulut, sans aucun doute, ravir à l'armée allemande un des plus joyeux officiers de Sa Majesté, car il fit tout ce qu'il put pour me noyer dans le précieux liquide. Véritablement charmant, il me conduisit à travers ses immenses caves et m'initia à tous les secrets de sa fabrication.

Il faut croire qu'il entrevoyait en moi, non pas un concurrent, mais un excellent client pour l'avenir.

Le 17, nous partîmes pour Épernay, Brugny et La Chapelle-sous-Orbais ; il y eut pendant ce trajet une suite ininterrompue de scènes ultra-comiques.

Il faisait extrêmement chaud.

Nos hommes avaient emporté sur eux ce qui leur restait de bouteilles d'Ay, autant qu'ils pouvaient en prendre. On voyait sortir de toutes les musettes des goulots argentés ou dorés; les poches des ordonnances d'officiers regorgeaient de promesses.

Mais on n'avait pas songé que dans chacune de ces bouteilles vertes se trouvait caché un petit diable ; j'ai éprouvé moi-même plus d'une fois sa puissance.

Les pauvres bouteilles ! malheureuses prisonnières, elles aspiraient, elles aussi, à revoir ce beau soleil qui brûlait si fort la peau de nos chasseurs dans les sables champenois ; elles cherchaient à sortir malgré tout, rassemblaient leur forces, une petite détonation, et elles se libéraient de leurs entraves, cherchant à travers les musettes, les uniformes et les pantalons, leur chemin vers la libre nature. C'étaient alors des rires à n'en plus finir. Il arrivait qu'un homme se moquait de celui qui se trouvait devant lui au moment où sa propre bouteille était en train d'exploser, et recevait pour lui les moqueries qu'il destinait à son camarade.

Les scènes les plus drôles eurent lieu à la première halte.

Pas d'ombre à perte de vue.

Les hommes sortaient leurs bouteilles de leurs musettes où elles avaient été relativement protégées contre les rayons du soleil; aussitôt elles éclataient dans leurs mains, elles étaient bues d'avance.

Le champagne des officiers, de meilleure qualité,

avait un peu mieux supporté la chaleur et les secousses, mais il s'agitait aussi et faisait des siennes chaque fois que l'on ouvrait une bouteille. A peine le bouchon était-il libéré de ses entraves de fil de fer qu'il sautait en l'air, laissant s'échapper, comme d'un puits artésien, le noble liquide qui se mettait à décrire une grande courbe. Il fallait alors porter la bouteille à sa bouche le plus vite possible et engloutir aussitôt pour ne pas être étouffé.

Un camarade en fit l'expérience.

Il avait amené, dans sa précipitation, la bouteille, non seulement à sa bouche, mais encore à son nez; le vin lui pénétra avec une telle force dans la tête, qu'il en perdit la respiration et ne put être ramené à lui que grâce aux soins de deux amis qui le relevèrent, tandis que deux autres battaient, avec leurs poings, la générale sur son dos.

Nous reconnûmes bien vite qu'il ne fallait pas compter emporter bien loin les bouteilles pleines qui restaient; il était certain que, par la chaleur qui régnait, toutes étaient destinées à faire explosion.

Nous bûmes donc gaiement, et bientôt plus de deux mille bouteilles indiquaient la place où s'était arrêté notre bataillon; dire que nous en avions vidé tout le contenu serait exagéré, car la plus grande partie du liquide s'était échappée dans l'air.

Notre bataillon n'en fut pas moins pris d'une belle

gaîté, et c'est en chantant que nous entrâmes dans notre cantonnement, pas très princier, ce jour-là.

Le 18, nous traversâmes la jolie petite ville de Sézanne. On m'avait envoyé en avant pour organiser le quartier; j'eus la chance, en cours de route, de découvrir un agréable petit omnibus qui me transporta avec tous mes sous-officiers, pendant que notre bataillon avançait péniblement au plus fort de la chaleur.

Le règlement de notre cocher fut des plus simples : un billet, dont l'un des côtés représentait sans doute un fragment de lettre de la maison, et l'autre portait ces mots :

« Bon pour un trajet de Sézanne à Foulons.
1er bataillon de Chasseurs bavarois.
Lieutenant TANERA. »

Notre homme fut-il payé après la guerre sur la présentation de cette espèce de chiffon, je n'en sais rien; c'était là son affaire!

Nous avions parcouru, jusqu'à présent, un pays débarrassé par nos troupes de tout ce qui pouvait sentir le franc-tireur; il n'en était plus de même depuis que nous avancions au sud de la grande route que suivaient les armées; nous fûmes dans l'obligation d'assurer notre marche, ce qui jusqu'alors avait paru complètement inutile.

Dès la nuit du 19 septembre, une aventure m'arriva qui me rappela à la réalité.

Je devais aller chercher à Beton-Bazoches, au quartier général de la division, les ordres pour le lendemain; à cet effet, je réquisitionnai un cabriolet à Chevru.

Le conducteur était un homme sombre et maussade.

Il faisait déjà presque nuit; je me dirigeai à l'aide de ma carte et de l'étoile polaire que je distinguais très nettement; il ne m'était donc pas possible de me tromper. Le Français, pour aller, me conduisit parfaitement, et nous arrivâmes au bout d'une heure à Beton-Bazoches; je reçus mon ordre et pris aussitôt le chemin du retour.

C'est alors que mon conducteur me proposa de suivre un trajet plus court. J'acceptai et nous fîmes un coude au nord de la grande route.

Nous arrivâmes, un quart d'heure après, dans un grand bois, où nous prîmes une autre direction : nord-est, au lieu de nord-ouest. Je pus me rendre exactement compte de notre véritable position, lorsque nous fûmes arrivés dans une éclaircie où m'apparut le ciel sur une plus grande étendue.

Il y avait plus d'une heure que nous nous trouvions sur ce « soi-disant raccourci », alors que, tout à l'heure, nous n'avions guère mis plus d'une heure pour suivre la route la plus longue.

Je fus vite décidé : sortant discrètement mon revolver de ma poche, je le braquai sur la tête de mon conducteur, j'en armai le chien, et d'un ton très calme :

« Si, dans dix minutes, lui dis-je, nous ne sommes pas devant la mairie de Chevru, je vous brûle la cervelle. »

L'homme, à ces mots, se fit si petit qu'on eût dit qu'il avait déjà du plomb dans la tête ; il tira si violemment sur son cheval qu'il manqua de le faire tomber, tourna, frappa la pauvre bête qui prit son plus fort galop, et nous ramena, en sens inverse, par la route que nous avions prise en venant.

Je regardai ma montre à la lueur des étoiles et ne fis plus le moindre mouvement.

La voiture continuait à rouler.

Au bout de 8 minutes nous étions sur la grande route, mais encore assez loin de Chevru ; j'étais certain d'être maintenant sur le bon chemin ; je regardai de nouveau ma montre.

Voyant cela, le conducteur n'y tint plus.

D'un ton suppliant, il me pria de lui accorder encore cinq minutes, m'affirmant qu'il s'était perdu dans la forêt et qu'il avait été ainsi détourné de sa vraie route.

Lui qui jusqu'alors n'avait pas proféré une seule parole, ne m'appelait plus que son « bon » son « brave officier » ; tous les Allemands étaient de bons garçons, etc., etc.

Je lui répondis avec le plus grand sérieux que je consentais à lui accorder encore cinq minutes ; il fouetta de nouveau son cheval à tour de bras ; nous volions littéralement.

Six minutes étaient à peine passées que nous étions arrêtés devant la mairie de Chevru. Je laissai descendre d'abord mon compagnon, et le suivis, toujours le revolver chargé à la main; je ne lui remis naturellement aucun « bon », mais lui donnai le conseil de faire attention, une autre fois, à la bonne route, car il se pourrait fort bien que tous les officiers allemands ne fussent pas disposés comme moi à lui accorder cinq minutes.

Mon bonhomme avait été tellement effrayé durant le parcours que je ne jugeai pas utile de le punir encore et de le faire arrêter. Il y avait aussi une autre raison : je ne voulais pas priver de son maître le pauvre cheval qui se tenait là soufflant et suant à faire pitié.

Il ne m'est plus arrivé depuis de faire en voiture une promenade aussi rapide; je ne voudrais pas du reste recommencer un pareil voyage.

Nous fûmes reçus, le 20 septembre, au château du comte d'Andrezel, séjour qui mérite d'être signalé. Nous y trouvâmes tout ce que nous pouvions souhaiter après une longue marche, bonne chambre, bon bain, dîner remarquablement servi par des laquais stylés et galonnés, vins exquis, parc magnifique où nous pûmes digérer en flânant.

Il n'en fut plus de même, le 21, aux avant-postes, à l'ouest de Lisses, de l'autre côté de la Seine; nous ne pûmes y dormir.

Le 22, nous atteignîmes Longjumeau, célèbre par

l'opéra de Ch.-A. Adam; nous y entendîmes toute la nuit le bruit du canon qui nous arrivait de Paris assiégé.

Il nous fallut rester là provisoirement pour servir de réserve à l'armée assiégeante et pour être de nouveau utilisés, si c'était nécessaire, au transport des blessés, jusqu'au moment où nous serions remplacés.

Comme on ne sait jamais ce que peut vous réserver l'avenir, et pour me conformer au vieux proverbe qui dit de saisir toujours l'occasion par les « cheveux », je pris la résolution de me rendre le lendemain aux abords de Paris pour y contempler, au moins de loin, la capitale.

Quelques camarades décidèrent de m'accompagner, et c'est ainsi que, dans l'après-midi du 23 septembre, le lieutenant en premier Golch, mon ami Schmeckenbecher et moi, dans une petite voiture de paysans que nous avions louée, nous poussâmes jusqu'à Bagneux, sur la ligne extrême des avant-postes, après avoir passé par Antony et Bourg-la-Reine.

Je suis certain que, si notre conducteur s'était douté qu'il parcourait avec nous la zone la plus dangereusement battue par les forts de Bicêtre, de Montrouge et de Vanves, il n'eût jamais consenti à s'avancer aussi loin. Nous ne le savions pas nous-mêmes et fûmes très surpris quand, en traversant une ferme, nous entendîmes passer au-dessus de nous un de ces monstres qui, dans un mugissement caractéristique, fendit l'air pour aller chercher son but bien loin là-bas sur les hauteurs, aux environs de Sceaux.

Nous venions de contourner une maison à Bagneux, sur la route de Châtillon, quand nous apparut, comme une mer de pierres, la ville de Paris.

Spectacle inoubliable !

Le soleil du soir, qui déjà se couchait, dorait de ses rayons magiques les innombrables coupoles, les tours et les toits; par-ci, par-là, quelques taches vertes indiquaient l'emplacement des parcs, refuges bienfaisants du repos.

Notre recueillement était tel que nous en oubliâmes la réalité et ne prîmes plus aucune précaution pour nous abriter; quelques coups de chassepots vinrent frapper un mur, tout près de nous.

— « Les Français n'ont pas l'air de vouloir permettre qu'on admire leur capitale ! mais où sont-ils donc en somme? »

Comme de nouveaux coups nous arrivaient, nous prêtâmes l'oreille, et le bruit des détonations nous indiqua d'où nous venaient exactement tous ces bienveillants saluts.

Nous nous dissimulâmes derrière un mur, non pas par crainte, mais parce que nous n'avions pas la conscience tranquille; nous avions fait notre promenade sans permission et ne doutions pas que, si nous avions reçu une blessure quelconque, nous n'aurions pas manqué d'être punis par-dessus le marché.

Les avant-postes français se trouvaient à environ 700 mètres de nous, de sorte que nous pouvions facilement, avec nos jumelles, compter leurs hommes.

Nous causâmes avec nos camarades de première ligne, qui ne parurent pas très enchantés de notre visite; il faut dire que, forcément, des officiers de corps étrangers comme nous commettaient des imprudences par leur ignorance du terrain et provoquaient ainsi le tir des avant-postes français, au grand détriment des lignes allemandes.

Sur leurs instances, nous nous rendîmes dans une grange, d'où nous pûmes contempler par une fenêtre, sans être remarqués nous-mêmes, le magnifique panorama de la ville, ainsi que les lignes qui la protégeaient. Celles-ci, enhardies sans doute par le silence de nos canons et de nos fusils, se mouvaient devant nous sans gêne aucune, et se montraient partout sans la moindre hésitation, nous dévoilant ainsi leurs véritables positions. Nous pûmes les observer à l'aide de nos jumelles jusqu'à la tombée de la nuit.

Alors seulement, nous retournâmes à Longjumeau, très satisfaits de cet intéressant voyage et très heureux surtout que notre absence eût passé inaperçue.

Nous avions vu Paris et nous pouvions dire, s'il nous avait fallu maintenant rentrer dans notre patrie, que nous avions pénétré jusqu'au cœur du pays conquis et que nous avions contemplé sa capitale.

Nous étions loin de nous douter, à cette époque, qu'il nous restait à accomplir la partie la plus grosse, la plus sérieuse et la plus *pénible* de la campagne; nous espérions tous que Paris se rendrait après quelques semaines de siège et que nous retournerions dans nos garnisons respectives avant le commencement de l'hiver.

Or, il en fut tout autrement.

Pendant l'hiver 1870-1871, nous arrosâmes de notre sang les champs de bataille de la Loire; celui de 1871-1872 nous trouva à Sedan; quant à celui de 1872-1873, nous le passâmes sur les hauts plateaux des Ardennes, couverts de neige, pour conserver en gage ce territoire, tant que ne furent pas acceptées toutes les clauses du traité de paix.

Je restai à Longjumeau jusqu'au 28 septembre et j'eus le plaisir de faire, avec les mêmes camarades, une autre excursion — à Versailles cette fois — qui fut également remarquable; puis je fus commandé pour une reconnaissance intéressante que je vais essayer de vous raconter.

IX

RECONNAISSANCE DANS LES BOIS ENTRE LONGJUMEAU ET ORLÉANS

Paris était investi depuis une quinzaine de jours. Il fallait, au début, pour ravitailler les troupes assiégeantes, et jusqu'à ce que les communications fussent établies avec l'Allemagne, faire aux environs de la capitale de nombreuses réquisitions.

La cavalerie employée à cet effet dut étendre de plus en plus son champ d'action, car elle ne trouva bientôt plus, dans les environs de Paris, le moindre morceau de bœuf ou de mouton, ni même du vin ; tout avait été enlevé aux habitants, à l'exception de ce qu'ils avaient mis à l'abri de la cavalerie allemande dans les nombreuses forêts, grandes ou petites.

La population, enfin remise de sa première terreur provoquée par l'apparition de nos troupes, commençait à prendre une attitude de plus en plus menaçante, cause de bien des maux.

Gambetta, par ses proclamations, avait levé, dans toute la région sud de Paris, des corps de francs-tireurs qui rendaient le pays incertain, dressaient des embuscades et tiraillaient sur notre cavalerie chaque fois que l'occasion s'en présentait.

Le bruit courut aussi de la formation d'une armée de secours au sud de la Loire; les paysans, mis alors en confiance, se laissaient facilement pousser à la résistance et se dressaient sans cesse en face des cavaliers allemands. Ceux-ci, n'étant pas encore armés de la carabine à cette époque, se trouvaient, la plupart du temps, sans défense dans ce pays boisé; il fallut donc songer à leur adjoindre de l'infanterie.

Les francs-tireurs et les paysans récalcitrants furent poursuivis jusque dans les recoins les plus retirés de leurs forêts; on brisa toute résistance, on démontra aux habitants de la région qu'ils n'étaient en sûreté dans aucune cachette, et que le moindre geste hostile accompli par un civil ne resterait pas impuni.

Qui pouvait être mieux qualifié que les chasseurs pour découvrir dans les forêts les réduits les plus reculés?

Le général commandant le corps d'armée créa, dans ce but, un détachement composé de 2 officiers, d'un trompette, de 2 sous-officiers et de 45 chasseurs.

Les deux officiers choisis furent le lieutenant en premier M. de Schrenk, un petit homme qui n'eût pas craint le diable, mais eut le malheur, dès le début, de tomber et de s'estropier sérieusement, et votre serviteur. Chacun des cinq bataillons de chasseurs du corps d'armée fournit neuf volontaires à ce détachement; les sous-officiers et le trompette furent également choisis parmi des hommes de bonne volonté.

On peut s'imaginer ce que devait être une troupe ainsi composée; naturellement, dans chaque bataillon, une bande de gaillards s'était présentée; on avait pris parmi ceux-ci les meilleurs; j'avais choisi moi-même ceux du 1er bataillon.

Huit d'entre eux, j'en suis persuadé, avaient dû surtout braconner dans nos hautes montagnes; ils étaient hommes, si jamais leurs fusils étaient devenus inutiles, à en finir avec leurs ennemis aussi bien au couteau qu'avec le poing ou les dents, et à se faire déchirer en morceaux plutôt que de se laisser prendre.

Ceux que nous fournirent les autres bataillons étaient du même genre; aussi, lorsque, le 28 septembre au matin, nous passâmes l'inspection de ces gaillards, nous fûmes satisfaits de notre petite troupe. Avec 48 hommes comme ceux-là, on pouvait traverser la moitié de la France, certains que pas un d'entre eux ne tomberait vivant entre les mains des Français.

Le neuvième de mes chasseurs choisis parmi ceux du 1er bataillon n'était pas de la même condition; c'était un petit bonhomme délicat et fluet nommé Voetter, qui s'était engagé pour la campagne et qui n'était arrivé à Longjumeau qu'avec les derniers renforts. Il s'était offert aussi pour la reconnaissance, mais il m'avait fait une impression bizarre; ses bottes étaient trop grandes pour lui, son uniforme tombait de ses épaules comme d'un pendoir, son casque lui descendait jusqu'aux oreilles, son sac le couvrait entièrement. Mais il montrait tellement d'énergie dans ses yeux que j'en fus frappé, — je dois dire qu'il m'est arrivé rarement de me tromper sur la physionomie des gens. Ce fut le cas de Voetter qui se comporta très bien dans la suite. Il parlait également fort correctement le français et pouvait ainsi nous rendre de grands services; ceci me décida à l'emmener.

Nos ordres étaient les suivants : parcourir les bois dans tous les sens, faire la chasse aux gens armés, les amener prisonniers et les exterminer; réquisitionner tout le bétail possible et le remettre entre les mains des troupes les plus voisines, en un mot, montrer et promener l'uniforme allemand dans les plus petits recoins et surtout ne rien omettre qui pût augmenter, en toutes circonstances, la sécurité de notre armée.

Quelques prescriptions de détail nous furent encore données sur les chemins que nous devions battre et la durée probable de notre reconnaissance, mais il ne fut pas question un instant de nos besoins particuliers, ni de notre personne; on supposait bien qu'une équipe comme la nôtre n'était pas destinée à mourir de faim.

Nous nous mîmes en route le 28 et, chose essentielle pour moi, j'eus la chance d'être monté. Le soir, deux chevau-légers, volontaires eux aussi, nous rejoignirent, lesquels devaient faire pour nous le service d'ordonnances.

Nous arrivâmes, le premier jour, à Perray près d'Épinay.

Le lendemain matin, nous parcourûmes le bois de Seguigny où nous ne trouvâmes absolument rien, étant encore trop près de l'armée.

Mais, dans l'après-midi, nous rencontrâmes, près de Brugères, un détachement allemand du train des équipages qui nous livra un paysan surpris par des uhlans en train de détruire une ligne télégraphique. Il fut immédiatement interrogé, reconnut les faits sans difficulté et nous expliqua qu'il considérait de son devoir de nuire aux Allemands par tous les moyens possibles.

— « Êtes-vous soldat ?

— « Non, et je ne l'ai jamais été.

— « Savez-vous ce qui doit vous arriver ?

— « Non.

— « Vous allez être fusillé.

— « Cela m'est égal, je meurs pour ma patrie ; si vous me rendez ma liberté, je recommencerai à détruire vos lignes. »

Ce Français pensait-il nous émouvoir par son indifférence théâtrale de la mort, il se trompait.

Je lui fis comprendre (j'étais plus expert dans la langue française que le chef de notre reconnaissance) qu'il allait être fusillé et je lui demandai s'il n'avait pas quelque commission à nous confier.

— « Non.

— « Désirez-vous que l'on avise votre famille et, dans ce cas, voulez-vous me donner votre nom et votre adresse ?

— « Je n'ai ni parents ni domicile.

— « Désirez-vous prier ?

— « Non, je ne crois pas en Dieu.

— « Bien, veuillez donc vous placer auprès de ce fossé, sur le bord de la route. »

Je lui bandai les yeux, six chasseurs avancèrent . . . . . « joue » . . . . . . « feu » . . . . Il tomba et ne bougea plus un doigt ; cinq balles lui avaient traversé le cœur, une autre lui avait ouvert la poitrine.

Nous nous assurâmes de la mort de notre prisonnier, jetâmes sur lui quelques pelletées de terre et continuâmes notre chemin.

Nous passâmes la nuit, en partie dans la ferme, en partie dans le château Baillot, non sans avoir placé quelques sentinelles et fait savoir au gardien ou préposé que, s'il arrivait quoi que ce fût à l'un des nôtres, nous ne laisserions personne en vie et brûlerions toutes les maisons.

Le jour suivant, notre lieutenant en premier, baron de Schrenk, eut la malechance, comme je l'ai déjà dit, de tomber avec son cheval et de se blesser, au point qu'il ne put être question pour lui de continuer sa route à cheval, ni même à pied.

Nous dûmes mettre la main sur un très élégant équipage auquel nous attelâmes un lourd cheval gris et nous le fîmes conduire ainsi au cantonnement le plus proche.

Si pénible que fût pour cet officier courageux et entreprenant cette mésaventure, il dut m'abandonner le commandement de la reconnaissance et se contenter de nous indiquer, chaque soir, les chemins à parcourir.

J'étais donc complètement indépendant et pouvais chanter avec mes chasseurs le refrain bien connu : « A travers les bois et les plaines, je m'en allai d'un cœur léger. »

Nos deux cavaliers et quelques hommes durent tenir compagnie au lieutenant Schrenk.

Quant à moi, je fis des reconnaissances, avec mon détachement, dans toute la forêt de Biscorne ; nous ne tardâmes pas à y découvrir une première cachette dans laquelle se lamentaient bœufs, vaches, moutons et chèvres.

C'était quelque peu bizarre ; nous avions été aperçus sans doute par les gardiens qui, à notre approche, avaient pris la fuite. Je donnai l'ordre à quelques-uns de mes chasseurs de rassembler toutes ces bêtes afin de les amener plus loin, et je continuai avec les autres ma marche en avant; j'arrivai bientôt à une clairière assez vaste, cultivée en blé dont la récolte avait déjà été faite.

A environ 300 pas de nous, deux paysans s'enfuyaient à toutes jambes; c'étaient, sans doute, nos deux gardiens.

Les poursuivre eût été de la folie; j'avais laissé mon cheval à la lisière du bois et l'avais fait conduire sur la route de Marcoussis à Beauvais, dans l'impossibilité de le faire passer au travers de toutes ces broussailles.

Je désirais cependant faire peur à ces gaillards; prenant un fusil que l'on me tendait, j'annonçai que j'allais tirer entre les deux hommes, et je pressai sur la détente. Ce fut à mourir de rire! Les deux paysans se séparèrent de droite et de gauche; l'un d'eux disparut aussitôt dans la forêt, l'autre continua droit devant lui dans la clairière. Je me fis un plaisir de lui tirer encore un coup à l'oreille; la balle frappa le sol à 5 ou 6 mètres de lui et fit un petit nuage de poussière; il tomba de tout son long, probablement de peur, se releva aussitôt et reprit sa course de plus belle.

Quelle histoire terrifiante a-t-il dû raconter aux paysans, lorsqu'il rentra chez lui! Peut-être a-t-il parlé de bombes grosses comme des pains de sucre qui lui auraient frôlé les oreilles!

Nous poussâmes devant nous notre bétail et le

remîmes à une troupe de réquisition que nous rencontrâmes à Marcoussis; comme elle avait travaillé jusqu'alors en pure perte elle se montra fort heureuse de ce cadeau inespéré.

Les jours suivants furent employés de la même façon.

Dès que nous apparaissions dans un coin quelconque, nous soulevions une véritable épouvante; ce fut la raison sans doute pour laquelle nous ne rencontrâmes nulle part de résistance armée; quelques coups de bâton à certains paysans, et ce fut tout.

Le 2 octobre, « Voetter », le « Petit Voetter », comme on l'appelait, fit un tour à sa façon. Nous avions mis la main à Maillecourt, près d'Oray, sur environ 1.500 bouteilles de vin rouge que nous remîmes à nos voisins, et dont nous ne gardâmes qu'une faible partie pour nous. Nous plaçâmes notre part dans une petite voiture à deux roues attelée d'un cheval, qui devait nous servir de magasin et que je mis sous la surveillance de Voetter.

Je lui recommandai, en passant, de mettre de côté quelques bouteilles pour mon usage personnel et de les dissimuler dans le siège de la voiture; il en mit tellement que celui-ci ne se referma plus.

Souvent, le soir, quand mes hommes et mon cheval étaient trop fatigués pour poursuivre la route, il m'arrivait de faire dans cette voiture quelques reconnaissances supplémentaires et d'emmener avec moi ce dégourdi de petit Voetter.

C'est ce que je fis ce jour-là.

Mais quelle ne fut pas ma surprise! en m'asseyant sur le siège pour partir, j'entendis un craquement et regardai : en quelques secondes, presque un demi-pied de vin rouge s'était répandu dans le fond de la voiture.

Il ne restait plus une bouteille intacte. J'en étais pour mes frais, mais Voetter reçut son abatage.

Cette désagréable expérience m'obligea à réquisitionner une belle petite voiture à quatre roues dont le conducteur, un vieux cocher de grande maison, dut nous accompagner presque jusqu'à Orléans; ce nouvel équipage pouvait emporter beaucoup plus de provisions que le précédent.

Nous eûmes bientôt parcouru tous les bois situés entre Longjumeau, Arpajon, Limours et Versailles; nous y avions trouvé beaucoup de bétail et de choses utiles; mais les gens que nous avions rencontrés, apeurés et terrorisés, ne nous créèrent aucune difficulté.

Le 5 octobre, je me rendis avec notre lieutenant en premier Schrenk, qui n'avançait encore que péniblement et en boitant, jusqu'à Versailles où nous eûmes la grande joie d'apercevoir, rentrant d'une reconnaissance, le roi Guillaume entouré de plusieurs de ses paladins et d'une brillante suite militaire. Le vieux monarque se tenait à cheval comme un jeune homme; dans ses yeux brillait toujours le feu de la jeunesse.

C'était la première fois que, depuis le commencement de la campagne, j'apercevais nos grands chefs, et mon impression n'en fut que plus grande.

Nous revînmes à Versailles le lendemain; nous n'y revîmes plus le roi, mais nous eûmes l'occasion d'y admirer le spectacle des jets d'eau si fameux, et nous y apprîmes deux nouvelles très intéressantes : la première, que les Français avaient organisé la levée de la garde nationale, et distribué des armes à toutes les régions qui n'étaient pas occupées par les Allemands; la deuxième, que le 1er corps d'armée bavarois était désigné pour se porter contre des forces françaises rassemblées dans le sud, aux environs d'Étampes.

La première de ces nouvelles nous ouvrait un nouveau champ d'action dans la recherche, la prise et la destruction des armes délivrées à la garde nationale, et la deuxième nous dictait de nous porter aussitôt dans la direction du sud-est, afin de ne pas manquer à la fête, si notre corps allait à la bataille.

En quelques marches forcées, nous arrivâmes à la Grange-aux-Bois, après avoir passé par Montlhéry, Arpajon et Auvers; nous remarquâmes, à partir de là, que nous nous trouvions dans une contrée où les Allemands ne s'étaient pas encore montrés.

Le 9 octobre, je partis à 3h 30 du matin, je parcourus

les bois de Puissel et, deMarais, la forêt Sainte-Croix et j'arrivai à Marolles. Nous nous étions arrêtés à différentes reprises pendant la journée et ne pûmes atteindre notre but, la Grange de l'Orme, avant la nuit. Comme il pouvait être très difficile de découvrir cette petite ferme dans l'obscurité d'une forêt, je crus bon de me mettre à la recherche d'un guide.

J'interrogeai à cet effet plusieurs paysans afin de me rendre compte de leur connaissance des lieux; je remarquai, ceci faisant, qu'un maître d'école israélite cherchait à se faire remarquer : il prétendait que tel ou tel paysan devait connaître le chemin, que ce chemin n'était du reste pas très difficile à trouver et que lui-même l'avait déjà suivi de nuit; c'était plus qu'il ne m'en fallait.

— « Ainsi, vous connaissez ce chemin? lui dis-je; alors vous allez nous conduire vous-même. »

Le maître d'école ne s'attendait pas à celle-là; il s'était efforcé de nous indiquer comme guides des paysans chrétiens afin d'épargner ses coreligionnaires. Il se défendit autant qu'il put, mais sa résistance fut vaincue à l'aide de quelques allusions à nos revolvers et nous reprîmes notre chemin sous sa conduite.

De temps à autre mes chasseurs se firent une joie d'effrayer cet israélite; je ne les en empêchai pas, car il était si ridiculement peureux qu'il en devenait comique.

Quand, à notre arrivée, nous lui rendîmes sa liberté,

il prit ses jambes à son cou et ne se crut en sûreté que lorsqu'il se retrouva chez lui, entre ses quatre murs.

Le jour suivant à Abbeville, je vécus une aventure fort intéressante.

J'avais remarqué, à la contenance des habitants, qu'aucun Allemand n'était jamais entré dans ce village; je résolus de nous y reposer et de rechercher s'il ne s'y trouvait pas des armes.

Arrivés sur la place de l'église, je fis former les faisceaux, plaçai quelques sentinelles, et j'envoyai le « petit Voetter » à la recherche du maire.

Il revint bientôt, accompagné de celui-ci; au même moment, nous vîmes arriver le curé, le maître d'école, des paysans de toutes sortes, ainsi que de nombreuses femmes avec leurs enfants.

Le maire faisait une très méchante figure, une de ces figures dont la vue seule peut vous mettre en colère; il avait, comme on dit, une tête à gifle.

— « Monsieur le Maire, lui dis-je, où sont les armes destinées à la garde nationale?

— « Nous n'avons pas reçu d'armes », me répondit-il.

— « Bien; alors vous ne savez rien non plus de la fameuse circulaire que Gambetta, votre ministre de la Guerre, a lancée, concernant l'organisation de la garde nationale, circulaire qui fut transmise par le soin des préfets à chaque commune?

— « Non, je n'en sais rien.

— « Dans ce cas-là, je puis vous faire savoir, moi, qu'au commencement d'octobre ou fin septembre, il a été remis à chaque village, selon son importance, une certaine quantité d'armes destinées à la garde nationale. Abbeville comptant 309 habitants doit avoir reçu environ 30 fusils, où sont-ils?

— « Nous n'avons rien reçu.

— « Entendu, puisque vous ne voulez pas comprendre, vous allez faire annoncer de suite à vos habitants que, dans une demi-heure, mes chasseurs visiteront toutes les maisons du village. S'ils trouvent dans l'une d'elles le moindre fusil, elle sera brûlée et son propriétaire fusillé; m'avez-vous compris?

— « Oui, Monsieur l'Officier, je vais faire connaître votre décision de suite à son de caisse. »

J'étais sur le point de douter du succès de notre affaire devant l'attitude si décidée de ce maire, quand j'aperçus Voetter derrière moi qui cherchait à me causer à l'oreille : « Mon Lieutenant, me dit-il, je me trouvais tout à l'heure au milieu de femmes qui parlaient de fusils et se félicitaient que ceux-ci aient été cachés dans l'église où nous ne les trouverions certainement pas. »

J'appelai immédiatement quatre chasseurs et leur expliquai que, sur un signal de moi, ils auraient à se rendre aussitôt à l'église pour y chercher les fusils;

puis je demandai une fois encore au maire si, vraiment, il ne savait pas où ils étaient.

Il persista dans son obstination et me laissa même entendre, avec un sourire railleur, que, lorsqu'on connaîtrait mon ordre, un paysan se présenterait sans doute qui reconnaîtrait détenir chez lui les armes.

— « Ne faites pas encore annoncer votre proclamation, lui dis-je, je veux d'abord faire vérifier l'église par mes hommes. »

A ces mots, il parut visiblement contrarié et perdit beaucoup de son assurance.

— « Sergent Wilbold, veillez à ce que notre individu ne se sauve pas; je tiens à aller moi-même là-bas.

— « Bien, mon Lieutenant! »

Les chasseurs que j'avais désignés partirent en avant sur un signe de moi et se mirent à chercher dans toute l'église; ils ne trouvèrent pas l'ombre d'une arme.

— « Voetter, criai-je, ne vous êtes-vous pas trompé?

— « Non, mon Lieutenant, j'ai très bien compris ce que disaient les femmes. »

— « Bien, il faut que je cherche moi-même. »

Je parcourus l'église de fond en comble, fis arracher une cloison derrière l'autel, montai dans le grenier, visitai les moindres recoins, rien!

Le maire, devant notre insuccès, redevint arrogant; il me demanda s'il pourrait maintenant faire proclamer mes ordres.

— « Pas encore, lui répondis-je, je veux d'abord observer l'église du dehors. »

Il sourit, je ne m'en inquiétai pas; je fis le tour de l'édifice, me rendis compte de son style, vérifiai s'il n'y avait pas quelque annexe invisible de l'intérieur, cherchai, par les ouvertures, s'il n'y avait pas une crypte cachée, étudiai attentivement la forme du toit: je fis à nouveau l'ascension de la tour, pénétrai dans la toiture et regardai autour de moi.

— « Halte! voici un drôle de mur! Oblique du dehors, il est vertical à l'intérieur, que veut dire cela? »

Je touchai de la main, le mur était encore humide.

— « Enfin, voilà donc ce que nous cherchions! Trompette Huber, prenez votre pic et enlevez-moi une de ces pierres. »

Sitôt dit, sitôt fait; je regardai par le trou; c'était noir comme dans un four.

— « Donnez-moi une allumette. »

A la lueur de la flamme, je vis, devant moi, correctement alignés, un nombre imposant de fusils complètement neufs.

Je les fis sortir, après qu'on eut agrandi le trou, et pendant que mes chasseurs finissaient leur travail, je descendis du grenier et me rendis aussitôt auprès de notre maire.

— « Alors, vous n'avez trouvé aucune arme? lui dis-je.

— « Non, et vous pouvez faire chercher dans toutes les maisons.

Je ne pus me contenir plus longtemps et j'allongeai à cet individu une gifle aussi forte que peut la donner un jeune homme dans la force de l'âge, et dont les muscles ne cessent d'être exercés par la gymnastique.

Le maire fut projeté sur le côté et rattrapé par des chasseurs.

On commençait à apporter les premiers fusils sur la route; notre homme, que je venais de si bien corriger, ne trouva pas un mot à dire : il se tenait là, tremblant, aussi piteux que tout à l'heure il avait été arrogant.

Je ne lui dis pas un mot avant que tous les fusils, au nombre de trente-six, aient été amenés, ainsi que les munitions qui leur appartenaient; ces dernières furent jetées à l'eau afin de les rendre inutilisables.

Quant aux fusils, sans valeur pour nous en raison de leur ancien système « Minié », ils furent brisés.

Je me rappelle avoir trouvé là des balles qui devaient produire des blessures très difficilement guérissables et pouvaient certes provoquer l'empoisonnement du sang; j'en ai conservé une en souvenir.

Mais revenons à notre maire.

« Vous allez être fusillé », lui dis-je.

Le lâche tremblait comme une feuille; cela n'empêcha pas le curé, le maître d'école et de nombreux paysans, hommes et femmes, de venir implorer sa grâce.

Je ne savais pas trop moi-même jusqu'à quel point j'avais le droit de le faire fusiller; aussi me laissai-je convaincre de très bon cœur, malgré toute l'apparence du contraire. Je lui rendis même sa complète liberté, ne voulant pas m'encombrer d'un prisonnier, mais je ne m'opposai pas à le laisser quelque peu malmener par mes chasseurs.

Il n'oubliera certes jamais la peur épouvantable que nous lui avons infligée et qui fut sa punition.

A peine avions-nous quitté Abbeville que nous entendîmes, dans la direction du sud, le bruit du canon; inutile d'ajouter combien cela donnait des jambes à mes hommes.

Je partis en avant, accompagné de mes chevau-légers, afin de me rendre compte de ce qui se passait, mais il me fut impossible de rien découvrir.

Nous dûmes nous arrêter assez longtemps à Autruy; il y a là un très beau château dans lequel nous pûmes faire notre cuisine; nous eûmes la chance aussi de pouvoir nous régaler en ajoutant un petit superflu à la viande de veau que nous avions réquisitionnée.

Malheureusement, notre déjeuner ne fut pas de

longue durée; il nous fallut repartir bien vite vers le sud où le canon tonnait toujours.

J'aurais bien voulu trouver quelques voitures pour y installer mes hommes et les amener plus vite en avant; mais nos recherches furent vaines, tout paraissait envolé.

Je réussis cependant, non sans peine, à trouver un cheval que nous attelâmes à une charrette à deux roues dans laquelle je pus tout au moins faire déposer les sacs.

Nous continuâmes ainsi notre chemin par Allainville, Faronville, jusqu'à Bazoches-les-Gallerandes. J'appris là d'une patrouille de hussards que la 1re division bavaroise avait rencontré l'ennemi à Artenay, l'avait mis en fuite et devait se porter le lendemain sur Orléans.

Il était évident que mes chasseurs et moi ne pouvions pas ne pas être de la partie; mais, pour aujourd'hui, il fallait nous en tenir là.

Nous avions parcouru quelque chose comme 45 kilomètres et plus, dont une quinzaine par des chemins impossibles, à travers bois et broussailles; avec cela il faisait très chaud et je craignais, si j'insistais, de surmener mes hommes et de ne plus les trouver dispos le lendemain matin.

Je les fis donc arrêter à Bazoches-les-Gallerandes ; entre temps, la nuit était arrivée.

Le village me parut grand, la population très excitée.

Il me fallait éviter surtout de placer trop de sentinelles, afin de donner à mes hommes tout le repos nécessaire. Je procédai de la façon suivante : je me mis à la recherche et trouvai une belle grande ferme complètement isolée dans laquelle j'installai mes chasseurs et les fis mettre à leur aise ; puis je me fis accompagner d'une patrouille de six hommes et j'allai désigner, parmi les habitants, cinq des personnages les plus considérés, auxquels j'exprimai le désir de les voir coucher au milieu de ma troupe.

Je fis ensuite venir le maire et lui dis : — « Si cette nuit nous sommes importunés, vos cinq compagnons seront envoyés *ad patres;* toutes les granges des environs seront incendiées. (Elles étaient pleines de paille et de récoltes.) Prenez vos dispositions pour que nous ne soyons pas gênés. » — Le maire était un homme raisonnable, il obligea ses administrés à faire le guet toute la nuit et à veiller à notre sécurité. Nous dormîmes très bien, à l'exception de l'un des nôtres chargé de surveiller nos otages, et que l'on relevait toutes les heures. Nous avions été rejoints entre temps par le lieutenant Schrenk qui s'était retrouvé malgré la nuit et se montra très satisfait des mesures que j'avais prises.

C'est ainsi que se termina cette intéressante reconnaissance au cours de laquelle je m'étais considéré comme un petit général en chef, livré à lui-même en pays ennemi.

J'ai vécu d'autres souvenirs encore : je me rappelle cette jeune fille qui me donna spontanément un baiser, parce que, troublé par ses beaux yeux, je lui avais fait restituer trois vaches qui lui avaient été enlevées.

Mais il me faudrait trop de temps pour tout raconter.

Je puis dire que les jours durant lesquels j'ai pu circuler ainsi à travers les forêts du centre de la France, muni des pouvoirs les plus étendus, sont parmi les plus intéressants des trois années passées en pays ennemi; et je puis dire aussi que j'ai conservé le meilleur souvenir de mes compagnons d'alors, véritables soldats du diable.

Je les ai conduits ensuite à la bataille d'Orléans où je fus fier encore de mes volontaires; ils furent aussi braves en marchant à l'ennemi qu'ils avaient été rusés et dégourdis pendant la reconnaissance; ils étaient, avec cela, de très adroits tireurs, et, au surplus, tous habitués dès leur enfance à viser juste.

Mais je préfère décrire dans un chapitre spécial ce que nous avons vu de la bataille d'Orléans.

X

LA PREMIÈRE BATAILLE D'ORLÉANS (11 OCTOBRE 1870)

Les circonstances nous imposèrent ce jour-là une tâche en apparence relativement facile, mais, somme toute, difficultueuse en raison du petit nombre de chasseurs auxquels elle incomba ; il est permis de dire cependant que c'est grâce à eux qu'une surprise fut évitée dont les conséquences eussent été fort désagréables à toute l'aile gauche allemande.

A cette époque, je n'attachai pas grande importance à tous les épisodes que je vais décrire, étant donné que nous prîmes, mes hommes et moi, une faible part dans l'action générale, et surtout, parce que les événements qui suivirent, beaucoup plus impressionnants, en affaiblissent le souvenir.

Mais, à l'heure actuelle, je pense tout différemment. Je ne me dissimule pas que l'apparition de mon petit détachement, au bon moment et à la bonne place, fut plus utile à la cause générale des armes allemandes que, plus tard, la part superbe que nous prîmes dans la bataille.

Nous étions partis de très bonne heure.

Notre pauvre lieutenant en premier, Schrenk, s'était tellement surmené la veille, qu'il lui était devenu impossible, non seulement de faire un pas, mais même de monter à cheval.

Dois-je dire, pour ne pas mentir, que cela ne m'était pas désagréable ? Je pouvais ainsi faire ce que bon me semblait et disposer à ma guise de mes chasseurs, en vue de la bataille à venir, de ma « bande », comme je l'appelais, en plaisantant gaiement. Je savais du reste, car nous nous aimions bien maintenant les uns et les autres, qu'ils me suivraient comme un seul homme.

Schrenk avait gardé auprès de sa voiture un chevau-léger et deux chasseurs.

Je pris l'autre cavalier avec moi et partis au trot en avant afin de me renseigner ; mes hommes suivaient par derrière sur la route qui mène, par Crottes, vers Orléans.

Tout était calme : on ne distinguait, au loin, ni ami ni ennemi. Je passai au trot à travers Aschères, et me dirigeai vers Ruan où je m'arrêtai pour observer la grande route de Paris à Orléans, qui s'étendait à $3^{km}500$ de nous.

J'aperçus là de longues colonnes qui se dirigeaient vers le sud. L'officier de hussards qui nous avait annoncé hier qu'aujourd'hui on se porterait sur la

Loire, ne s'était donc pas trompé. Je revins à l'est sur la route par laquelle devaient arriver mes chasseurs; je les vis qui s'avançaient à la hauteur de Neuville-aux-Bois, au milieu d'une grande plaine où la vue s'étendait à l'infini. Tranquillisé sur leur compte, je repris le trot et me transportai jusqu'à Neuville où je n'aperçus pas l'ombre d'un soldat.

Je me trouvai donc seul avec mes 45 hommes à environ 9 kilomètres à l'est de l'armée allemande, en pays étranger et ennemi.

En réfléchissant un peu, il ne me fut plus permis de douter que le but de notre armée devait bien être Orléans. Je pouvais bien me dire aussi que les Français ne nous abandonneraient pas sans les défendre, la grande forêt qui s'étendait au nord de la Loire et la riche ville d'Orléans.

La route sur laquelle se trouvaient mes chasseurs conduisait aussi vers Orléans, mais elle ne rejoignait que petit à petit la route de Paris et s'en trouvait encore éloignée de 7 kilomètres à son entrée dans l'immense forêt.

Qu'adviendrait-il pendant que je traverserais ces bois, larges d'environ 14 kilomètres? Ne serais-je pas coupé de notre armée et placé dans une vilaine situation? Et que ferais-je alors si j'étais cerné par des forces ennemies supérieures?

Il était encore temps de rejoindre, sans difficultés,

la route de Paris et de me lier à la colonne principale, en passant par Trinay et Buci-le-Roy. Mais en faisant ainsi, ne serais-je pas placé à la queue de l'armée ou parmi les réserves, ce que je voulais éviter à tout prix.

Je songeai alors que j'avais avec moi des chasseurs, et quels chasseurs! des volontaires et des Bavarois! que des gaillards comme ceux-là savaient ouvrir les yeux, et qu'il ne pouvait être question pour eux d'être faits prisonniers.

S'il devait nous arriver dessus des fractions de cavalerie ennemie, peu nous importait!

Quant à l'infanterie, elle ne pouvait avoir de meilleurs yeux que les nôtres, et puis, elle ne supporterait certes pas les mêmes efforts que nos chasseurs.

Quoi qu'il en soit, on saurait bien se tirer de là comme on pourrait.

Je pris donc la résolution de me diriger sur Orléans à travers la forêt, me fiant à mon attention, à celle de mes hommes et à ma chance.

Je retournai à mon détachement qui continuait à avancer, infatigable, et je fis part à mes compagnons de ce que j'avais décidé et de ce qui pouvait nous attendre.

Ils ne témoignèrent aucune inquiétude, au contraire; le côté aventureux de toute cette affaire les amusait, et ils avançaient toujours, plus contents que jamais.

Je repartis en avant, avec mon chevau-léger, pour reconnaître le terrain; me servant de ma jumelle, je ne vis rien qui pût dénoter la présence de l'ennemi. Je crus donc inutile d'attendre mes chasseurs qui se trouvaient encore à environ 1^km^500 de moi, et j'entrai dans la forêt, prudemment et en prêtant l'oreille.

Après quelque cinq minutes, j'aperçus devant moi, dans une grande clairière, l'important village de Saint-Lyé; il n'y avait pas trace d'ennemis; quelques paysans seulement, qui ne me remarquèrent pas, circulaient sur la route et se parlaient avec une visible émotion.

J'avançai lentement sur le côté de la route, tant que les arbres me cachaient à eux; puis, quand vint le moment où d'un instant à l'autre je pouvais être aperçu, je fis prendre à mon cheval le milieu du chemin et, lui donnant de l'éperon, je le mis au grand galop et me précipitai dans le village, suivi de mon chevau-léger.

Les paysans se dispersèrent comme si la foudre était tombée parmi eux; on entendait de tous côtés les cris de terreur : « Les Prussiens ! Les Prussiens ! » et tout le monde disparut dans les maisons.

Nous rîmes bien fort, mon chevau-léger et moi, de cette fuite comique; puis, voulant nous assurer, au moins superficiellement, que le village n'était pas occupé, nous le traversâmes dans toute sa longueur; il n'y avait trace nulle part du passage de l'ennemi.

Nous arrêtâmes nos chevaux et retournâmes au pas

vers le milieu de la localité; celle-ci comptait environ 825 habitants.

Apercevant un paysan qui regardait par sa fenêtre, je l'interpellai et lui donnai l'ordre de venir à moi.

Il n'obéit pas, je le menaçai, mais rien n'y fit.

Une femme vint alors qui s'informa de mon désir; je la questionnai et j'appris d'elle que jamais un Allemand n'avait pénétré dans ce village, et que les Français en étaient partis depuis hier soir.

Je m'expliquais à présent l'émotion causée par mon apparition : j'étais le premier barbare que voyaient ces braves habitants de Saint-Lyé.

Je m'évertuai à tirer de la bonne femme tous les renseignements possibles; pendant ce temps, le sexe fort de l'endroit semblait avoir repris courage et les paysans nous rejoignirent petit à petit; ils arrivèrent d'abord un par un, puis par groupes, si bien qu'au bout d'un instant, nous étions entourés, mon chevau-léger et moi, par des centaines de ces braves gens.

Bien vite, ils commencèrent à s'enhardir et à s'exciter les uns les autres; ceux qui se trouvaient derrière criaient à ceux avec lesquels je causais de ne pas me répondre; je compris bien vite qu'ils étaient tous animés de la meilleure intention d'en finir avec nous. Ils nous prenaient sans doute pour une patrouille de flanc; l'un d'eux même, grand vaurien à cheveux noirs, expliqua à ses comparses, assez fort et assez distinctement pour être entendu, que si on faisait notre affaire, nous ne pourrions plus transmettre de renseignements, et que ce serait là un bon travail accompli dans l'intérêt de l'armée.

Cependant je savais que mes chasseurs allaient apparaître d'un moment à l'autre, aussi je ne me laissai pas inquiéter par les aimables propos de ces paysans; ce n'est que lorsque deux d'entre eux, paraissant plus exaltés que les autres, s'approchèrent de nous, armés de fourches en fer, que je changeai mon attitude ; je sortis mon revolver et le dirigeai menaçant vers ces deux individus.

Il s'éleva un murmure général.

Chacun cherchait à exciter son voisin, mais personne n'avait le courage de venir se placer en face de mon revolver.

Mon chevau-léger, lui, avait tiré son sabre et jetait à ces paysans des regards tellement furieux, qu'ils n'osèrent pas plus s'en prendre à lui qu'à moi.

Malgré tout, notre situation n'avait rien d'enviable. C'est alors que j'aperçus, en face du village, tout près de la route, le scintillement d'un éclair; je compris immédiatement qu'il s'agissait de l'acier d'un fusil. Il n'y avait plus de doute, la pointe de mon détachement était bien là, dans la forêt, tout près du village, et le gros de ma troupe ne pouvait plus être très éloigné.

A ce moment, l'agitation des paysans reprenait de plus belle.

Je n'hésitai pas ; élevant mon revolver, je tirai en l'air, et criai de toutes mes forces : « Attention ! voilà mes chasseurs qui arrivent ; dans un instant, il y aura ici 3.000 Bavarois, ceci n'en est que l'avant-garde. » Tous les regards se portèrent vers l'entrée du village.

Mon sergent-major, qui avait pris ma place à la tête de la troupe, avait entendu la détonation, et, persuadé que j'avais été sérieusement attaqué, il avait quitté la forêt où il se trouvait à couvert, s'était précipité sur la route suivi de ses hommes, et bientôt tous ces braves gens nous arrivaient dessus, clamant notre délivrance.

Voulant leur montrer qu'il ne s'était rien passé de grave, j'élevai la main et leur fis signe d'aller plus doucement.

Quant aux paysans, il faut croire que les exclamations allemandes n'étaient pas de leur goût, car ils se dispersèrent aussitôt, et disparurent dans leurs terriers, comme des lapins.

Mon premier soin fut d'envoyer des patrouilles hors du village et de placer des sentinelles aux entrées. Puis je fis appeler le maire ; il vint à moi sans tarder et s'enquit respectueusement des désirs de « M. le capitaine ».

Je dois dire en passant que c'est là qu'on me gratifia, pour la première fois, de ce nouveau grade après lequel, rentré dans mon pays, il me fallut attendre pendant plus de seize années.

Rêve et réalité!

Comme je n'avais pas les loisirs de m'arrêter longtemps et que je ne tenais pas à m'encombrer d'animaux réquisitionnés, je me contentai de demander au maire de me faire délivrer, le plus vite possible, du vin, du pain, du fromage, du beurre et des saucisses; puis je lui fis entendre qu'il allait avoir le plaisir de recevoir 3.000 fantassins bavarois et 500 chevaux, et qu'il lui en coûterait certainement si tout n'allait pas pour le mieux.

Comment s'est-il comporté après mon départ? je n'en sais rien, mais ce que je n'ignore pas, c'est qu'à mon mensonge, qu'il crut naturellement, ses cheveux se dressèrent sur la tête. Inutile d'ajouter que nous reçûmes à profusion tout ce que nous avions demandé.

Et pendant qu'ils mangeaient, mes hommes amplifièrent encore, et moi aussi du reste, la bonne histoire des 3.000 Bavarois; puis nous partîmes plus loin.

Vers 9h 45, nous nous trouvions à environ 4 kilomètres de Saint-Lyé, en plein dans cette interminable forêt d'Orléans ; il nous restait encore, pour en atteindre la lisière sud, une huitaine de kilomètres à franchir; nous suivions alors ce que l'on dénommait l' « ancienne route d'Orléans à Paris » laquelle devait nous conduire, en droite ligne, dans la première de ces villes.

Tout à coup, devant nous et à droite, retentit le bruit du canon, à une distance que j'estimai à environ 5 kilomètres.

Je me trouvai, pour la seconde fois, en face d'une décision à prendre, et très embarrassante.

Fallait-il appuyer vers la droite, traverser le bois, sans en suivre les chemins et me diriger vers la fusillade ? Ce parti, tout en offrant des difficultés, et en manquant d'agrément, était acceptable; il suffisait d'une boussole pour se diriger.

Mais à quoi bon ? Ne valait-il pas mieux rester sur notre route et poursuivre vers Orléans ?

Ma résolution fut vite prise ; nous nous remîmes en marche et continuâmes avec la plus grande rapidité possible.

Il me fallait souvent faire relever mes patrouilles de flancs, en raison des difficultés qu'elles éprouvaient à avancer sous bois pendant que nous suivions la route. Nous n'en fûmes cependant pas retardés, et vers 11 heures, nous n'avions plus du tout de forêt à notre gauche, et il n'en restait qu'un petit bout à notre droite.

En avant de nous se trouvait le village de Montaran.

« Mon Lieutenant, s'écria tout à coup un de mes

chasseurs, là-bas, entre les maisons, je vois briller quelque chose, on dirait des troupes. »

— « Halte ! commandai-je, couchez-vous et cachez-vous ? »

Je sautai de cheval, fis conduire ma bête par le chevau-léger en arrière de mes hommes, et me mis à observer avec ma jumelle.

Il y avait en effet là de la cavalerie, deux escadrons environ qui avançaient dans la direction de la forêt.

Qu'étaient-ils ? Prussiens ? Évidemment non ! Tous étaient appelés là-bas, à notre droite, où l'on entendait sans interruption le bruit du canon.

J'avais beau regarder, je ne pouvais distinguer, en raison de la trop grande distance. Sans aucun doute, c'étaient des Français : des Allemands se seraient dirigés sur Orléans, et non pas en sens contraire ; et puis nous n'en avions pas vus, ni hier, ni aujourd'hui sur toute la partie qui était située à l'est de notre direction de marche.

Je passai ma jumelle à mes sous-officiers puis à quelques-uns de mes chasseurs ; aucun ne put se prononcer. Un premier soldat crut bien reconnaître des pantalons rouges, mais il ne réussit pas à me persuader.

Une chose cependant parvint à me convaincre que j'avais en face de moi des Français : le fait pour ces cavaliers de marcher au pas dans un moment pareil, alors que le tonnerre grondait si fort là-bas, près de la route de Paris; des Allemands eussent certainement allongé l'allure.

Ma décision fut vite prise.

— « Pouvez-vous estimer, dis-je, quelle distance il y a d'ici là? »

Nous tombâmes d'accord sur 1.500 pas. Il y avait peut-être un peu plus en réalité, car tout était baigné d'une atmosphère entièrement lumineuse, et nous étions obligés de regarder contre le soleil.

— « Hausse 1.500 pas! 1.600 pour la moitié de droite! Joue!..... Feu!..... »

Les coups partirent gaiement, et la forêt nous en retourna l'écho renforcé.

— « Joue!..... Feu!..... »

Nous allions donc pouvoir, rien qu'en observant la fuite de ces cavaliers, nous rendre compte de leur nationalité : se dirigeraient-ils sur Orléans, ce seraient certainement des Français; prendraient-ils au contraire le chemin de la forêt, ce seraient des Allemands.

Ils prirent la direction de la Loire : c'étaient des Français.

— « Joue!..... Feu!..... Feu rapide! »

Au bout de deux minutes, toute la troupe avait disparu derrière les maisons de Semoy et des fermes environnantes.

Je fis sonner le « cessez le feu ». A ce moment la fusillade à notre droite devenait plus intense, et une autre se faisait entendre dans la direction du Petit-Songis.

Il ne pouvait plus être question pour moi de continuer à marcher sur Orléans ; je me décidai à suivre la lisière sud de la forêt et pris pour direction la grande route de Paris.

L'épisode que je viens de décrire a eu, sans aucun doute, une certaine influence sur l'issue de la bataille. Il est évident que l'apparition de trois ou quatre escadrons de cavaliers sur notre flanc gauche allemand ou sur les derrières de nos troupes eût pu y provoquer une sorte de séparation vers l'est, peut-être même y causer des surprises fort désagréables.

Et qui sait si ces escadrons n'étaient pas suivis par d'autres qui, voyant les premiers reçus près de Montaran à coups de fusil, renoncèrent à faire plus ample connaissance avec d'aussi singuliers compagnons ?

Je ne sais si nous en avons touché quelques-uns, je ne le crois pas ; la distance était certainement plus grande encore que nous ne l'avions estimée tout d'abord ; il ne me vint pas à l'idée non plus de m'arrêter pour m'en rendre compte, ni de m'affaiblir en détachant une patrouille.

Le bruit du canon sur la route de Paris n'était-il pas beaucoup plus séduisant ?

J'ignore ce qu'eût fait à ma place un profane, en entendant rouler ce tonnerre; mais je suis bien certain toujours que tout autre camarade militaire eût fait comme moi.

On est attiré par cette chose comme par un aimant, et comme si on devait trouver là une femme bien-aimée; on n'y rencontre, hélas, le plus souvent qu'une fiancée très froide dont le baiser vous tue, ou, ce qui est plus horrible encore, vous mutile ou vous estropie.

On y va cependant, on va vers cet appel mystérieux comme va le chevreuil vers l'appeau du chasseur où il croit trouver d'exquises choses, tandis qu'il n'est attendu, le plus souvent, que par une mort affreuse.

Il serait si facile, si on le voulait, de se tenir éloigné de la bataille, quand on est détaché sur ses flancs; mais on ne le peut; le sang bouillonnant, l'œil aiguisé, l'oreille tendue, on accomplit des choses surhumaines pour arriver à temps, se battre encore, et ne rien perdre de la bataille.

Est-ce chez l'homme un sentiment bestial qui, dans de pareils instants, le pousse en avant? N'est-ce qu'une manifestation de son instinct batailleur, ou le plaisir du meurtre et de la tuerie?

Assurément non.

Vous pourrez soutenir ce que vous voudrez, Messieurs les pacifistes; vous pourrez raconter aux enfants et aux faibles d'esprit que la guerre rend l'homme plus grossier et qu'elle étouffe en lui tous les meilleurs sentiments.

Nous vous répondrons que c'est faux, archi-faux et nous avons suffisamment l'expérience de la guerre pour pouvoir vous contredire.

Oui, l'homme devient plus rude, les êtres raffinés, les gens de salon, les formes efféminées disparaissent, ainsi que les vains titres et les apparences trompeuses; il sort de la guerre des hommes plus braves et plus hardis, des caractères plus nobles, des âmes mieux trempées.

C'est là que s'exerce la vraie camaraderie, que se cultive, si drôle que cela puisse paraître, l'amour du prochain; c'est là que naissent, grandissent et prospèrent les nobles vertus qui nous font admirer nos ancêtres : le mépris de la mort, le sang-froid, l'amour du sacrifice; c'est là que prennent racine les qualités qui font la force d'un peuple : l'amour de la patrie, la fidélité jusqu'à la mort à son roi et à son pays; en un mot, c'est là que s'accomplissent les belles et grandes actions, et c'est pourquoi il nous faut de temps à autre une guerre, afin de nous empêcher de retomber dans la jouissance, dans la paresse et dans le luxe, comme dans le népotisme et dans le matérialisme immoral et indécent.

Voyez la Belgique et l'Angleterre, avec leurs apôtres de la paix, et comparez-les avec nous; lisez l'histoire et la chute de l'Empire romain, étudiez ces longues périodes de tranquillité et leurs conséquences, puis vous essaierez encore de nous parler de la paix éternelle, de la fraternité universelle, des tribunaux d'arbitrage et de toutes ces autres théories fastidieuses.

Vous voulez nous présenter des anges et ce sont, au lieu de cœurs loyaux et intègres, des paresseux, des repus, des sybarites et des êtres sans caractère.

La guerre est une nécessité; seule, elle forge des hommes; il en a toujours été ainsi, il en est de même aujourd'hui, et cela sera toujours, certes . . . . . .

. . . .

. . . .

. . . .

— « J'aperçois là-bas des troupes en ligne qui tiraillent vers le sud, et, en face de nous, quelques canons : ce sont assurément des nôtres puisqu'ils regardent dans la direction d'Orléans ?

— « Oui, répondis-je, ce sont des nôtres; l'ennemi se trouve là-bas sur ce talus du chemin de fer qu'il a occupé..... Nous allons pouvoir le prendre par derrière, mais soyons prudents..... Voyez-vous cette ferme, là, devant nous? Elle a l'air d'être abandonnée; nous allons nous y porter rapidement et en rampant.

« Surtout que personne ne tire avant mon ordre.....

« Allons! en avant sur la ferme aux tuiles rouges, et cachons-nous le plus possible! »

Environ dix minutes après, tous mes chasseurs étaient rassemblés dans le hameau de Maillard.

Les Français se trouvaient à 400 pas en avant de nous, un peu à notre gauche; ils occupaient le côté est du talus du chemin de fer et tiraient dans la direction de la route de Paris.

Ils ne nous avaient certes pas aperçus.

— « Hausse 400 pas!..... Feu à volonté! et du calme!..... »

Les Français furent surpris très désagréablement de notre salut.

— « Sacrebleu! les voilà déjà qui se sauvent! Ils sont insensés!..... Mais comment se fait-il donc qu'ils n'aient pas de pantalons rouges?

— « Cela n'a pas d'importance; l'essentiel, c'est qu'ils ne soient pas allemands; c'est du reste facile à voir......

« Allons, tirons-leur dessus!.....

« Visez un peu plus haut!

— « Cessez le feu! »

Il nous fallut attendre que la fumée s'élevât; nous ne voyions plus distinctement.

— « Sur ce groupe, là-bas, près du passage à niveau, hausse 450 pas, feu à volonté! »

C'était un vrai plaisir; heureusement que, dans la matinée, j'avais partagé mes cartouches de réserve; nous avions de quoi les utiliser.

— « Cessez le feu ! Voici les nôtres qui avancent..... Direction, les deux peupliers près du talus du chemin de fer !.....

« Pas gymnastique, marche ! »

Après une course de deux minutes et demie, nous avions atteint le fameux talus où se trouvaient nos troupes. Je pouvais à peine en croire mes yeux, la fraction sur laquelle nous étions tombés était la 3e compagnie du 1er bataillon de chasseurs bavarois.

— « Mais oui, c'était bien là mon vieux sergent-major Renner !..... Que se passe-t-il donc ? » lui demandai-je.

— « Nous avons ordre d'avancer le long du chemin de fer, avec le 3e bataillon du 12e ; vous avez bien fait de revenir, mon Lieutenant !

— « Où se trouve donc notre lieutenant en premier, M. zu Rhein ? Est-il toujours commandant de compagnie ?

— « Oui, mon Lieutenant, M. le baron est de l'autre côté du talus.

— « Voulez-vous lui faire dire que je suis ici ; je vais me diriger sur les maisons que vous voyez à gauche de la voie ferrée et je me tiendrai toujours à gauche de la compagnie..... Envoyez-moi donc aussi les hommes de ma section qui seraient de trop sur le talus. »

La colonne entière, formée du 12e, sous les ordres du colonel von Narciss, se porta en avant.

— « Sapristi! Tout ce vignoble est rempli de Français... Mon Lieutenant, il nous faut aller plus à gauche, sans quoi, ils vont nous prendre de flanc!

— « En effet, ils se sont fortement déployés, mais où est donc notre patrouille de gauche?

— « Elle est là-bas, derrière cette clôture.

— « Bien... Direction, la petite maison aux volets verts! Debout!... Pas gymnastique, marche! »

Nous y fûmes vite arrivés.

Alors commença de notre part un véritable tir à la cible. Les Français, de leur côté, ne se montraient pas inactifs et nous tiraient dessus avec une rare énergie; ils remplaçaient par le nombre ce qui leur manquait en justesse de tir et en sang-froid, mais ne nous firent cependant pas beaucoup de mal.

Nous avions occupé toutes les maisons dispersées çà et là et tirions par les fenêtres et les lucarnes, en ne laissant voir que juste ce qu'il fallait pour pouvoir viser.

Les balles françaises n'atteignaient guère que les murs qui se trouvaient entre les fenêtres; elles tombaient aussi parfois dans les chambres, mais ne nous causaient aucun mal.

— « Où est-il? » cria soudain quelqu'un qui arrivait en faisant un bruit formidable. C'était mon vieil ordonnance Pfefferlé qui entrait ainsi dans la pièce que j'occupais; il se jeta sur moi et me tendit la main.

— « Mon Lieutenant, me cria-t-il, j'avais entendu dire que vous étiez là ; ma place est auprès de vous. »

Le brave garçon devait payer de la vie son attachement à ma personne ; il fut frappé à mort dans les vignes des Aubrays ; peut-être eût-il été épargné s'il fût resté sur le talus du chemin de fer.

Petit à petit, plusieurs de mes chasseurs de la 3e section m'avaient rejoint ; je n'avais pas le temps de m'occuper beaucoup d'eux, car les Français retenaient fortement toute mon attention.

— « Si seulement je pouvais savoir quels sont ces soldats là-bas qui portent des pantalons gris ; ils se battent, en somme, très courageusement..... Mögele, tirez-moi donc sur cet officier qui s'appuie si bien sur une croix.

— « De suite, mon Lieutenant ; et s'adressant à un camarade : « Toi, dit-il, veux-tu me tenir ma pipe un instant et surtout ne me la laisse pas éteindre.

— « Bien visé, Mögele, ça y est...!

— « Halte ! Arrêtez, ne tirez plus ! Ces hommes-là viennent pour emporter celui que vous venez de tuer.

— « Mon Lieutenant, sur le talus, tout le monde se porte en avant. »

Je courus à une autre fenêtre afin de me rendre compte par moi-même et regardai du côté du chemin de fer ; en effet, tout le monde se portait en avant vers la gare des Aubrays.

J'aurais été si heureux de pouvoir aussi donner l'ordre d'attaquer! J'en avais des fourmis dans les jambes, mais cela ne pouvait être : la vigne qui se trouvait à gauche de la gare était encore trop fortement occupée, et nous devions empêcher à tout prix un mouvement tournant de se produire sur notre aile gauche.

Chaque poussée en avant de l'ennemi vers le talus du chemin de fer pouvait compromettre à jamais la prise de la gare par nos troupes.

Il nous fallait donc tenir où nous étions et continuer à tirer, afin d'enlever à ces messieurs les Français l'envie de se porter vers la station.

— « Hausse 300 pas! Visez les genoux de ceux qui se tiennent debout; visez en dessous pour les autres! »

Nous dûmes soutenir, pendant près d'une demi-heure, un véritable duel de feu; l'ennemi échelonné dans les vignes comptait de 200 à 250 hommes; il eût été fou de notre part de tenter une attaque.....

Entre temps, le 3e bataillon du 12e et notre 3e compagnie avaient pris d'assaut la gare.

Il est pénible, certes, de voir ses camarades s'élancer à la victoire, tandis qu'on est soi-même immobilisé et dans l'impossibilité de prendre sa part du succès; mais on ne peut et on ne doit considérer, en pareille matière, que l'intérêt général. La personnalité de chacun doit s'effacer, elle n'est qu'un chiffre; on ne peut tenir compte de la volonté et des désirs intimes des individus; une seule pensée doit animer et guider le soldat, pensée qui pourrait se traduire ainsi : « Fais tout ce qui est en ton pouvoir pour faciliter la victoire, quand bien même il t'en coûterait. »

La lutte que nous avions soutenue dans cette ferme, à l'est des Aides, ne nous causa heureusement pas beaucoup de pertes : en tout, un blessé grièvement et trois légèrement.

Nous ne nous y sommes pas couverts de gloire, c'est entendu, mais une chose devait nous consoler, c'est de nous dire que nous avions soutenu indirectement les nôtres, pendant qu'ils montaient à l'assaut de la gare, en protégeant leur flanc gauche d'une attaque ennemie.

Quand la gare fut occupée, et que les Français sentirent qu'ils allaient être débordés, ils abandonnèrent leurs positions et se replièrent dans la direction d'Orléans.

Je les fis poursuivre, pendant quelque temps encore, de mes feux, puis j'avançai avec ma troupe jusqu'à la hauteur de la gare.

Celle-ci avait été mise en état de défense par les Français d'une façon parfaite et fortifiée à l'aide de palissades.

Bientôt, je pus découvrir une nouvelle partie du terrain qui, jusqu'alors, m'avait été caché par une colline couverte de vignobles; je vis devant moi une usine à gaz que venait d'attaquer un bataillon du 12e; à sa gauche, des vignes dans lesquelles se tenait abritée une ligne très étendue de tirailleurs français.

Il me fallut, à ce moment, calmer de nouveau l'ardeur combative de mes chasseurs; ils ne demandaient qu'à se joindre à ceux qui allaient prendre d'assaut l'usine, pour avoir leur part aussi du succès.

Mais il me fallait, comme tout à l'heure, veiller à toute surprise désagréable sur notre gauche; je m'arrêtai donc et commandai le feu à 450 pas. C'était évidemment ce que j'avais de mieux à faire; c'était même, à mon avis, indispensable.

Qu'il me soit permis de dire cependant que cela ne m'allait pas du tout de faire ainsi exécuter des feux, tandis que j'aurais pu si bien monter à l'assaut et faire usage de mon sabre, comme jadis à Beaumont et à Sedan.

Nous avions été véritablement gâtés à cette époque! Nous croyions qu'une bataille n'était pas complète sans un bel assaut; mais il nous fallut devenir plus modestes dans la suite et nous contenter souvent de rester, comme des bêtes, collés à la terre d'où cherchaient à nous déloger des forces cinq fois supérieures.

J'étais assez soldat cependant, malgré mes vingt et un ans, pour reconnaître que, dans le cas présent, l'abandon de notre position eût permis à l'aile droite française un enveloppement complet de nos troupes, ce qu'il fallait à tout prix éviter.

Pendant ce temps, notre situation était devenue, peu à peu, fort désagréable ; nous n'étions pas abrités, et les Français, quoique maladroits, en tirant beaucoup me firent subir des pertes pénibles.

On dut se rendre compte, d'autre part, que l'attaque de l'usine à gaz avait été tout au moins prématurée et menée avec des effectifs insuffisants.

Les Français prenaient, à présent, l'offensive de tous côtés avec des forces bien supérieures aux nôtres, et obligeaient bientôt nos braves camarades du 12e à battre en retraite, malgré une résistance héroïque.

Je dois dire que les troupes que nous avions en face de nous étaient absolument remarquables ; c'étaient, comme je l'appris d'un blessé, des zouaves pontificaux, commandés par un certain capitaine Le Gonidec ; ils n'étaient autres que ces tirailleurs vêtus de gris dont j'ai déjà parlé et qui, durant toute la journée, nous avaient donné tant de mal.

La retraite du 12e se continua malheureusement jusqu'à la gare ; l'ennemi avançait toujours et la position que j'occupais moi-même fut également attaquée par des forces bien supérieures.

Je compris de suite qu'il ne nous serait pas possible d'arrêter nos adversaires, découverts comme nous l'étions, en pleins champs, et que bientôt, si je restais là, je masquerais le feu venant de la gare ou serais englobé dans sa gerbe.

Il ne me restait donc rien de mieux à faire que de retourner au talus du chemin de fer et de le suivre jusqu'à la gare pour coopérer à sa défense.

Je donnai mes ordres en conséquence : quelques coups de sifflet, et peu après toute ma troupe était rassemblée au complet sur la voie ferrée.

Je tombai là sur mon commandant de compagnie, le lieutenant baron zu Rhein qui, avec un sang-froid dont il avait le secret, dirigeait le feu de ses hommes sur les vignes des Aides et celles situées à l'ouest de la ligne occupée par les Français.

Comme je ne pouvais me rendre utile à cet endroit, et qu'en somme je n'appartenais pas encore à ma compagnie, je me rendis à la gare, ainsi que je l'avais décidé.

J'y trouvai, en arrivant, le lieutenant baron de Waldenfels, de mon bataillon, qui venait d'assumer, de la façon la plus énergique, la défense de ce point capital.

Nous occupâmes aussitôt les meurtrières qui restaient libres et prîmes part de notre mieux au feu dirigé contre les Français dont les lignes avançaient de tous les côtés.

— « Oh ! voilà qui est bien visé ! »

Je venais de recevoir une formidable gifle; un projectile avait arraché un morceau de bois de la palissade à côté de laquelle je regardais, et ce débris m'avait éraflé la joue.

Quelques gouttes de sang, et ce fut tout; deux jours après on ne voyait plus rien.

Il ne s'en fallut pourtant que de 5 centimètres pour que la balle m'entrât dans la tête; elle m'eût évité bien des bêtises que je devais faire plus tard.

Ai-je été protégé, à cette minute, par une prière de ma mère? Je ne sais, bien certain cependant qu'elle dut prier pendant toute la campagne pour appeler sur son fils la protection du ciel.

Peut-être a-t-elle pensé à moi à cette heure si grave?.....

. . . .

La violente fusillade que nous dirigions de la gare sur l'ennemi, en lui infligeant de grosses pertes, l'obligea à s'arrêter et permit au 12e de se ressaisir. En même temps, la 4e brigade, dans un combat de maison à maison, s'emparait du long village des Aides.

Profitant de ce que l'ennemi, en face de la gare des Aubrays, paraissait quelque peu ébranlé, le 12e tenta, vers 5^{h}30 du soir, une nouvelle attaque contre cette usine à gaz qu'il avait déjà prise une fois.

Comme j'étais encore indépendant à ce moment, puisque je commandais toujours mon détachement de reconnaissance, composé d'hommes de provenances diverses, et qu'en somme j'avais été suffisamment patient toute la journée, j'emmenai avec moi les chasseurs que j'avais sous la main, et me joignis à la colonne d'assaut.

Ce fut une joyeuse poussée, à laquelle nous ne prîmes cependant qu'un demi-plaisir, car l'ennemi se mit à battre en retraite avant que nous ayions pu l'atteindre à la baïonnette.

L'usine à gaz nous resta facilement entre les mains; de là, nous poursuivîmes de nos feux l'ennemi qui fuyait devant nous jusqu'à ce qu'il eût complètement disparu..... et c'est ainsi que se termina pour nous la bataille.

A notre droite aussi, la fusillade cessa bientôt; rien n'eût pu dénoter qu'un long et meurtrier combat venait de se dérouler là, si ce n'était l'incendie des faubourgs d'Orléans éclairant le ciel, tandis qu'un superbe coucher de soleil jetait ses rayons d'or sur toute la région.

Nous apprîmes bientôt, par les patrouilles de tête, que l'ennemi avait été complètement battu; c'était donc une nouvelle victoire remportée par nos troupes, une ville riche et puissante qui tombait entre nos mains.

Orléans fut occupée par toute la 1re division, ainsi que par des détachements de la 22e division prussienne.

Je pensai à écrire vite une carte postale à mes parents :

— « Ai combattu à Orléans, tout va bien; salut de votre dévoué fils Charles. »

Et le devoir me rappela.

Je rassemblai mes hommes et les conduisis, comme il avait été convenu dès le début, vers les ambulances où je devais retrouver notre lieutenant en premier, M. de Schrenk.

En cours de route, nous apprîmes que, pendant la bataille, notre bataillon de chasseurs avait été passablement éprouvé; deux de ses officiers étaient morts, plusieurs avaient reçu des blessures, beaucoup d'hommes se trouvaient hors de combat.

Notre brigade était celle qui avait le plus souffert de tout le corps d'armée; celui-ci avait perdu, ce jour-là, 40 officiers et 537 hommes.

Je fus personnellement très peiné de la blessure que reçut mon camarade d'école, le lieutenant baron von der Tann dont une balle avait traversé la hanche.

Il faisait déjà très nuit quand je trouvai enfin le chef de notre détachement; le lendemain, il me donna la permission de me rendre à l'état-major de notre corps, afin d'y solliciter la dislocation de notre petite troupe dont la mission était à présent terminée.

Je partis à cheval de bon matin pour Orléans.

Le spectacle qui se déroulait sous mes yeux était des

plus variés : colonnes de toutes armes, trains de munitions, ambulances, voitures de bagages, chevaux tenus à la main, troupes en marche, parmi lesquels il n'était pas facile de se frayer un passage dans les rues étroites des Aides encore en partie en flammes, pas plus qu'ensuite dans le faubourg Bannier à Orléans.

Je finis par arriver sur de larges boulevards faisant, autour de la ville, un vaste demi-cercle ; il y régnait une animation toute guerrière ; des bataillons bivouaquaient sous les grands arbres, à côté d'autres bataillons, puis des batteries, des escadrons ; et toutes ces unités se dépêchaient de remettre en état leurs armes et leurs équipements afin d'être de nouveau prêtes à continuer la bataille.

Dans Orléans, le va-et-vient n'avait pas de cesse ; des officiers de toutes armes arrivaient dans la ville apportant, l'un des renseignements, l'autre cherchant des ordres ; tous admiraient la beauté des rues et restaient en extase devant la magnifique place du Martroi au milieu de laquelle s'élève la Pucelle de bronze.

Les civils commençaient à sortir de leurs maisons et nous observaient avec la plus grande curiosité ; il y en avait beaucoup aussi qui nous contemplaient avec une animosité visible ; ils suivaient avec des yeux de rage leurs vainqueurs germains qui, eux, vaquaient à leurs affaires si tranquillement et si paisiblement qu'on les eût crus, non pas en pleine guerre, au milieu d'une ville ennemie et conquise, mais aux grandes manœuvres dans quelque amicale localité de leur propre patrie.

J'obtins bientôt les indications que j'étais venu chercher et, satisfait, je retournai auprès de mes hommes; j'avais pris soin cependant d'acheter, au préalable, à l'hôtel de la Boule-d'Or, deux bouteilles de champagne que je plaçai dans mes sacoches.

Quelques heures après, mon petit détachement se séparait.

Cela me fit certes de la peine de quitter la plupart de ces braves gens que j'avais eus sous mes ordres, au cours de la plus intéressante et la plus mouvementée des reconnaissances, mais j'étais heureux aussi de retourner à mon bataillon.

Notre bon lieutenant-colonel nous y reçut avec des mots d'amitié; il savait déjà par ouï-dire que nous nous étions bien comportés hier à la gare des Aubrays.

Vers midi, nous entrâmes dans Orléans au son de la musique.

Je fus logé, avec mes camarades Schmeckenbecher, Müller et Gullmann, chez un M. Bourgeois, au faubourg de Bourgogne, assez médiocrement du reste.

Quelque temps après, je fus nommé à l'état-major de la 3e brigade, comme officier d'ordonnance. Alors commença pour moi l'époque la plus intéressante et la plus instructive de ma vie d'officier.

Je m'y reporterais avec plaisir, si jamais le sort voulait que je prisse part, en France, à une nouvelle campagne victorieuse, car, certes, une guerre future ne comportera plus autant d'événements divers qu'il s'en présenta au cours de ces quelques semaines, du milieu d'octobre 1870 au commencement de janvier 1871.... et, en admettant que cela fût, qui me dit que j'appartiendrai au corps d'armée que favorisera la fortune?

XI

ORLÉANS ET SES ALENTOURS

La Chapelle, près d'Orléans, 30 octobre 1870.

« Mes chers Parents,

« Ma bonne petite Sœur,

« Je profite de quelques instants de tranquillité pour vous écrire une longue lettre dans laquelle je vous donnerai force détails sur notre séjour à Orléans.

« D'abord les bonnes nouvelles : j'ai été nommé officier d'ordonnance à l'état-major de la brigade. Finies donc les interminables marches dans la poussière des colonnes ; je monte à cheval à présent et me promène de tous côtés, en avant, en arrière, partout enfin où va le général.

« Dans mes moments de loisir, je fais des randonnées aux environs d'Orléans et serais allé déjà jusqu'à Beaugency, si je n'avais été arrêté par quelques moblots qui me tiraient dessus.

« En somme, mes chers Parents, tout va pour le mieux, et j'espère qu'il en est de même chez vous.

« Écoutez maintenant la vie séduisante que nous menons ici depuis le 11 octobre.

« Vous savez déjà comment, ce jour-là, je suis arrivé dans la ville, après la bataille.

« Nous avions été logés, les trois officiers de la compagnie et moi, chez un M. Bourgeois, un Français désagréable, chez lequel nous n'avons jamais été à notre aise. Aussi sortions-nous le plus souvent possible pour visiter à fond les curiosités d'Orléans.

« C'est une ville magnifique d'environ 49.000 habitants; elle est entourée presque entièrement de larges et beaux boulevards qui ont pris la place des anciens remparts et que la Loire borde en décrivant une grande courbe.

« Le joyau d'Orléans est la « place du Martroi ». C'est là que se trouve la plus importante des trois statues élevées à Jeanne d'Arc, la libératrice de la ville.

« Il faut y regarder de très près pour reconnaître en elle l'image d'une jeune fille et non pas celle d'un général de cavalerie. Elle monte selon les règles, à la manière des hommes, et n'est pas mal assise; seuls ses talons pourraient être un peu plus bas.

« Il a bien fallu que je m'aperçoive de tout cela, puisque, depuis huit jours, je suis cavalier; mais, je t'en prie, ma petite Sœur, ne te moque pas de moi.

« Je vous disais donc que notre Jeanne d'Arc montait à cheval comme un homme; elle regarde fièrement devant elle en tenant son épée dirigée vers le sol.

« Mon hôte, chez qui je loge, prétend qu'elle incline son arme devant Dieu, en signe de reconnaissance pour la victoire qu'il a bien voulu lui accorder, mais alors, pourquoi ne baisse-t-elle pas aussi les yeux, la tête et surtout le nez dont l'attitude irrespectueuse manque absolument de piété et de résignation.

« Il y eut, bien longtemps encore après notre arrivée, des couronnes autour de la statue, avec toutes sortes d'inscriptions. L'une d'elles portait en grosses lettres d'or, sur un large ruban : « Sauvez la pauvre « France ! »

« Inutile de dire que nous ne tenons aucun compte de ces plaisanteries et que nous abandonnons aux Orléanais leurs désobligeantes prières à notre intention.

« Il existe encore à Orléans d'autres vierges de bronze ou de pierre, que je veux vous décrire.

« La seconde se trouve à l'extrémité du magnifique pont de la Loire, en face du faubourg Saint-Marceau; elle est de la même composition que la première, sur piédestal de marbre orné de bas-reliefs.

« Celle-là représente vraiment une femme.

« D'abord, elle ne monte pas à cheval, elle porte un joli costume féminin assez flou, et n'offre pas un visage effrontément masculin comme le général de cavalerie de la place du Martroi. Tenant un drapeau de sa main gauche, elle dirige son épée vers la terre et semble montrer le chemin aux troupes qu'elle mène à la victoire.

« Sa figure n'est toujours pas d'une extrême candeur, mais je dois dire cependant que l'ensemble produit une impression agréable, presque belle.

« La troisième, que je préfère de beaucoup, se trouve dans la cour de l'hôtel de ville. Celle-là est vraiment une jeune femme, pas très jolie peut-être, mais digne et recueillie ; elle a mis de côté son casque et son gantelet, tient ses mains croisées sur la poitrine et baisse humblement la tête vers la croix que forme son épée, pour remercier Dieu des grandes choses qu'il lui a permis d'accomplir.

« Cette dernière image ne permet pas de mauvaise plaisanterie; elle vous émeut quoiqu'elle soit la plus petite et la plus modeste des trois vierges d'Orléans. Les autres nous font penser à de ces Parisiennes parées pour quelque grand ballet.

« Je vous l'ai déjà écrit, Orléans est une ville charmante; elle possède de bien jolies rues, et de ravissantes constructions de style « Renaissance ». Parmi celles-ci, la maison de Diane de Poitiers me plaît tout particulièrement; celle du roi François Ier, dans la rue Recouvrance, est fort intéressante, ainsi que celle d'Agnès Sorel, dans la rue de Taboury.

« Pour avoir une idée de ce qu'est la rue Jeanne-d'Arc, entre 5 et 6 heures du soir, imaginez-vous une belle voie droite et longue, bordée d'agréables trottoirs avec, sur les côtés, des magasins brillamment éclairés, dans le genre de la Maximilienstrasse à Munich. Des officiers se promènent d'un bout à l'autre en traînant leurs sabres et en fixant avec sans-gêne les jeunes filles dans les yeux. Au milieu de la rue, des hussards à cheval, des dragons, des chevau-légers, des cuirassiers, tous pêle-mêle.

« C'est l'heure à laquelle tous ces messieurs, qui sont venus pour visiter la ville, retournent à leurs cantonnements; de là cette grande quantité de cavaliers.

« Je suis allé, à différentes reprises, admirer la superbe cathédrale, dite de Sainte-Croix, une véritable merveille gothique. Elle n'a rien de commun, en fait de style, avec nos dômes de la même époque, et quoique d'un art différent, elle les égale en beauté.

« On est surpris surtout de voir ces clochers « rasés » donnant l'impression, à première vue, qu'il y manque les pointes, mais on s'y habitue très vite et l'on finit par trouver cette particularité toute naturelle.

« La même observation s'applique aussi à la cathédrale de Reims et à « Notre-Dame-de-Paris ».

« Ceci m'amène à vous raconter une histoire très gaie qui se passa, ces jours derniers, à Orléans.

« Au cours de l'après-midi du samedi 22, l'ordre

arriva subitement qu'il y aurait le lendemain un service religieux, et que la musique du 1er bataillon de chasseurs aurait à y prêter son concours.

« Grand fut l'embarras de notre chef de musique; les principaux morceaux de son répertoire se trouvaient probablement encore à Longjumeau avec les gros bagages; les musiciens n'avaient sur eux que leurs petits livres de poche qui ne contenaient que des marches et des danses, mais certes pas le moindre morceau religieux.

« La musique connaissait bien par cœur « la prière « après la retraite » mais il ne lui était pas possible, surtout devant la garnison assemblée, de jouer toujours et indifféremment le même morceau, que ce soit pour l'introït, pour l'épître, pour l'offertoire, pour la préface ou pour d'autres parties de la cérémonie.

« Esterl, c'est ainsi que s'appelle notre chef de musique, était, vous le pensez bien, fort perplexe.

« Je lui suggérai une idée : « Écoutez, lui dis-je, « faites donc jouer quelques valses déjà fort lentes, en « traînant le plus possible. Vous verrez que tout ira « bien et que l'on n'y verra que du feu. En admettant « même qu'on s'aperçoive de quelque chose, personne « ne soufflera mot. Dans de pareils cas, on fait ce que « l'on peut. »

« Esterl m'écouta..... et le dimanche, notre musique joua à la grand'messe des valses si délicieuses, que tout le monde en fut littéralement ravi. Ses mélodies, bien cadencées, résonnèrent si superbement sous les voûtes spacieuses de l'énorme édifice, que moi-même, qui savais ce qu'on jouait, j'en fus émerveillé.

« Tout le monde murmurait après le service religieux : « Ces chasseurs sont endiablés ! » Et Esterl reçut plus d'un compliment. Seul le capitaine Gries, très versé dans l'art musical, fit une assez drôle de figure. Il prit à part le chef de musique, lui parla quelques instants, puis partit d'un éclat de rire formidable.

« Même les Français, étonnés déjà de voir ces diables bleus aller à l'église tout comme des gens civilisés, et dans une église catholique encore, avaient été très impressionnés par notre musique. Ils n'en pouvaient croire leurs yeux ni leurs oreilles, en apercevant nos hommes suivre si convenablement la messe et en écoutant nos imposantes mélodies.

« Et, à les considérer, on pouvait penser que leurs défenseurs en pantalons rouges n'étaient pas capables d'en faire autant.

« Ce qui rend Orléans très agréable, c'est la Loire. Son grand pont de pierre, avec ses arches massives, me rappelle en tous points celui de Ratisbonne ; il ne lui manque que le « Gockel » et le Saint-Népomucène.

« Le fleuve est bordé, particulièrement sur la rive

droite, de magnifiques quais dont l'ensemble, principalement le soir à la lueur du gaz, forme un spectacle charmant. Un peu au-dessus du pont se trouve l'île Charlemagne d'où la vue aussi est des plus agréables.

« Le 21 octobre, l'ordre arriva de ramener sur la rive droite tous les canots et autres moyens de transport pouvant servir à faire passer des troupes, et de les chavirer pour les rendre inutilisables.

« Quant aux ponts, celui du chemin de fer et celui dont je viens de parler, tout était prêt depuis longtemps pour les faire sauter, de sorte que nous pouvions, à tous moments, si les Français arrivaient du sud en forces supérieures, leur rendre impossible le passage de la Loire à Orléans.

« Sur la rive gauche, et tout près du pont, se trouvait un gros bateau, aménagé en établissement de bains, avec de hautes cabines ; c'était une véritable trouvaille pour notre compagnie du génie chargée de détruire les moyens de communication.

« Ils eurent vite fait de traverser le fleuve sur leurs canots et d'escalader le bateau en question.

« Sur l'île, une bande de gamins prenaient leurs ébats ; ils jouaient, sans aucun doute, aux brigands ou à la « guerre », car il y avait parmi eux des vainqueurs et des vaincus, ces derniers représentant des Allemands, bien entendu.

« Quand ces garnements virent nos hommes monter

sur le bateau, ils s'approchèrent en curieux, et cherchèrent à savoir ce qui allait se passer. Ils ne furent pas longs à se rendre compte, en observant les gestes de nos soldats, et en voyant tendre des cordes sur l'autre rive, qu'on avait l'intention d'y amener le fameux bateau.

« Un effronté demanda si ses camarades et lui ne pourraient pas profiter de cette occasion pour passer sans payer. Le lieutenant du génie qui dirigeait l'opération leur accorda la permission, et aussitôt une trentaine de jeunes Français allèrent s'asseoir sur le bateau.

« Une foule de plus en plus grande, massée sur le pont et sur les quais, assistait au travail de nos pontonniers, sans y rien comprendre.

« Le bateau se mit en route ; les gamins crièrent de joie comme une bande d'oiseaux.

« Tout à coup, au beau milieu de la Loire, halte !

« Le lieutenant fit alors monter tous les gamins sur les toits des cabines et, ceci exécuté, commanda d'enlever les échelles dont ils s'étaient servis pour y grimper.

« Un silence de mort se mit à régner.

« Pendant ce temps quelques-uns de nos hommes avaient ancré le bateau, d'autres avaient mesuré la profondeur de l'eau, d'autres s'étaient occupés sur le pont. Soudain l'officier et tous ses hommes sautèrent dans leurs canots amarrés sur le côté, et regagnèrent le rivage à force de rames.

« Le gros bateau resta seul au milieu de la Loire, avec les trente petits Français.

« Au début, ce fut un rire général; seuls nos gaillards, sur les toits, faisaient des figures toutes déconcertées.

« Mais voilà que tout à coup le bateau commença à s'enfoncer.

« La première remarque en fut faite par les spectateurs français qui se trouvaient sur le pont, où je me tenais moi-même.

« Ce qu'il y eut de cris jetés à ce moment-là est inimaginable!

« Vous pouvez bien penser qu'on ne nous envoyait pas de compliments; mais vraiment l'histoire était trop drôle, il nous fallait en rire, d'autant plus que nous nous rendions très bien compte que l'eau n'était pas assez profonde pour passer par-dessus le bateau; nous le tenions de l'officier du génie lui-même qui prétendait qu'elle n'arriverait même pas à mi-hauteur des cabines.

« Cependant le bateau s'enfonçait de plus en plus.

« Si vous aviez vu nos Français! Ils en devenaient presque agressifs et se seraient, je crois, livrés à des voies de fait, si la vue de nos sabres, qui brillaient d'une façon peu engageante, ne les avaient tenus en respect.

« Un homme vint à moi, les mains suppliantes, et me

demanda ce qu'on allait faire de ces pauvres innocents.

— « Les noyer comme des petits chats » — lui répondis-je brièvement.

« L'émotion devenait de plus en plus grande; je m'entendis appeler « assassin de Prussien ».

« Cependant, les gosses s'étaient rendu compte de l'aventure, et naturellement ils prenaient leur part dans le concert.

« Ce fut un vacarme infernal.

« Des hommes voulurent s'élancer contre les pontonniers tranquillement assis dans leurs canots, mais ceux-ci se tenaient quelque peu éloignés du bord, ils ne purent y arriver.

« Il faut dire en passant que des soldats avaient reçu l'ordre de se porter immédiatement au secours de ceux des gamins assez imprudents pour se jeter volontairement à l'eau. Aucun ne le fit, du reste.

« Enfin le bateau cessa de couler; l'eau n'arrivait même pas à moitié de la hauteur des cabines.

« Le public, qui s'était montré de plus en plus exalté, ne tarda pas à se rendre compte lui-même de la réalité. J'appris ainsi à connaître le caractère français sous un nouveau jour : à peine tous ces gens eurent-ils compris la farce qu'ils retrouvèrent immédiatement leur bonne humeur.

« C'était à qui rirait le plus et plaisanterait nos

pauvres prisonniers; on se serait cru tout simplement au théâtre.

« Seuls les gamins sur le bateau n'étaient pas satisfaits; ils se tenaient toujours résignés sur leur toit; plusieurs d'entre eux continuaient à pleurer.

« Quelques-uns cependant, rassurés, se complurent à prendre des allures théâtrales, et semblaient dire très crânement : « Nous sommes heureux de mourir pour « notre patrie. »

« On les laissa assez longtemps encore au milieu de la Loire; nos soldats du génie terminèrent d'abord ce qu'ils avaient à faire et détruisirent tout ce qui pouvait servir à la traversée du fleuve.

« Ce n'est que tard dans la soirée qu'on envoya chercher avec des canots, pour les ramener à terre, les pauvres petits isolés qui, sitôt débarqués, filèrent comme des chiens mouillés.

« Puis on troua les derniers canots pour les faire sombrer.

« Chers Parents, laissez-moi maintenant vous parler de la joyeuse vie d'hôtel que nous menons ici.

« Les trois premières maisons d'Orléans sont occupées par nos trois quartiers généraux.

« L'état-major du corps d'armée se trouve à la « Boule d'Or », établissement des plus tranquilles; quant aux états-majors de division, ils occupent les hôtels du Loiret et d'Orléans, beaucoup plus gais.

« A l'hôtel d'Orléans, où je suis, j'ai déjà bu plus de champagne à moi tout seul, que pendant mon existence entière en Allemagne. Je dois dire que nous possédons suffisamment d'argent pour nous permettre de nous procurer tout ce que nous désirons.

« Il m'est arrivé, il y a quelques jours, en compagnie d'un camarade de la landwehr, une histoire qui dut me faire paraître bien ridicule.

« Nous avions commandé un bon dîner (9 fr. par tête sans le vin), au cours duquel, entre autres excellentes choses, on nous servit des artichauts.

« Je n'avais jamais vu de ces légumes à la maison, et Prestlé, mon camarade, quoique forestier, ne les connaissait pas davantage.

« Le garçon nous apporta, en même temps, de l'huile et du vinaigre, puis s'en alla. Contemplant d'abord sur toutes leurs faces ces belles plantes vertes qui ressemblaient à de grosses pivoines épanouies, nous versâmes dessus de l'huile et du vinaigre, puis nous les coupâmes consciencieusement avec nos couteaux pour en manger quelques feuilles.

« Mais nous ne pûmes les avaler tellement c'était coriace; après des essais renouvelés, nous dûmes, Prestlé et moi, y renoncer.

« Pendant tout le temps qu'avait duré cette scène, les garçons n'avaient cessé de nous regarder d'un air quelque peu ironique; j'en conclus que certainement nous avions dû mal nous y prendre.

« Nous en fûmes absolument convaincus quand, peu de temps après, trois Français, de ceux que l'on appelle généralement ici des « paysans », arrivèrent, dînèrent aussi et se firent servir des artichauts.

« Nous les vîmes prendre les feuilles avec leurs doigts par la pointe, les arracher, les tremper dans le vinaigre et les passer entre leurs dents.

« Nous n'osâmes pas redemander immédiatement des artichauts, mais le lendemain, à l'hôtel du Loiret, en compagnie de plusieurs officiers de la 1re division, je m'en fis servir pour commencer, et les savourai à la mode française, me régalant délicieusement.

« Un de mes voisins, qui lui aussi n'avait jamais rencontré de ces légumes, s'étonna de me les voir manger ainsi.

— « Mais oui, lui dis-je, c'est ainsi que cela « goûte; vous ne le saviez donc pas? » — et je parus très étonné d'une pareille ignorance.

— « Non, me répondit-il, chez nous, dans nos forêts « de pins, il ne pousse pas de ces plantes-là; j'en mange « pour la première fois. »

« J'aurais aimé, si je l'avais mieux connu, lui raconter mon expérience de la veille, mais nous n'étions pas assez intimes, et je me contentai de murmurer : — « Chez nous, dans le Palatinat, nous sommes plus « favorisés, tout y pousse. »

« Croyez bien, chers Parents, que je n'ignore plus maintenant comment on mange les artichauts à la vinaigrette.

« Le 23 octobre, notre brigade reçut l'ordre d'abandonner Orléans. J'eus le plaisir, ce jour-là, de me faire voir pour la première fois dans mes fonctions d'officier d'ordonnance.

« J'ai reçu, comme monture, un superbe cheval noir, ce qui ne m'empêche pas, si cela me fait plaisir, de monter d'autres chevaux appartenant à l'état-major.

« Vous ne pouvez vous imaginer avec quelle fierté je galope d'un bout de la colonne à l'autre !

« Je ne puis en croire mes yeux, tellement je suis heureux !

« Et mon cheval noir — une capture du 11 octobre — se comporte à la perfection ; il saute à merveille ; je l'ai baptisé « Orléans ».

« Pour le moment donc je suis satisfait du sort qui m'est réservé à vingt et un ans, et je ne me souhaite plus rien si ce n'est quelques combats heureux au travers desquels me portera mon brave « Orléans », et puis..... qui sait ? cela viendra peut-être plus tôt que je ne l'espère. N'ai-je pas entendu dire déjà que j'avais été l'objet d'une proposition ? (1)

---

(1) Je reçus, peu de temps après, au titre de « Sedan », l'ordre bavarois du Mérite militaire.

« Notre brigade devait donc se porter en avant et prendre les avant-postes, tout contre la forêt de Marchenoir où les Français se trouvaient, paraît-il, en masses.

« Notre état-major s'arrêta à La Chapelle, distante d'environ 3 kilomètres de la porte Sainte-Madeleine d'Orléans.

« Je suis très convenablement logé chez un M. Leroy, homme extrêmement aimable.

« Le village est admirablement situé. La Loire coule tout contre le jardin de ma maison ; elle est bordée d'un délicieux sentier qui la suit jusqu'à Orléans.

« Je dois vous dire qu'il y a ici un grand séminaire dépendant de l'évêque d'Orléans, le célèbre Mgr Dupanloup ; il fallait bien établir une voie de communication pratique entre son palais, en ville, et le séminaire de La Chapelle ; de là ce bon chemin dont je viens de vous parler.

« J'ai rencontré, il y a quelques jours, ce petit homme invisible, aux yeux perçants, et j'ai dû lui déplaire profondément.

« On m'avait chargé de porter un renseignement à la division et naturellement je m'étais mis au galop sur le sentier épiscopal.

« Chemin faisant je l'aperçus et le reconnus vite à sa soutane de soie violette.

« Je le saluai.

« Il fit, en me voyant, une méchante grimace et porta

avec insistance les yeux sur chaque foulée de mon cheval noir.

« Peut-être craignait-il qu'en me promenant ainsi, je fis glisser son joli sentier dans les profondeurs de la Loire.

« Je ne regrette qu'une chose à La Chapelle, ce sont mes chasseurs.

« Ils se trouvent actuellement aux avant-postes à Huisseau-sur-Mauve, en compagnie des hussards de la division de cavalerie du comte Stolberg. Je vais souvent leur rendre visite.

« Il m'arrive aussi fréquemment de faire de très jolies promenades à l'occasion de reconnaissances dont on me charge à l'extérieur; c'est ainsi que, dans le but d'étudier le terrain pour certaines éventualités, j'ai parcouru Coulmiers, Baccon, Bardon et Meung.

« Il n'est pas toujours sans danger de s'en aller ainsi à l'aventure : avant-hier, par exemple, comme je me disposais à repasser par Saint-Ay, où se trouve le 12e, afin de regagner Meung et Beaugency, je fus salué par une demi-douzaine d'individus qui, des hauteurs de Messas, m'envoyèrent des coups de fusil.

« Il y avait heureusement entre eux et moi une assez grande distance, 600 mètres au moins, mais les balles de chassepot me sifflèrent quand même très désagréablement aux oreilles et me firent reprendre vite le chemin de la maison.

« J'ai rencontré, parmi mes camarades prussiens de la division, de très gentils garçons.

« Un après-midi nous sommes allés ensemble faire la fête à Huisseau. Fort heureusement pour moi, mon cheval connaissait la route !

« Nous nous amusâmes beaucoup ce jour-là de voir notre lieutenant en premier, le baron Reitzenstein, du 4e chevau-légers, se présenter à un lieutenant de hussards qui, lui aussi, s'appelait « baron Reitzenstein ».

« Ils portaient tous deux le même nom, ne se connaissaient pas, et n'étaient même pas parents.

« Il y a, aux avant-postes, des moments très désagréables ; nous apprenons journellement que des patrouilles ont été attaquées, ou même exterminées.

« Je dois dire que, d'une façon générale, les Français deviennent de jour en jour plus insolents. C'est ainsi qu'ils ont essayé d'arracher de son cheval et de frapper à mort mon camarade d'école Gienanth, des chevau-légers, qui est de Hochstein, dans le Palatinat, et que vous connaissez. Mais ils se trompèrent d'adresse.

« Gienanth dégaina, frappa de droite et de gauche si fort que plusieurs paysans y laissèrent de leur peau, puis il donna de l'éperon et se fraya un passage dans la foule.

« J'aurais bien voulu l'entendre jurer, il s'y entend si bien !

« Pensez donc, mon pauvre ami Louis von der Tann,

également un ancien camarade de l'École de guerre, se trouve grièvement blessé à Orléans.

« Il fut frappé d'une balle, non loin de cette gare où je faillis être tué moi-même par un zouave pontifical; le projectile lui traversa la hanche et lui causa de graves lésions internes.

« On crut au début qu'il n'en reviendrait pas, mais aujourd'hui, il semble aller plutôt mieux.

« J'ai été envoyé hier en tournée de réquisition. C'est un métier que je n'aime pas beaucoup, mais qui doit être fait cependant ; heureusement qu'on y est parfois témoin d'aventures comiques dans le genre de celle-ci :

« Il s'agissait de trouver de l'avoine; ce n'était pas facile, car, depuis le 11 octobre, en plus de nos cavaliers bavarois, il y avait trois brigades de cavalerie prussienne qui faisaient main basse sur tout ce qu'elles trouvaient, même sur l'orge que finalement nous donnions en nourriture à nos chevaux.

« Je partis donc sans espoir, accompagné d'un chevau-léger de l'état-major qui, lui, ne désespérait pas de trouver notre affaire.

« Nous visitâmes sans résultat deux fermes qui se trouvaient encaissées au bord même de la Loire, puis nous arrivâmes à une troisième et grande ferme dans laquelle nous aperçûmes aussitôt deux beaux étalons percherons blancs, ronds et dodus.

« Comme nous demandions s'il serait possible d'obtenir de l'avoine, il nous fut naturellement répondu, comme nous en avions l'habitude : « Rien, du tout, du tout. » — Mon chevau-léger ne se déclara pas satisfait ; il ne se tint pas pour battu, car il avait remarqué que, dans le fumier de nos deux étalons, se trouvaient des grains d'avoine. Mais il fallait en trouver la cachette. Nous visitâmes toutes les remises, tous les recoins, mais en vain ; nous ne trouvâmes rien, ni mon chevau-léger, ni le sous-officier de notre escorte, ni un conducteur du train qui nous accompagnait, ni moi-même.

« Le fermier soutenait avec la dernière énergie qu'il nourrissait ses étalons avec de ce foin que nous avions remarqué dans le voisinage, et qui nous avait paru par trop mauvais pour nos propres chevaux.

« Peut-être, pensai-je, trouverons-nous dans la cave ce que nous cherchons. Au mot de « cave », le maître de maison parut visiblement effrayé.

« Était-ce là un indice ?

« Notre homme, cependant, malgré son effarement, prit les devants et nous conduisit dans une belle et grande cave où se trouvaient alignés toute une rangée de respectables tonneaux de vin.

« Pas un seul sac d'avoine.

« Le paysan, croyant que j'allais lui faire une remarque au sujet de son vin, et passablement agité, me raconta que le contenu de ses tonneaux avait été déjà réquisitionné et que ceux-ci étaient vides.

« A l'appui de ses dires, il s'empressa d'aller tourner quelques robinets qu'il laissa ouverts. Rien n'en sortit effectivement.

« Mon chevau-léger ne paraissait cependant pas convaincu; la vue seule de tous ces fûts avait provoqué dans son gosier une soif qu'il avait peine à dissimuler.

« Il prit des mains du Français la lanterne que celui-ci avait emportée, éclaira de sa lueur chaque tonneau, tourna lui-même les robinets les uns après les autres et frappa à coups répétés, de la poignée de son sabre, à des places différentes.

« Le son qui sortit des tonneaux ne résonna pas creux, mais pas cependant comme si ceux-ci avaient contenu du vin.

« Le cavalier subitement dirigea sa lanterne sur le sol, se baissa et ramassa quelque chose; puis il vint à moi, et me montra dans sa main plusieurs grains d'une magnifique avoine.

« Se plaçant alors en face du fermier, il lui mit la main sous le nez et cria : — « Regarde donc, paysan, en voilà de l'avoine! » — C'était là un mot que connaissaient tous nos hommes depuis qu'ils avaient fait leur entrée en France.

« Nous étions renseignés; ce que nous cherchions se trouvait dans les tonneaux. Le propriétaire ne persista pas plus longtemps dans son mensonge; quant à nous, nous mîmes la main sur tous les sacs que nous pûmes trouver et les remplîmes d'avoine jusqu'au bord.

« La plupart des tonneaux en étaient absolument bourrés.

« Lorsque je repris le chemin de mon cantonnement, je rencontrai sur la route de Saint-Ay des camarades, hussards bruns, qui revenaient d'Orléans.

« Ils me demandèrent aussitôt où j'avais bien pu trouver autant d'avoine.

« Je me gardai bien de les renseigner, estimant que si nous devions rester longtemps dans cette région, il pourrait bien m'être agréable plus d'une fois encore de connaître pour notre état-major un bon magasin à approvisionnements que messieurs les cavaliers n'aient pas encore éventé.

« Mes chers Parents, il est temps que je termine ma lettre; vous ne vous plaindrez pas cette fois, je vous ai écrit longuement.

« Si vous en avez l'occasion, envoyez-moi donc de nouveau du chocolat, vous me ferez plaisir.

« Nous serons bien desservis par la poste tant que nous nous trouverons dans la zone d'Orléans.

« Bien des choses affectueuses et des baisers.

« Votre fidèle

« Charles. »

« *N. B.* — N'oubliez pas que ma nouvelle adresse est : « Officier d'ordonnance à l'état-major de la « 3e brigade d'infanterie bavaroise. »

XII

LA BATAILLE DE COULMIERS

Pourquoi les Bavarois du corps de von der Tann parlent-ils si volontiers de Coulmiers ?

Pourquoi, sur plus de dix-huit rencontres heureuses, cette bataille que nous avons perdue compte-t-elle parmi mes meilleurs souvenirs et pourquoi, mes hommes et moi, nous en glorifions-nous plus que d'une grande victoire ?

N'y avons-nous pas battu en retraite (la seule fois, Dieu merci !) abandonnant à l'ennemi le champ de bataille et laissant à sa miséricorde nos morts et nos blessés ?

C'est qu'à Coulmiers nous avons montré que nous savions nous battre même contre des forces bien supérieures et que, conduits par un chef incomparable comme von der Tann, nous étions capables d'accomplir les plus grandes choses qu'il soit possible de demander à des soldats : se défendre avec la certitude qu'à chaque instant la retraite peut être coupée, lutter toute une journée contre des effectifs cinq fois supérieurs, puis battre en retraite en bon ordre tout comme à la parade, malgré des privations et des fatigues antérieures suffisantes à elles seules pour décourager les plus intrépides.

Toutes ces difficultés, les Bavarois de von der Tann et les cavaliers prussiens du comte Stolberg les ont surmontées.

Aussi, chapeau bas devant la bataille de Coulmiers !

Le lecteur comprendra maintenant pourquoi nous aimons à reparler de ce jour mémorable.

J'avais l'intention au début et pour commencer ce chapitre, de faire une description détaillée et toute militaire de la bataille, mais j'ai abandonné ce projet, me réservant de renvoyer ceux qui voudront étudier la question de plus près, à l'ouvrage de Hellwig : *Le 1er corps d'armée bavarois pendant la guerre de 1870-1871*, et aux notes de l'État-Major.

Ils y liront que nous eûmes à supporter, pendant toute une journée, les assauts de forces supérieures aux nôtres de 75.000 hommes sous les ordres de d'Aurelle de Paladines, et que si nous fûmes obligés de battre en retraite vers le nord sur Toury, ce ne fut pas à la suite du combat qui nous fut livré près de Coulmiers, face à l'ouest, mais uniquement parce que nous voulûmes éviter un nouveau choc de 35.000 Français commandés par Martin des Pallières et venant du sud-est sur nos derrières.

Nous avons empêché, par cette retraite, le filet de se refermer sur nous.

Ceux que pourrait intéresser la tactique suivie par les Français n'auront qu'à jeter un coup d'œil sur mon livre : *La Première armée française de la Loire.*

Mes camarades, pour lesquels ces lignes sont écrites, et qui les ont également vécues, seront certainement heureux de connaître les impressions personnelles d'un autre, et me pardonneront de parler à nouveau de moi.....

. . . .

Le 7 novembre nous donna déjà un petit avant-goût de ce qui allait se passer.

Les Français, dans la forêt de Marchenoir, n'avaient cessé de renouveler leurs attaques contre nos patrouilles; nos cavaliers se heurtaient partout à des troupes ennemies dont l'allure offensive devait nous donner à réfléchir, que ce soit au sud, sur la Loire, près de Beaugency, à l'ouest d'Orléans près de Cravant, Charsonville, Prénouvellon, ou au nord-est de notre position, sur la route de Châteaudun.

Les mêmes renseignements nous arrivaient de l'est et du sud, des environs de Gien et de la Sologne, tous d'accord pour nous confirmer qu'un rude orage se préparait autour de nous qui ne tarderait pas à éclater aux environs d'Orléans.

L'attendre tranquillement n'était pas l'affaire de von der Tann, ni du général de cavalerie Stolberg.

Ce dernier reçut l'ordre d'aller faire une reconnaissance en arrière du rideau des avant-postes ennemis, dans la région de la forêt de Marchenoir.

Il prit avec lui deux régiments de hussards silésiens, le 1er bataillon de chasseurs, un bataillon du 13e d'infanterie bavaroise et deux batteries d'artillerie, puis partit gaîment, laissant en réserve les cuirassiers bavarois.

Le détachement passa par Ouzouer-le-Marché, s'avança jusqu'à Chantôme, et là se heurta aux sept bataillons français de la brigade Bourdillon, à la cavalerie du général Abdelal ainsi qu'à un corps de chasseurs. Des francs-tireurs s'étaient joints à ceux-ci, heureux eux aussi de faire le coup de feu sur nos faibles effectifs.

Ils ne s'en approchèrent évidemment pas trop près; nos hussards, nos chasseurs et les hommes du 13e se montraient tellement décidés à ne pas se laisser faire, que les Français, après quelques tentatives manquées, ne tinrent pas à nouer plus ample connaissance avec de tels gaillards.

Notre détachement, malgré tout, fut obligé de s'en retourner; sa mission était terminée, nous savions que l'ennemi était en nombre et que, pour avoir tenu aussi vigoureusement, il devait avoir certes des intentions offensives.

Nous autres — je veux parler de l'état-major — nous nous trouvions en arrière, à La Chapelle, avec le 3e régiment d'infanterie.

Dans l'après-midi du 7, nous fîmes une promenade à Chaingy et au delà, afin de nous rendre compte si le détachement Stolberg n'avait pas besoin d'un appui.

La nécessité ne s'en faisant pas sentir, nous retournâmes à notre cantonnement où nous arrivâmes vers 9 heures.

J'eus le bonheur, à peine arrivé, d'être obligé de remonter à cheval; je brûlais d'impatience d'apprendre sur le combat des choses plus précises.

Je parcourus en un seul temps de galop les 11 kilomètres qui séparaient La Chapelle de Huisseau-sur-Mauve; j'appris là ce que je voulais, et j'étais de retour à mon quartier une demi-heure avant minuit.

— « Dites-moi, Tanera, il faut que vous portiez ces renseignements à la division; je n'ai pas le temps d'y aller moi-même, obligé que je suis de faire encore mon rapport sur le combat d'aujourd'hui. »

C'est ainsi que me reçut l'adjudant-major de la brigade.

Sitôt dit, sitôt fait; je fis sortir de l'écurie le « gros bai », un cheval de service, et le fis trotter jusqu'à Orléans. On me remit là les ordres du lendemain que je rapportai, et à 3 heures du matin je pouvais enfin m'étendre dans mon lit.

On m'en tira assez tôt, car il y avait beaucoup à faire.

Dans la matinée, je me rendis de nouveau à Orléans, afin d'apporter aux avant-postes les rapports du matin.

A 7h30 du soir, l'ordre arriva subitement de concentrer immédiatement la brigade à Chaingy.

C'est à partir de ce moment que commencèrent des heures inoubliables, des heures de rude besogne comme je ne devais plus en rencontrer, même pas au 2 décembre où j'en vis cependant de dures.

Le général von der Tann avait décidé, dans la matinée du 9 novembre, de se porter immédiatement au-devant des troupes françaises qui se trouvaient à l'ouest de notre position; il voulait agir brusquement pendant qu'elles étaient encore isolées, afin d'éviter l'armée qui se tenait à l'est et d'être pris dans une souricière.

Les Français devaient avoir dans l'idée de nous imposer là quelque Sedan de leur choix.

Mais nous ne leur avions pas prêté notre de Moltke, et Tann en sentit le goût beaucoup trop tôt, gâtant ainsi tout leur plaisir et laissant s'évanouir leurs plus chers espoirs.

Je fus envoyé, dès le début de l'action, sur l'une des ailes, tandis que mes camarades de l'état-major se dirigeaient sur d'autres points; nous nous retrouvâmes vers minuit à Chaingy, en même temps que notre brigade à laquelle étaient toujours adjoints deux escadrons et trois batteries.

Seuls les chasseurs étaient restés aux avant-postes.

Je m'étais logé, au cantonnement, comme j'avais pu, et je m'apprêtais à conduire mon cheval dans une écurie quand subitement des renseignements très importants nous arrivèrent de la cavalerie des avant-postes. Un ordre suivit bientôt prescrivant à la division de se porter sans retard sur Château-Montpipeau et la ferme de Descures.

La nuit était la plus noire qu'il soit possible d'imaginer; il tombait avec cela une petite pluie fine, et le froid commençait à se faire sentir.

— « Tanera! Il faut que vous portiez immédiatement ces nouveaux ordres à la division, laquelle doit se trouver actuellement à Ormes; si, par hasard, elle n'était pas arrivée, vous la rencontreriez certainement sur la route entre Ormes et Orléans.

« Aussi vite que le pourra votre cheval! »

Cette mission me fut confiée par le chef d'état-major de la brigade, le capitaine de Xylander, un chef que j'aimais beaucoup et que j'estimais fort.

Quand il avait dit : « Aussi vite que le pourra votre cheval », cela ne pouvait être que sérieux, car il n'avait pas l'habitude d'exagérer les choses.

Je m'orientai sur ma carte à la lueur d'une mauvaise lanterne, sautai en selle et partis.

Au début tout alla bien jusqu'au moment où j'entrai dans les vignobles d'Ingré; là, les chemins commencèrent à s'entre-croiser, en même temps que la nuit devenait très noire.

Il y avait heureusement dans la contrée une assez grande quantité de fermes disséminées de droite et de gauche.

Je pénétrai dans l'une et appelai le propriétaire; il ne tarda pas à se présenter à moi tout habillé malgré l'heure très avancée : il était 1 heure du matin.

Peut-être attendait-il les « libérateurs » et ne fut-il pas agréablement surpris de voir devant lui un officier allemand.

— « Où est la route d'Ormes? » lui demandai-je.

Il hésita.

— « Si vous ne me répondez pas de suite, je vous tire une balle dans la tête! » et j'armai le chien de mon revolver.

A ces mots, mon bonhomme ne fit qu'un bond sur la route, me conduisit jusqu'à un carrefour et me désigna très complaisamment le bon chemin.

Que l'on avait donc bien fait, au début de la campagne, de mettre le feu à quelques fermes; cela contribua à rendre les gens dociles et obéissants; il suffisait de se faire comprendre et de parler nettement.

Je continuai mon chemin au galop, mais bientôt je fus arrêté à nouveau : la route sur laquelle je venais d'arriver était encombrée de troupes; c'était la 4e brigade qui se rendait à Coulmiers.

Je dus m'époumonner pour qu'on me fasse de la place.

Avec cela, l'obscurité était devenue de plus en plus noire, la pluie me tapait dans la figure, les hommes, comme dans toutes les marches de nuit, étaient maussades et ils ne se dérangeaient que lorsque je les bousculais.

Puis ce fut de l'artillerie! Je l'ai maudite, à ce moment-là, plus que dans toute mon existence.

Je finis, malgré tout, par passer et trouvai enfin mon état-major qui n'était arrivé que depuis une vingtaine de minutes et dont le quartier général était indiqué par une maigre lanterne.

Le renseignement que je lui apportais annonçait l'arrivée de très grosses forces ennemies au sud de Coulmiers, sur la route de Blois à Orléans. Cette importante nouvelle fut communiquée immédiatement à l'état-major du corps d'armée par un officier de la division.

Je dus attendre les ordres en résultant afin de les emporter avec moi.

Pendant ce temps, le chef d'état-major me posa différentes questions et me demanda ce que nous devenions en avant, à la brigade.

Je le renseignai d'autant plus volontiers que c'était lui, en somme, qui commandait la division. Le commandant officiel de celle-ci était absent et malade ; son remplaçant se faisait traîner dans une voiture ; mon interlocuteur, le lieutenant-colonel Muck, en était donc le seul et vrai chef.

Il avait une façon à lui, brève et concise, de s'entretenir avec vous ; il pouvait être, selon le cas, d'une grossièreté inouïe ou d'une amabilité extrême, tout en ayant toujours l'air d'un bretteur de l'époque de Wallenstein ; très précis dans ses paroles et dans ses actes, il savait prendre, dans toutes les circonstances, une décision rapide.

Ce n'était pas à moi seul qu'il en imposait, mais à tous, et à un tel point qu'après le général von der Tann et notre « Vieux » des chasseurs, c'était le chef pour lequel je me serais le plus volontiers jeté au feu, pour le plus petit compliment.

La réponse du corps d'armée arriva vers 2 heures.

— « Voilà, Tanera, l'ordre pour votre brigade ; lisez-le et portez-le, aussi vite que possible, à votre colonel (1). »

Quand Muck avait dit de sa voix profonde : « aussi vite que possible », c'est qu'il n'y avait réellement pas à perdre de temps.

(1) Le chef de notre brigade, le colonel Roht, ne fut nommé général que le lendemain de Coulmiers, le 10 novembre.

Je devais éprouver, pour le retour, moins de difficultés que pour l'aller, d'autant que ma brigade devait être arrivée à Montpipeau et que, pour la rencontrer, je n'avais qu'à rester sur la grand'route de Morée.

Cela n'alla pas tout seul cependant, car, sur ladite route, se trouvait maintenant toute la 1re division, l'artillerie de corps et le reste; et puis, il faisait encore plus sombre que la première fois, si c'était possible.

Il me fallut dépasser toutes ces troupes au galop, et j'arrivai pourtant et malgré tout, mais comment!

Ce que j'ai entendu d'interpellations et d'injures durant ce trajet, il m'est impossible de le décrire ici; la collection en est unique!

Un chef de bataillon dont j'avais bousculé la section de tête qui ne se garait pas assez vite, m'ordonna de m'arrêter et de lui donner mon nom. Je n'en fis rien; avant qu'il ait eu le temps de se ressaisir, j'étais déjà loin, j'avais dépassé le bataillon qui le précédait et me trouvais hors de sa portée, trop soucieux qu'il était lui-même de ne renverser personne. Je ne le connaissais pas, ce commandant, mais ses jurons sentaient si fort le « vieux bavarois » qu'il devait être certainement de Münich.

Ce n'est qu'à 3h 30 du matin que je retrouvai ma brigade; elle était sur le point de faire son entrée à Montpipeau.

Notre halte dans cette localité ne fut que de courte

durée, car, à peine arrivés, l'ordre nous parvint de nous porter plus au sud vers Huisseau-sur-Mauve et Château-Préfort.

Tout en marchant, nous entendions le bruit de la bataille près de Baccon et de La Renardière; sans aucun doute, la journée s'annonçait comme devant être très rude.

De notre côté, le calme était parfait.

A peine installés à Préfort, nous mîmes le village en état de défense, puis nous attendîmes avec une grande impatience messieurs les Français, nous réservant de leur témoigner un accueil des plus chaleureux.

Mais ils semblèrent se douter de nos intentions, et la brigade Rebillard qui évoluait en avant de notre front ne voulut pas se hasarder à faire plus ample connaissance avec nous.

Nous nous trouvions à plus de 11 kilomètres de notre corps d'armée, sans aucune liaison avec lui; aussi nous fallait-il avoir constamment l'un de nos officiers à la division afin de nous transmettre les ordres qui nous étaient destinés. Je dus faire, pour mon compte, trois fois ce trajet pendant la bataille; je me servais tantôt de mon cheval noir, tantôt du bai de service, mais sans pouvoir arriver à les mettre au galop dans ces terres molles et labourées, tant les pauvres bêtes étaient exténuées.

Vers 1 heure, nous reçûmes l'ordre de nous porter immédiatement sur Coulmiers, afin de donner un peu d'air à la 1re brigade sur le point d'être littéralement étouffée. Nous partîmes aussitôt, et confiâmes à nos chevau-légers le soin de nous couvrir contre la brigade française qui se trouvait en avant de nous, tâche dont ils s'acquittèrent, je dois le dire, le plus parfaitement du monde.

A ce moment, nous ne voyions encore rien du champ de bataille que nous cachaient les petits bois de Huisseau et de Creux; mais nous étions suffisamment renseignés par tout ce que nous entendions; et puis, les petits nuages de fumée blanche de plus en plus nombreux, apparaissant dans l'air pour disparaître bientôt, nous en disaient assez; nous les connaissions par expérience et n'ignorions plus rien, depuis longtemps, des fameux shrapnels français.

Vers 3 heures, nous avions contourné la forêt près de la Tuilerie et nous dirigions sur Bonneville.

Nous nous trouvions enfin au beau milieu du champ de bataille.

Jamais, et pourtant nous avons vécu bien des choses, je n'ai assisté à pareille pluie de projectiles de toutes sortes. Cent cinquante canons français formaient autour de nous un demi-cercle de feu et semblaient vouloir nous couvrir de fer.

Le général von der Tann se tenait avec son état-major au milieu de cette grêle; un peu plus en avant se trouvait l'état-major de notre division.

Le 3ᵉ bataillon du 12ᵉ, qui marchait en tête, fut aussitôt jeté dans le parc de Coulmiers afin de tenir en respect la division française Barry que notre 4ᵉ brigade, atrocement déchiquetée, ne pouvait plus arrêter dans sa marche en avant.

Le 3ᵉ régiment d'infanterie, et le 1ᵉʳ chasseurs, qui, depuis le point du jour, s'étaient battus à Baccon et ailleurs, allèrent occuper la lisière ouest de la forêt de Montpipeau, et la bataille recommença de plus belle.

Pendant ce temps, nous autres de l'état-major, nous courions de droite et de gauche et transmettions des ordres aussi rapidement que le permettaient encore les forces de nos chevaux. J'assistai entre temps à plus d'une scène pénible.

Notre train des équipages, lui aussi, était sorti petit à petit de la forêt et s'était avancé sur la grand'-route.

Quelques obus français lui tombèrent dessus, démolissant plusieurs voitures, renversant trois ou quatre chevaux et tuant quelques conducteurs.

Avec quelle rapidité il fit demi-tour! Jamais je n'aurais cru le train des équipages aussi mobile; un éclair, et tout disparut à nouveau dans la forêt!

Je n'oublierai jamais non plus un escadron de hussards bruns.

Trois fois des obus tombèrent dans ses rangs : un bruit sourd, des éclairs, puis des éclats déchiquetant affreusement cavaliers et chevaux.

Tranquillement et au pas, l'escadron se porta de quelques mètres en avant, afin de ne plus avoir au milieu de lui l'amas informe d'hommes et de bêtes enchevêtrés.

Deux hussards seulement descendirent de leurs chevaux, sur l'ordre de leur chef, pour porter secours à ceux qui étaient tombés. A part cela, personne ne broncha, tout le monde était aligné comme au cordeau.

Cette scène se reproduisit trois fois, mais pas une fois l'escadron ne bougea de sa place.

Avec de pareils cavaliers, on peut faire sortir le diable de l'enfer ; nous comprenons aujourd'hui pourquoi, le jour de Coulmiers, les Français fuirent si désespérément devant leurs attaques.

Le vacarme devenait indescriptible. Les hommes, exaltés jusqu'au délire, n'avaient jamais été à pareille épreuve; leurs nerfs étaient extrêmement surexcités.

Deux personnages communiquaient, par leur attitude, une impression de calme surhumain à tout leur entourage, le général von der Tann et le chef d'état-major de notre division, le lieutenant-colonel Muck.

Ce dernier surtout devait avoir, ce jour-là, des nerfs d'acier ; ce qu'il disait nous semblait tellement clair et précis, il paraissait lui-même à ce point tranquille que nous eussions pu nous croire attablés à la Herzog-Max-Burg à Münich, autour d'un kriegspiel qu'il aurait dirigé.

Et pourtant ce qui l'occupait à ce moment-là n'avait pas l'air d'un jeu !

Il devait, avec six faibles bataillons, garder Coulmiers, Ormetan et Beaurichard contre les vingt bataillons des brigades ennemies d'Aries, Gaulard et Bérard jusqu'à ce que notre aile gauche ait été entièrement débarrassée des étreintes de la division française Peytavin et de la brigade de cavalerie Boërio.

Et il tint bon ; il n'a pas hésité à demander à ses troupes ce travail de géant, certain qu'il était d'avance qu'elles ne failliraient pas ; et elles n'ont pas failli ! Les vieux Bavarois ont tenu bon avec lui, le cimetière de Coulmiers est là pour le dire, et nous en sommes fiers à juste raison.

Le vacarme reprenait de plus belle à Coulmiers et dans la direction sud, quand se produisit, venant du nord, une attaque nouvelle contre notre aile droite.

C'était l'amiral Jauréguiberry qui, avec sa division forte de treize bataillons, espérait nous acculer et nous couper notre retraite vers le sud.

Mais il ne pensa pas à tout ; il ne pensa pas à la cavalerie du comte Stolberg si bien dressée dans la transmission des renseignements, ni au général von der Tann qui savait donner à temps les ordres nécessaires, ni au général von Orff qui se tenait en réserve avec quatre bataillons et commençait à s'impatienter d'être resté si longtemps dans une inaction forcée.

Ce dernier, flairant l'occasion d'une attaque heureuse, courut à von der Tann : « Excellence, lui dit-il, permettez que je me porte à la rencontre de la division ennemie et que je la culbute. »

Le général réfléchit quelques instants ; il lui paraissait difficile de supprimer ses réserves, mais il finit par accorder la permission demandée.

Orff se mit immédiatement en marche, se jeta résolument à la rencontre des Français de Jauréguiberry quatre fois supérieurs en nombre et les contraignit à s'arrêter si brutalement qu'ils furent obligés d'aller se ressaisir quelque peu en arrière, laissant sur le terrain de nombreux morts et blessés.

Cette marche en avant de la brigade Orff eut pour résultat essentiel d'empêcher l'ennemi de nous attaquer par le nord et de nous couper notre ligne de retraite ; elle ne suffisait pas cependant pour nous donner la victoire ; la supériorité numérique des Français, en artillerie surtout, était de beaucoup trop forte.

Il faut reconnaître en passant que leur artillerie tirait, ce jour-là, parfaitement bien ; ses obus tombaient sur nos troupes drus comme grêle et sans interruption. Il n'était pas possible de trouver sur le champ de bataille le moindre coin pour écrire une note sans être aussitôt arrosé par la poussière et la boue que vous envoyaient les éclats d'obus.

Une affreuse image me restera à jamais gravée dans la mémoire.

Sur une pierre des champs, tout près de la ferme l'Hôpiteau, au nord de Bonneville, était assis, soutenu par un de ses soldats, le major Mehn, du 2e d'infanterie ; il tenait, entre ses deux mains, les débris de son ventre qu'un obus avait horriblement déchiqueté.

Il eut la force encore, grâce à son énergique volonté, de maîtriser ses atroces douleurs et de dicter à son compagnon différentes choses, des lettres à sa famille probablement, puis il tomba et mourut....

. . . .

Notre artillerie se défendait courageusement, mais que pouvait-elle contre des forces quatre fois supérieures ? elle dut finalement céder.

Nos artilleurs ont fait de véritables prodiges, non seulement à leurs pièces, mais encore en tant que fantassins ; c'est ainsi que certaines batteries, au moment de quitter leurs positions, formèrent des lignes de tirailleurs pour arrêter l'ennemi jusqu'à ce que les conducteurs aient amené leurs pièces à l'abri.

On voit par là de quelle résistance l'artillerie bavaroise fit preuve en face de l'ennemi ; heureusement encore que peu de temps auparavant elle avait été dotée de cinquante fusils Chassepot par batterie.

Quelle ne dut pas être la surprise des Français quand ils sentirent leurs propres projectiles leur entrer dans la peau !

Il est probable que là comme ailleurs ils crièrent à la trahison.

C'est dans cette affaire d'artillerie que tomba, mortellement frappé, mon brave camarade de Laszberg.

Vers 4 heures, le combat sembla se ralentir quelque peu ; seuls les canons français continuaient avec la même force à faucher nos rangs déjà si clairsemés.

L'énorme supériorité numérique de l'ennemi devait s'accroître encore : les renseignements venant de l'est nous informaient que le général Martin des Pallières s'avançait en toute hâte avec 35.000 hommes dans la direction d'Orléans et sur nos derrières.

Le moment n'était-il pas venu de songer à la retraite ?

Nous aurions pu certes combattre plus longtemps encore, et jusqu'à complet épuisement. Mais à quoi bon ?

Nous nous battions aujourd'hui face à l'ouest contre 75.000 Français ; demain il nous faudrait nous défendre contre 35.000 hommes de troupes fraîches venant de l'est, von der Tann n'ayant dans la main, en tout et pour tout, avant la bataille, que 14.543 fantassins,

4.450 cavaliers et 110 canons, diminués encore par les pertes qui s'ensuivirent.

Tous ceux qui connurent notre général, cet homme de cœur, ce chevalier sans peur et sans reproche, peuvent se faire une idée du courage qu'il lui fallut pour prendre la décision suprême, lui le vainqueur de Hoptrup en Silésie, lui qui toujours nous conduisit au triomphe, à Wörth, à Beaumont, à Remilly, à Sedan, à Artenay, à Orléans.

Il fut assez fort pour se maîtriser lui-même (n'est-ce pas là aussi une victoire ?) et il donna l'ordre de la retraite.

Je suis, pour ma part, si heureux et si fier d'avoir vécu cette dernière partie de la bataille, que je ne voudrais pour rien au monde changer de place avec quelque camarade qui n'eut pas la chance de battre en retraite à Coulmiers.

Si bizarre que cela paraisse, il n'en est pas autrement.

On nous avait dépeint, à l'école de guerre, une retraite comme la pire des calamités : les troupes en débandade, tout sens dessus dessous, plus de discipline, plus d'armes, le pillage des convois, etc., etc., autant d'horreurs qu'on se plaisait à décrire à nos jeunes esprits.

Or il advint chez nous juste le contraire. Impossible de mieux faire sur un champ de manœuvre que ne firent, le 9 novembre, le corps de von der Tann et les cavaliers de Stolberg, lorsqu'ils se replièrent devant le nombre, harcelés par les obus qui tombaient dans leurs rangs.

D'abord s'éloigna notre aile gauche, la 1re brigade, puis le centre, les 3e et 4e, enfin la brigade Orff qui résista à la brigade Jauréguiberry jusqu'à ce que tout le monde se fût replié. Retraite remarquable.

Chaque bataillon attendait son tour, il envoyait alors un dernier feu rapide, quittait lentement la ligne de feu, se rassemblait de nouveau, face à l'ennemi, refaisait demi-tour et partait l'arme sur l'épaule, d'un pas si bien cadencé que le sol en eût résonné s'il n'eût été aussi détrempé.

Quel ordre ! Je n'ai jamais vu nos braves chasseurs si disciplinés que ce jour-là ! C'était la première fois que je les rencontrais depuis le début du combat ; le bataillon avait été constamment détaché.

Le « Vieux » suivait. Il me parut plus grand encore que d'habitude. Quand un obus tombait dans ses rangs, il ne prenait même pas la peine de tourner les yeux pour mesurer les effets du désastre.

Les hommes faisaient des figures qui dénotaient tout plutôt que la peur ; ils étaient exaspérés et, s'ils n'avaient été retenus par le devoir d'obéissance, ils seraient volontiers repartis sur Coulmiers et Baccon, décidés à en finir coûte que coûte, sinon avec leurs fusils, du moins avec leurs couteaux, leurs poings et leurs dents.

Il n'eût pas fallu, à ce moment-là, qu'un des nôtres rencontrât trois Français sur quelque point du champ de bataille ; il les eût étranglés sans autre forme de procès.

Et c'est ainsi que nous avons battu en retraite, bien différemment certes qu'on nous l'avait dépeint à l'École de guerre et que le firent en réalité les Français.

Nos ennemis n'ont pas eu la satisfaction de ramasser un seul de nos fusils, sinon entre les mains d'un mort, pas même un sac, pas un casque si ce n'est aux côtés d'un blessé incapable de se relever pour suivre sa troupe en boitant.

J'ai conservé, entre autres, le souvenir d'un hussard qui portait sur ses épaules tout le harnachement de son cheval tué, et qui fit ainsi à pied le trajet de Toury.

Un de nos plus grands chagrins fut de laisser entre les mains de l'ennemi ceux de nos camarades frappés dans la bataille.

Il y avait bien les hôpitaux de campagne, restés en arrière pour accomplir leur tâche, mais cela n'empêcha pas nombre de blessés d'être faits prisonniers par les Français.

Ils n'en firent d'ailleurs pas d'autres.

Si pourtant ; j'oubliais les ordonnances de nos malheureux officiers blessés qui veillaient leurs maîtres dans les hôpitaux d'Orléans.

Ces fidèles serviteurs, entre autres celui de mon ami von der Tann, furent courageusement faits prisonniers et transportés à Pau ou dans l'île d'Oléron.

Quant aux officiers blessés, ils n'avaient eu qu'à se tirer d'affaire eux-mêmes.

Si je suis très fier aujourd'hui d'avoir participé à la bataille de Coulmiers, je dois reconnaître cependant qu'à une certaine heure de la fameuse journée, ma bonne humeur s'était quelque peu évanouie, chose très compréhensible du reste : le combat malheureux d'une part, et puis surtout l'extrême fatigue.

Je n'étais pas descendu de cheval et n'avais cessé de galoper, au point que mes pauvres bêtes, que je faisais alterner dans le travail, n'en pouvaient plus littéralement.

Qui n'a pas fourni une pareille chevauchée ne peut s'en faire une idée.

Je n'avais rien mangé depuis vingt-quatre heures qu'une tablette de chocolat, et bu qu'une gorgée d'eau-de-vie.

Si encore nous avions eu la perspective de pouvoir nous reposer et nous réconforter bientôt, mais pas du tout !

Nous passâmes à Gemigny, puis à Saint-Sigismond.

Là, notre brigade, qui formait l'arrière-garde avec

la 5e brigade de cavalerie prussienne (général Baumbach), dut encore s'arrêter pour laisser passer toutes les troupes de la 1re division.

J'en profitai pour bavarder un peu avec quelques officiers des hussards verts ; mais notre entretien ne fut pas de longue durée : on me pria de porter un ordre à notre détachement d'artillerie.

— « Il faut encore repartir ! mon brave « Orléans », dis-je à mon cheval. Quelle misère ! »

Et comme je ne voulais pas faire voir à mes camarades des hussards combien nous étions, l'un et l'autre, fatigués, je partis au pas et ne pris le trot que lorsque nous fûmes complètement à l'abri de leurs regards.

Il ne fut évidemment pas question de galoper.

Durant ce trajet, je fus l'auteur involontaire d'une méprise regrettable dont je souffre encore aujourd'hui lorsque j'y pense.

Je venais de rencontrer le 1er régiment d'infanterie et de reconnaître en passant mon vieux camarade d'École de guerre von Saszberg. Croyant qu'il avait déjà appris la mort de son frère, je me fis un devoir de lui dire la part que je prenais à sa douleur : « Saszberg, lui dis-je, mes bien vives condoléances ; je plains ton frère très sincèrement, car je l'aimais beaucoup.

— « Que veux-tu dire ? me répondit-il. Mon frère est là-bas au milieu de sa batterie. »

Combien j'étais navré d'avoir si crûment dit la vérité

à celui qui ne se doutait de rien ; j'essayai bien de lui apporter quelque parole de soulagement, mais il n'y prit garde, tellement il était ébranlé ; ces deux frères avaient l'un pour l'autre une très grande affection.

D'autres nouvelles m'arrivèrent, non moins tristes : mon camarade d'école von Riedel, lui aussi, était tombé, et combien d'autres !

. . . .

J'arrivai à Saint-Sigismond vers 11^{h}30 du soir.

Le lieutenant Lobenhofer du 12e, qui était le plus ancien officier d'ordonnance de la brigade, m'avait réservé quelque chose à manger, ce dont je lui fus profondément reconnaissant.

Je lui devais déjà bien des choses : c'est lui qui m'avait mis au courant de mes nouvelles fonctions ; il m'avait donné aussi plus d'un bon conseil et, comme camarade plus âgé, prêchant par l'exemple, avait fait beaucoup pour mon éducation militaire, beaucoup plus qu'il ne se l'imaginait lui-même.

Mais la bonne réception de mon ami n'alla pas jusqu'à me permettre le sommeil.

Notre corps se remit en marche à minuit et franchit encore 36 kilomètres, passant par Saint-Peravy, Romilly, Villardu, L'Encornes, Songy, Murville, Autroches, Artenay, Château-Gaillard, Toury et Tivernon.

Personne ne nous en voudra si nous ne sommes pas arrivés là parfaitement dispos. Je conduisis mon cheval à l'écurie, et sans même prendre le soin de l'attacher, je me laissai tomber à côté de lui sur le foin et m'endormis aussitôt.

Quand je m'éveillai, quelques heures après, mon cheval dormait auprès de moi, complètement bridé et sellé.

. . . .

C'est ainsi que se termina pour moi la journée de Coulmiers, la plus dure certes que j'aie jamais vécue. Il m'avait fallu rester cinquante et une heures en selle, tantôt sur un cheval, tantôt sur un autre, sans recevoir de nourriture ou presque pas, en même temps qu'obligé de surmonter les difficultés les plus pénibles qu'il m'ait été donné de rencontrer.

Nous nous en remîmes cependant très vite.

Nous restâmes pendant trois jours dans nos cantonnements respectifs; l'état-major de la brigade chez le maire de Tivernon où nous fûmes très bien reçus.

Le 11, tout le corps d'armée avait repris son entrain et se trouvait de nouveau en excellente disposition.

Après avoir suffisamment dormi, nous fortifiâmes nos cantonnements; puis nous attendîmes impatiemment la venue des Français.

Mais ils ne vinrent pas.

L'armée de Martin des Pallières entra bien à Artenay, mais n'osa pas s'aventurer davantage; quant à celle d'Aurelle de Paladines, elle se trouvait encore, le

10 à midi, près de Coulmiers et fortifiait ses positions afin de ne pas en être chassée.

Ce fut un prêtre, envoyé par l'évêque Dupanloup, d'Orléans, qui, dans la matinée, entreprit le trajet de Saint-Peravy à Coulmiers « tout à fait comme par hasard » pour faire part au général de notre retraite.

Celui-ci ne put en croire ses oreilles; cependant, comme il ne voyait plus dans toute la région ni un Bavarois, ni un Prussien, il dut se rendre à l'évidence.

Quel dommage qu'ils ne soient pas venus! Il y aurait eu un beau grabuge!

Nous aurions reçu, abrités derrière nos positions fortifiées, les masses réunies des deux armées françaises, fortes de plus de 100.000 hommes, et nous n'en aurions pas été incommodés, loin de là.....

Mais elles le savaient bien et ne sont pas venues.

XIII

LE COMBAT DE THIRON-GARDAIS

(21 NOVEMBRE 1870)

Les jours qui suivirent Coulmiers n'appartiennent pas à mes meilleurs souvenirs.

Le grand quartier général à Versailles avait bien ajouté foi aux rapports du général von der Tann annonçant l'approche d'une forte armée française, mais il ne fut pas possible de distraire une troupe quelconque des lignes assiégeant Paris, tant que ne fut pas arrivé le second corps poméranien qu'on amena en chemin de fer, après la reddition de Metz.

Nous étions attendus le 10 octobre à Toury par la 22e division commandée par le général de Wittich, mais placée déjà sous les ordres supérieurs du général von der Tann.

Ce même jour, nous fûmes heureux d'apprendre l'arrivée de la 17e division mecklembourgeoise qui venait de Paris, conduite par le général Treskow et accompagnée de la brigade de cavalerie Rauch.

Le commandement de toutes les forces de la Loire,

augmentées ainsi de près du double, fut alors confié au grand-duc de Mecklembourg.

Les Français, naturellement vite renseignés sur le renforcement des troupes allemandes, virent considérablement se ralentir leur ardeur à vouloir absolument marcher sur Paris.

Ils espéraient, eux aussi, recevoir de nouveaux renforts.

L'infatigable Gambetta semblait faire sortir de terre les soldats ; chaque jour amenait à l'armée de la Loire des détachements nouveaux qui la faisaient grossir comme une avalanche.

Ces troupes, peu entraînées, n'étaient, il est vrai, dangereuses que par le nombre.

Le plan de d'Aurelle de Paladines, le courageux chef des corps français de la Loire, était évidemment de s'avancer sur Versailles en prenant une direction légèrement plus à l'ouest.

Mais, disons-le en passant, tous les généraux français étaient animés du même désir de s'attribuer le mérite d'être le premier à disperser l'armée qui investissait Paris.

Notre principal devoir était donc de faire obstacle à ces projets tant que ne nous serait pas arrivée de Metz l'armée du prince Frédéric-Charles qui, elle aussi, devait renforcer celle de la Loire et nous permettre de reprendre l'offensive.

Chartres avait été choisie par le grand-duc de Mecklembourg comme centre de ses positions d'attente d'où il pourrait, selon le cas et à sa volonté, se porter à la rencontre des Français, qu'ils arrivassent d'Orléans, de Châteaudun ou du Mans.

C'est alors que commença pour nous, tandis que nous cherchions l'ennemi, cette randonnée de trois semaines qui devait nous ramener finalement à Orléans, après nous avoir fait faire un grand détourv ers l'ouest. Nous allâmes de droite et de gauche sans trêve ni répit, rencontrant partout des troupes fraîches, au nord-ouest, à l'ouest, au sud-ouest, au sud ou au sud-est.

Seuls nous autres de l'armée du grand-duc de Mecklembourg, Bavarois et Prussiens, nous restions toujours pareils à nous-mêmes, un peu moins nombreux cependant après chaque nouveau combat.

Avec cela, le temps était devenu de plus en plus mauvais; et comme nous n'avions ni les loisirs, ni les moyens de remplacer nos uniformes et nos bottes, on peut s'imaginer combien, après cette marche affreuse autour de Chartres, nous avions l'air bien plutôt d'un corps franc quelconque que d'une armée régulière allemande.

Mais qu'importe! Nous n'en avons pas plus mal rempli notre devoir jusqu'au bout.

Le 17 novembre au soir, je fus chargé d'organiser

dans un village du nom de Landouville, le cantonnement de l'état-major de la 3e brigade d'infanterie bavaroise.

Landouville se trouve à proximité de Fadainville, à quelques lieues au nord de Chartres, à mi-chemin à peu près entre cette ville et Dreux et à hauteur de Paris ; c'est un des rares cantonnements que, dans mon journal de route, j'ai qualifié d' « abominable ».

Au cours de la journée, tandis que nous avancions, la fusillade n'avait cessé de retentir avec une grande violence sur notre flanc gauche, dans la direction de Dreux ; près d'Achères même, il nous fallut prendre nos formations de combat, ne sachant si nous n'allions pas avoir l'occasion de tomber, ou bien sur les francs-tireurs, près de Dreux, ou bien sur les moblots, à l'ouest vers Châteauneuf-en-Thimerais, ou enfin, au sud, sur la véritable armée de la Loire commandée par d'Aurelle de Paladines.

Dans ces conditions, obligés de guetter de trois côtés à la fois, constamment aux écoutes, il ne nous restait pas beaucoup de temps pour nous occuper de nos cantonnements ; nous ne savions pas, du reste, dans quel lit nous pourrions, le soir, reposer nos membres fatigués, et nous étions contraints de nous en rapporter au sort avec patience et résignation.

Ce jour-là, comme je l'ai dit plus haut, nous

échouâmes à Landouville, dont le souvenir seul m'inspire encore un formidable dégoût.

Il était à peu près 5h30 du soir quand je fis mon entrée au galop dans la localité; je pris immédiatement possession pour mon état-major, qui devait arriver dans un quart d'heure, de la maison qui me parut la meilleure — c'était une hutte de terre! — et je me mis sans tarder à approprier l'intérieur de ce pauvre palais.

Mon premier soin fut de chasser les poules qui encombraient la chambre; ceci fait, je me mis en quête d'un lit à peu près convenable pour notre général.

J'en découvris un. Malheureusement, en y regardant de plus près, je remarquai qu'il était déjà le refuge d'un grand nombre d'habitants à six pattes qui s'y donnaient leurs ébats.

Sur ma prière, la maîtresse de céans consentit à se mettre en chasse, afin que le général ne fût pas salué, dès son premier regard, par ses aimables compagnons de lit. Et pendant ce temps, je passais l'inspection des rares armoires de la cabane et finis par découvrir heureusement un drap qui ne me parut pas trop usagé; la propriétaire prétendit même qu'il était fraîchement lavé.

Heureusement que le général n'y regardait pas de si près; j'espérais même qu'il s'en rapporterait aux protestations de la femme et ne discuterait pas la blancheur de son drap, surtout qu'il n'y avait pas dans le voisinage une couleur analogue permettant de faire la comparaison.

Mais je n'avais pas de temps à perdre.

— « Madame, lavez vite la table; balayez les ordures de vos poules; ouvrez les fenêtres, allons vite ! Pendant ce temps, moi je ferai le lit. Et surtout, je vous en prie, ne crachez pas ainsi dans la chambre. »

Sitôt dit, sitôt fait. Mon ordonnance eut vite préparé à ses chevaux une petite place dans les écuries d'Augias; Madame (Monsieur s'était évaporé) frottait partout de son mieux; il ne me restait qu'à faire le lit. Et je dois dire que le lieutenant de chasseurs bavarois, officier d'ordonnance du général Roth, se comporta en véritable femme de chambre, ce soir-là, à Loudonville.

Je commençai par battre le matelas avec la lame de mon sabre afin d'en éloigner les habitants qui n'en avaient pas encore été chassés et pour égaliser l'épaisseur de la couche; puis je recouvris le tout de mon drap gris-blanc, j'arrangeai de mon mieux l'oreiller, et, cela fait, je contemplai d'un œil satisfait le fruit de mon travail.

Mon lit à moi fut préparé sur un ancien canapé dont le dossier avait été depuis longtemps utilisé à autre chose; quant à l'adjudant et au personnel de l'état-major, une ample provision de paille leur fut destinée.

— « Monsieur! cria tout à coup mon hôtesse, on veut envahir la maison!

— « Ne vous tourmentez pas, ma vieille, lui répondis-je, on n'envahit pas ainsi un taudis comme le vôtre, à moins que quelque soldat allemand..... »

— « Que voulez-vous, vous autres? », criai-je à ceux qui essayaient de pénétrer.

— « Mon Lieutenant, nous cherchons un logement pour le colonel Schuch.

— « Tous mes regrets; mais c'est ici que loge l'état-major de la brigade. N'y a-t-il donc pas quelque autre maison?

— « Si, mon Lieutenant, mais elles sont absolument inhabitables.

— « Je n'en doute pas; croyez-vous que la mienne ait l'air d'un château? Allez chercher ailleurs! »

Au même instant j'entendis trotter des chevaux et courus à la fenêtre.

— « Voilà, mon Général; venez par ici, c'est la meilleure maison du village. »

L'état-major entra, mais ces messieurs ne purent s'empêcher de faire une grimace.

— « Ça n'est pas fameux, mon Général, continuai-je; mais, que voulez-vous? par ce temps de pluie, cela vaut encore mieux que de bivouaquer. Vous aurez au moins un lit; je vous conseillerai simplement de conserver votre manteau et vos bottes, car il y a pas mal de courants d'air dans cette chambre.

— « Tranquillisez-vous, me répondit le général, je ne serai pas mal du tout; mais y aura-t-il au moins quelque chose à manger?

— « Ma foi, je n'en sais rien, mon Général, je n'ai pas eu le temps de m'en occuper, mais je vais le faire de suite. »

Et je disparus dans la cour.

— « Schwenninger, criai-je, allez donc visiter le poulailler; voyez aussi s'il ne se trouve pas quelque part un beau cochon. »

Je me rendis moi-même à la cave; il y avait là un peu de cidre, du fromage et un énorme pot de marmelade; malheureusement pas le moindre morceau de pain.

Schwenninger avait mis la main sur trois poulets bien vivants qu'il s'empressa de décapiter et de plumer avec une ardeur due sans doute à l'espoir secret de recevoir lui aussi sa petite part de la fricassée en perspective.

Mais il n'alla pas assez vite encore à mon gré, car avant que les poulets fussent tout à fait cuits, il me fallut partir aux ordres comme tous les soirs à la même heure.

— « Mangez au moins un peu de fromage », me dit le général.

— « Volontiers, lui répondis-je ; mais alors, mon Général, permettez que je dise aussi un petit mot à la marmelade.

— « Oh, tant que vous voudrez ; je crois que de ce côté-là, vous n'aurez pas beaucoup de concurrents. »

Je m'attaquai donc à l'énorme pot de marmelade dont il ne resta bientôt plus que la moitié ; mais comme je n'avais pas de pain, j'en fus assez vite rassasié, malgré ma grande faculté à supporter les douceurs.

Un verre de cidre là-dessus et je me trouvai complètement d'aplomb pour aller chercher, au trot, les ordres à Achères où se trouvait l'état-major de notre division.

Naturellement il était encore 1^h30 du matin quand je revins à mon point de départ. C'était là une habitude, comme l'indique mon journal de route qui, pour le mois de novembre, porte tous les jours : rentré à 2 heures du matin, rentré à 1^h30, rentré à 2^h30, etc., aussi n'ai-je pas beaucoup dormi pendant cette période du 7 novembre au 13 décembre suivant.

Quand encore il ne me fallait pas, comme dans la nuit du 17 au 18, essuyer une pluie torrentielle et m'arrêter de temps à autre, même descendre de cheval, pour mieux étudier le ciel où rien n'apparaissait plus.

O Landouville, avec ta marmelade et ton mauvais cidre !

Le 18 novembre, nous passâmes à Écuble et traversâmes toute la région de Grand-Hanche.

A ce propos, une amusante histoire me revient à la mémoire.

Nous avions devant nous la 4e brigade qui évoluait dans une de ces boues devenues légendaires à la suite des pluies.

Dans l'intervalle qui la séparait de nous, un général prussien circulait à cheval; il avait été promu à son grade au cours de la campagne, de sorte qu'il portait encore un uniforme de hussards sur lequel on avait adapté les épaulettes de général.

Comme nous tous, il était enveloppé d'un large manteau qui le couvrait des pieds à la tête. Tandis que nous marchions, il adressa la parole à l'un de nos hommes, du 13e je crois : « Dites donc, Bavarois, lui dit-il, je crois que votre fusil est quelque peu rouillé! »

Notre fantassin, un fils de la vieille Bavière, se contenta de regarder de travers le cavalier, puis, si fort que tout le monde dut l'entendre, il s'écria : « Quoi! En voilà un imbécile! Est-ce qu'un hussard y connaît quelque chose à nos fusils? Va donc.....! (ici une expression très populaire, mais pas mondaine du tout).

Le général, qui avait compris de suite que le Bavarois l'avait pris pour un simple cavalier, se mit à rire de tout son cœur; puis il partit à la tête de la brigade où se trouvait le général Rodolphe von der Tann et lui raconta, comiquement traduite en bon allemand, l'anecdote qui venait de lui arriver.

Elle fit naturellement, et dès la première halte, le tour de tout le bivouac, où je l'appris moi-même.

Nous ne savions pas, quant à nous, de quoi nous devions le plus nous amuser : ou de la façon dont la chose avait été dite par l'homme du 13e, ou de la manière encore plus drôle dont elle avait été traduite en allemand par le général prussien.

Vers 2^h^ 30, le canon se remit à tonner plus fort dans la direction du sud-ouest.

Nous marchions en formation de combat, attendant en vain les événements ; aucune nouvelle ne nous parvint, mais, par contre, nous fûmes gratifiés d'un de ces brouillards infâmes qui nous empêcha de rien distinguer de ce qui se passait autour de nous.

Là-dessus il me fallut naturellement filer en reconnaissance.

Je partis donc, en maugréant contre cet ordre plus facile à donner qu'à exécuter, et je fis ma reconnaissance, mais Dieu sait comment !

Je commençai par me diriger, en suivant un misérable chemin de terre, dans la direction d'où venaient les coups de feu que nous avions entendus ; je ne vis et n'entendis rien ; je revins alors sur mes pas afin de retourner à ma division.

Mais celle-ci, entre temps, s'était déplacée, partie je ne sais où ; je me trouvai donc tout seul avec ma conscience et un malheureux chevau-léger, entouré d'un brouillard noir comme de l'encre, perdu dans un coin quelconque du Perche, ne sachant plus rien de mon corps si ce n'est qu'il avait dû se diriger, selon les circonstances, soit sur l'ennemi, soit vers le nord, soit vers l'ouest, soit peut-être vers le sud, — situation fort désagréable, rendue plus désagréable encore par le fait que depuis une heure on ne tirait plus un coup de fusil et que je ne savais même plus de quel côté on se battait.

Que faire ?

Je fis tout simplement ce que doit toujours faire un officier d'ordonnance en pareil cas ; je laissai courir mon cheval à sa guise et me fiai à la supériorité de son instinct.

Il me donna raison : après avoir hésité quelque peu dans ses premiers pas, il fit un coude à gauche et continua dans cette direction ; bientôt des sons arrivèrent à mes oreilles qui me permirent de conclure à la présence de chrétiens dans ce désert de brouillard.

J'avançais en écoutant, quand subitement un énorme gaillard, une espèce de géant, surgit des ténèbres en me criant : « Halte-là ! Qui vive ? »

Je tranquillisai l'homme de mon mieux, m'approchai de lui, et reconnus une sentinelle du 3e régiment d'infanterie, d'une taille très ordinaire, et, de près, pas plus grand qu'un autre.

— « Où est donc la brigade? » lui demandai-je.

— « Là, derrière moi, mon Lieutenant, à environ 200 pas d'ici!

— « A quelle heure avez-vous donc quitté le lieu de rassemblement?

— « Ce matin, mon Lieutenant.

— « Sans doute, sans doute, mon Ami, mais je ne vous ai pas demandé ce qui s'est passé ce matin; je vous demande quand la brigade s'est mise en marche cet après-midi, après que nous eûmes pris notre formation de combat, vers $2^h 30$.

— « Mais nous n'avons pas marché, mon Lieutenant, la brigade est toujours à la même place.

— « Quoi! la brigade est à la même place qu'il y a trois heures?

— « Oui, mon Lieutenant, on a même fait la soupe.

— « Par exemple! Il me faut donc aller vers la droite?

— « En effet; là, derrière nous, se trouve le poste; à 150 pas de lui, le bivouac de toute la division. »

Quel bonheur pour moi d'être tombé ainsi sur un gaillard intelligent; j'étais évidemment sorti du bon chemin, alors que je revenais sur mes pas; j'en eus la conviction certaine quand finalement j'arrivai, non pas sur le front du bivouac, mais sur son flanc gauche;

en somme, j'avais dû longer toute la division sans même m'en apercevoir.

Où serais-je allé peut-être, si mon cheval n'avait eu, en la circonstance, un meilleur flair que moi?

Aussi, Camarades, si jamais il vous arrive pareille histoire, je vous conseille de dire un mot aimable à votre bête : elle ne vous laissera pas en plan.

Lorsque je revis mon général, je ne lui soufflai mot naturellement de mon erreur et l'informai simplement que je n'avais rien vu de l'ennemi.

Mais quand même, j'avais un peu honte, dans mon for intérieur, de m'être ainsi trompé.

Le soir de ce jour, nous fûmes logés à Grand-Hanche, presque aussi mal qu'à Landouville ; je partis, comme à l'ordinaire, chercher les ordres et ne rentrai qu'à 2ʰ 15 de la nuit pour me coucher sur la paille à côté de mon cheval.

Le 19 fut jour de repos; à signaler que le village de Grand-Hanche, où se trouvait tout l'état-major de la division, brûla en grande partie et que plusieurs de nos chevaux périrent dans l'incendie.

Le soir, je partis naturellement aux ordres; mon journal porte à la date du 19 : retour dans la nuit à 1ʰ 10; à la date du 20 : retour à 1ʰ 15; à la date du 21 : retour à 2ʰ 15.

Il fallait avoir un bon tempérament pour pouvoir résister ainsi journellement à un pareil manque de sommeil. Mais j'étais solide, et le surmenage de ces mois de novembre et décembre n'eut d'autre effet que de me faire maigrir davantage et de me rendre ainsi un peu plus résistant encore.

Ce qui n'empêcha pas mes parents, quand, en janvier, je revins chez moi blessé, de prétendre que je n'étais plus qu'un squelette.

Le 21, nous reprîmes de nouveau la direction du sud.

Notre cantonnement à Duplessis-les-Fèvres, au sud de Courville, dut être très médiocre, car je ne trouve à son sujet aucune annotation dans mon journal de route.

Le lendemain matin, nous partîmes d'un peu meilleure heure qu'à l'ordinaire, passâmes à La Touche, Billebon, Saint-Denis-des-Puits, Combres, et nous trouvâmes sur les hauteurs près de Hautes-Bourgères.

— « Halte !

— « Sapristi, voilà que cela recommence à donner chaudement là-bas ; que peut-il bien se passer ? »

Nous observions des yeux et des oreilles ; bientôt nous apprîmes que la 1re division, qui se trouvait à droite devant nous, était engagée près de La Fourche, dans une affaire sérieuse.

— « Quel est ce corps en face de nous ?

— « Sans aucun doute la 4e brigade.

— « Bon ! voilà les nôtres qui entrent en ligne

aussi; j'aperçois la cavalerie d'avant-garde qui déboite, et la pointe du 7e bataillon de chasseurs qui ouvre le feu vers Thiron-Gardais; et là-bas un bataillon du 10e qui se porte en avant pour renforcer la première ligne. »

Nous nous efforcions de suivre l'action à l'aide de nos jumelles; chacun voulait se rendre un compte exact de ce qui se passait.

Notre brigade malheureusement formait aujourd'hui la réserve de la division.

— « Est-ce très sérieux, ou ne sont-ce que des moblots?

— « Qu'importe! Pourvu que ces gaillards tiennent assez longtemps pour qu'on nous permette, à notre tour, d'intervenir, c'est là l'essentiel! Mais voici que l'aile gauche du 7e bataillon de chasseurs se trouve arrêtée; le 10e, lui aussi, a bien du mal à continuer sa marche en avant. »

Et en effet, le feu redoublait de violence de minute en minute; il y avait tout lieu de croire que l'affaire qui se déroulait devant nous allait devenir très chaude.

Nous commencions déjà, à cette époque, à être très habitués à la fusillade et à l'odeur de la poudre; il ne se passait pas de jour qu'un ou plusieurs de nos bataillons n'aient à briser quelque résistance, à prendre un village, à chasser l'ennemi d'un cantonnement avant de l'occuper. Il ne restait plus trace de cette émotion de jadis qui nous étreignait quand, au début de la campagne, nous entendions, tout près de nous, le crépitement des fusils ou le bruit du canon.

Notre seul souci, aujourd'hui, était de savoir le plus vite possible de quoi il s'agissait afin de prendre les dispositions que dicteraient les circonstances.

Ce jour-là nous reconnûmes vite qu'il ne se préparait rien de particulièrement grave, car l'ennemi tardait trop à nous montrer son artillerie ; cependant, nous sentions bien que nous allions nous heurter à une résistance plus forte que celle de ces jours derniers.

— « Lieutenant Tanera !

— « Voici, mon Général.

— « Veuillez aller donner l'ordre au 1er bataillon de chasseurs de se porter sur le prolongement de l'aile gauche du 7e et d'attaquer vigoureusement l'ennemi en l'enveloppant. Pendant ce temps, le 4e chevau-légers couvrira le flanc de nos chasseurs.

— « Bien, mon Général. »

Jamais je n'étais aussi heureux que lorsqu'il me fallait transmettre au 1er chasseurs l'ordre d'attaquer ; je savais que je ne pouvais apporter de meilleure nouvelle à mes camarades.

Dès que j'eus remis l'ordre à notre « Vieux », sa figure sévère et ridée s'éclaira d'une lueur subite, puis il me remercia d'un aimable signe de tête.

Il ne s'amusa pas, comme d'habitude, à adresser à

ses hommes quelques paroles vibrantes, estimant sans doute qu'elles n'étaient pas nécessaires et qu'il n'était plus besoin de stimuler leur ardeur.

Et qu'eût-il pu leur dire? « N'allez pas trop vite, pensez que vous traînez derrière vous des hommes de la réserve et de la landwehr qui seraient heureux, eux aussi, d'aller une fois à l'ennemi. »

Les compagnies se déployèrent sur un terrain des plus difficiles; partout des haies très épaisses traversaient les champs; le sol, extrêmement accidenté, rendait la marche difficile, des buissons et des boqueteaux gênaient fortement la vue.

Le bataillon s'était avancé d'environ 600 mètres quand il reçut d'une haie, de teinte très sombre, un feu des plus nourris. Quelques chasseurs tombèrent; cependant pas un homme ne s'arrêta; ils serrèrent plus fort leurs fusils et marchèrent plus vite, voilà tout.

Le « Vieux » tira son sabre et donna l'exemple; tout le monde suivit et la joyeuse chasse commença tout comme à Beaumont, un peu moins glorieusement peut-être, car l'ennemi ne résista que bien peu de temps; ce n'étaient que des moblots et des francs-tireurs vêtus de blouses noires et coiffés de grands chapeaux à larges bords.

Sauter ou enjamber la première haie fut pour nos diables bleus un jeu d'enfant, puis ils firent la course à ces malheureux, si vite que ceux-ci n'eurent même pas le temps de s'accrocher aux abris naturels du sol et que les plus proches furent immédiatement faits prisonniers.

Combien de ces pompeux « vengeurs de la patrie » ou porteurs d'autres noms à effet avaient été, quelques jours seulement auparavant, enlevés à leur magasin ou arrachés des bras de la bienveillante Mme H. ou O. ou L. et n'avaient pas encore eu l'occasion d'amener au combat leurs petits ventres de bourgeois. Ils en étaient bien embarrassés aujourd'hui de leurs petits ventres, pour sauter les haies; avec cela, ces rustres de chasseurs bavarois n'avaient même pas le tact d'attendre que M. H. ou O. ou L. ait pu se faire aider par quelque camarade complaisant; ils arrachaient leurs fusils antédiluviens à ces malheureux qui tombaient à genoux en tremblant, pauvres héros à demi pâmés, et leur montraient du doigt l'arrière afin de leur bien faire comprendre que la meilleure solution pour eux était d'aller se constituer prisonniers.

Et les pauvres diables obéissaient très vite, très scrupuleusement à ces ordres; même, il m'arriva, au cours du combat, alors que je galopais pour porter des ordres aux chasseurs, d'en rencontrer toute une troupe qui vint à moi et me demanda où elle devait aller se placer. Je leur indiquai le clocher de Thiron-Gardais et continuai ma route.

Ils auraient pu se sauver dix fois, car, à ce moment

même, personne ne se préoccupait plus des prisonniers, mais ils préféraient se rendre fidèlement à Thiron, heureux d'en être quittes pour si peu et d'être envoyés en captivité en Allemagne où ils espéraient être plus en sécurité que dans leur propre pays.

Ce fut plus drôle encore après la prise d'Orléans, le 4 décembre.

Les officiers chargés de la garde et de la conduite des prisonniers les firent surveiller tout simplement par les hommes préposés à l'escorte des voitures de ravitaillement; on leur donna toutes les facilités de s'évader, mais aucun ne profita de la permission; bien au contraire, on les compta plus nombreux le soir à l'arrivée que le matin au départ.

Les chasseurs avaient continué leur poursuite sans arrêt, sans répit, descendant une pente pour en remonter une autre; sur l'une d'elles étaient installés des retranchements à étages très soigneusement établis, mais il n'en sortit pas le moindre coup de fusil.

Les pauvres moblots avaient abandonné à notre approche leurs beaux ouvrages en y laissant quelques morts, heureux avant tout de trouver leur salut dans la fuite.

Au delà de la crête, le lieutenant-colonel Schmidt arrêta sa troupe et fit poursuivre l'ennemi par des feux.

Il devenait difficile d'attraper à la course des gens

fuyant avec une telle rapidité; d'autre part, il était contre les habitudes des chasseurs de rester en place, ils ne pouvaient s'y résigner.

A l'aile droite aussi et au centre le combat avait cessé par un sauve-qui-peut général des francs-tireurs.

Nous fîmes, à cette occasion, une fois de plus l'expérience pratique de ce que chacun de nous connaissait déjà en théorie, à savoir que la bonne volonté, voire même l'enthousiasme, ne servent à rien sans travail préparatoire et sans discipline.

L'enthousiasme est une belle et bonne chose, mais il ne suffit pas; la discipline est indispensable pour venir à bout d'un ennemi et le battre.

L'idéal est de pouvoir réunir les deux.

. . . .

Le soir du même jour, nous cantonnâmes à Thiron-Gardais, dans de très bonnes conditions.

Notre maîtresse de maison était jeune et jolie; elle m'obligea donc à être auprès d'elle aimable et galant.

Bonne fille, elle me plaignit fort lorsqu'elle apprit qu'il me fallait, le soir même, partir à cheval pour aller chercher les ordres; elle me promit, malgré mes protestations, de m'attendre jusqu'à mon retour.

Il n'y avait pas d'homme à la maison.

Lorsque je revins, dans la nuit, à 1 heure du matin, je la trouvai assise dans un fauteuil auprès d'une table sur laquelle brûlait une lampe. Elle dormait profondément et ne m'entendit pas rentrer; pour la réveiller, je ne crus pouvoir mieux faire que de poser sur son front un baiser.

Elle s'en effraya quelque peu ou, tout au moins, fit semblant et laissa entendre un petit cri, si petit que le général, qui dormait dans la pièce voisine, ne se réveilla même pas.

Elle m'éclaira et nous nous séparâmes très bons amis.

Le 22, nous continuâmes notre marche en avant sur Nogent-le-Rotrou. Toute l'armée du grand-duc de Mecklembourg, entièrement concentrée, était là, prête à se porter contre cette ville qu'on nous avait annoncée comme très solidement fortifiée.

Nous y trouvâmes certes des tranchées, mais personne pour les défendre; les Français avaient préféré se reformer en arrière, aux environs du Mans et nous abandonner Nogent sans la moindre tentative de résistance.

Lorsque nos troupes entrèrent dans la ville, elles s'entassèrent dans ses rues étroites.

Je reçus l'ordre d'aller porter un rapport écrit à l'état-major du grand-duc. Afin d'arriver plus rapidement, je suivis une petite rue parallèle qui devait me faire gagner quelques minutes.

Sur la place de l'église il me fallut rejoindre la grand'route, mais là un obstacle imprévu me barra le passage : un escalier d'une trentaine de marches séparait les deux chemins.

En bas de ces marches, un régiment de hussards était arrêté.

Je pensais en moi-même que ces cavaliers m'observaient, et j'eus honte de descendre de cheval pour franchir l'escalier.

Heureusement tout se passa bien.

Mais quand même, j'y réfléchirais à deux fois aujourd'hui avant de recommencer pareille folie ; j'aurais pu dix fois me rompre le cou.

Cela n'empêche que les marques d'approbation de ces messieurs les hussards me firent alors doublement plaisir à moi, pauvre lieutenant d'infanterie que j'étais.

XIV

UNE RANDONNÉE D'ÉTAT-MAJOR

A Nogent-le-Rotrou, nous fûmes heureux d'apprendre que notre 22e division, qui se trouvait à la droite du corps de von der Tann, avait remporté plusieurs succès sur différents groupes de mobiles. Mais ces événements, si pleins de promesses qu'ils pussent être, ne changeaient pas grand'chose à notre propre situation.

Comme les têtes d'une hydre, les colonnes de moblots et de francs-tireurs se renouvelaient chaque fois que nous réussissions à les mettre en fuite.

Et tout cela était la conséquence fort désagréable de notre retraite du 9 novembre dernier.

Ils se levaient par milliers et on les rassemblait aussitôt, ces volontaires qui hier encore battaient du blé dans leurs granges et qui, aujourd'hui, armés de vieux fusils de chasse, avaient la prétention de ne pas se reposer tant que ces maudits diables bleus ne seraient pas tous à terre, ou chassés du sol sacré de leur pays.

A part leurs belles phrases pompeuses, ils n'ont, du reste, pas fait grand'chose de bien, sinon qu'ils nous ont parfois pas mal gênés dans certains détails de notre service.

Nos officiers d'ordonnance, qui devaient souvent, pendant la nuit, porter ou chercher des ordres pour le jour suivant, étaient à même d'en dire long sur cette déplorable institution des francs-tireurs et des mobiles.

Deux d'entre eux même, dont l'un aide de camp du général von der Tann, avaient disparu sans qu'on n'ait jamais pu retrouver leurs traces.

Je dois le dire : autant il est enviable de mourir en soldat, à la tête de son bataillon, en plein combat, au cours d'une belle attaque, autant il est regrettable d'être assassiné ou massacré à coups de bâton, la nuit, au coin d'un bois, par quelque paysan anonyme ; la phrase *dulce est pro patria mori* cesse alors d'être vraie, malgré tout l'enthousiasme dont on peut être animé.

Il n'y avait malheureusement rien à faire à cet état de choses, sinon de se fier à ses bons yeux, à son cheval et à sa chance.

Pour moi qui étais le plus jeune des cinq officiers de notre état-major, il devait m'incomber naturellement plus souvent qu'à mon tour la mission d'aller chercher ou porter les ordres; aussi devais-je plus que tout autre me fier à ma bonne fortune.

Le combat de Nogent-le-Rotrou était à présent terminé; l'ennemi se retirait dans la direction du Mans où devait se reformer une nouvelle armée française. Dans le but de poursuivre énergiquement les vaincus et de gagner sur eux le plus de terrain possible, notre brigade reçut l'ordre, malgré la nuit tombante, de s'avancer jusqu'à La Ferté-Bernard, distante de 24 kilomètres et de s'emparer de cette localité.

A cette nouvelle, je bondis littéralement de joie, car, jusqu'à ce jour, je n'avais pas encore inscrit sur mon journal de route une belle attaque de nuit.

Mais je m'étais réjoui trop tôt :

— « Lieutenant Tanera, me dit le général, vous resterez ici à l'état-major de la division et nous apporterez les ordres pour demain.

— « Bien, mon Général. »

Il régnait, où nous étions, un mouvement extraordinaire; en plus des 2e et 4e brigades d'infanterie bavaroise, se trouvaient là tout l'état-major du grand-duc de Mecklembourg, celui du général von der Tann et le nôtre de la division.

Je trouvai cependant pour mon cheval, et pour celui de mon chevau-léger, une très bonne écurie, tandis que j'installai mon lit sur un billard placé dans l'antichambre du bureau de la division.

Inutile de dire que je m'endormis vite. Lorsqu'on n'a que vingt et un ans, qu'on a été douze heures en selle et qu'on sait fort bien que l'ordre qu'il faudra porter ne sera pas remis avant deux ou trois heures, on dort aussi bien tout habillé, avec son sabre et son revolver, sur un billard, qu'on le ferait dans un lit en temps ordinaire.

Vers 1 heure du matin, l'aide de camp du général fit appeler les officiers et leur dicta les ordres pour le jour suivant ; ils étaient, pour notre brigade, de se tenir prête le lendemain matin, c'est-à-dire aujourd'hui, à 8 heures, à Vilaines-la-Grosnais, afin de s'opposer de là, s'il le fallait, à la marche en avant des Français sur Le Mans.

Je devais, en passant, remettre l'ordre qui le concernait à un bataillon d'infanterie de la Garde qui se trouvait à Mâle ; et je partis à 1h 30.

La nuit était si noire qu'on voyait à peine sa main devant ses yeux ; je ne me souviens pas d'une obscurité pareille si ce n'est pendant la nuit de Coulmiers.

Avant de monter en selle, je consultai ma carte et demandai à mon chevau-léger s'il avait des allumettes sur lui.

Sur sa réponse affirmative nous nous mîmes en route.

Je savais, pour l'avoir vu sur ma carte, qu'à moins de 3 kilomètres de Nogent, je devais arriver dans une grande forêt, puis qu'au bout de 7 kilomètres, je devais passer par le village du Gibet, qu'il me faudrait ensuite tourner vers la droite, pour sortir enfin de la forêt au bout de 11 kilomètres à peu près.

Nous partîmes au trot, moi à trois ou quatre pas en avant de mon chevau-léger qui me suivait; la route était très bonne, mais pas la moindre étoile pour l'éclairer; je ne la reconnaissais qu'à sa teinte un peu claire, laquelle finit elle-même par s'effacer.

Je dus m'arrêter pour consulter ma carte et ma montre.

— « Chevau-léger! Une allumette! »

Après plusieurs essais malheureux, nous pûmes enfin en faire flamber une; je reconnus alors que nous avions marché pendant quatorze minutes et que nous avions des arbres à notre droite et à notre gauche.

— « Bien; ça va; nous sommes dans la forêt; nous n'avons plus maintenant qu'à ouvrir nos oreilles; quoi que vous entendiez, prévenez-moi aussitôt.

— « Bien, mon Lieutenant.

— « Allons, en avant! »

Nous marchâmes d'abord au pas, puis essayâmes de trotter un peu, mais en vain : nos chevaux ne voyaient pas le sol et nous étions obligés, pour les empêcher de tomber, de tenir nos rênes très courtes.

Nous avançâmes ainsi tant bien que mal pendant une demi-heure environ, tantôt au pas, tantôt au tout petit trot; je me rendais compte, par le bruit que faisaient les sabots sur le sol dur, que nous n'allions pas de côté et restions sur le bon chemin.

Mais nous étions toujours en forêt comme me l'indiquait l'obscurité encore aussi grande, et cela ne manqua pas de m'inquiéter; en effet, si mes calculs étaient exacts, nous devions avoir atteint depuis longtemps le village du Gibet.

Nous frottâmes une nouvelle allumette dont la lueur n'éclaira que des arbres.

J'ordonnai alors à mon chevau-léger de longer le bord de la route, pendant que je conduirais moi-même son cheval, jusqu'à ce qu'il rencontre une de ces bornes comme il s'en trouvait tous les 100 mètres.

Il ne tarda pas à en découvrir une qui portait le chiffre 2.

Si donc le numérotage partait du Mans, la prochaine devait porter le numéro 1 et la suivante le nombre de kilomètres jusqu'à une ville dont elle donnerait aussi le nom.

Il en fut ainsi.

A 200 mètres de là se trouvait une borne kilométrique dont l'un des côtés portait le nom de La Ferté-Bernard et l'autre celui de Nogent-le-Rotrou, mais le nombre de kilomètres était complètement effacé.

Je savais donc que j'étais sur le bon chemin, tout en ignorant cependant notre situation exacte.

Nous reprîmes alors notre route et continuâmes à avancer.

Au bout de quelques instants, nous étant à nouveau

arrêtés, nous aperçûmes à la lueur d'une allumette, une clôture au bout de laquelle se trouvait une habitation.

Grande fut notre joie.

Les fenêtres de la maison étaient fermées par des volets ; j'en approchai mon cheval le plus près possible et me mis à frapper avec la crosse de mon revolver, criant selon l'usage du pays : « Eh là-bas ! » mais personne ne me répondit.

Le chevau-léger fit brûler plusieurs allumettes et je continuai à crier : « Y a-t-il quelqu'un là-dedans ? » Aucune réponse ne me parvint. Je me mis alors à promener mon revolver le long des volets, de haut en bas et de bas en haut, faisant un bruit du diable, pendant que mon homme criait et jurait à s'en rendre malade : rien ne remua à l'intérieur de la maison.

Nous explorâmes les alentours, toujours à l'aide de nos malheureuses allumettes : pas la moindre habitation.

Las d'attendre et de chercher, je retournai à ma fenêtre, décidé cette fois à en finir avec mon incertitude.

Plaçant le canon de mon revolver entre deux tablettes du volet, de façon à ce que le coup porte au plafond, je pressai sur la détente ; à peine la détonation eut-elle retenti dans le calme de la nuit, que des cris partirent de l'intérieur du logis : « O mon Dieu !

Mon Dieu! Nous sommes perdus! Quel malheur! Ne tirez plus, ne tirez plus! »

Je me portai à quelques pas en arrière et donnai l'ordre au maître de céans de sortir de chez lui avec une lanterne; je l'attendis, le revolver au poing.

Au bout d'un instant, et malgré les supplications de sa femme qui se traînait à ses genoux, un vieux paysan parut sous la porte, tenant à la main une lanterne; il n'avait pour tous vêtements qu'une chemise, des sabots aux pieds et le classique bonnet de coton sur la tête.

S'arrêtant à quelques pas de moi, il cria dans la nuit d'un air pompeux : « A présent je suis prêt! »

Je ne pus contenir mon rire à la vue de ce pauvre vieux qui se tenait là devant moi tremblant comme une feuille et certain que sa dernière heure était venue.

Tranquillement, et mon revolver toujours à la main, je lui adressai des reproches sévères pour n'avoir pas répondu à mes appels répétés.

Il prétendit que la peur l'en avait empêché.

Je lui demandai alors comment s'appelait sa ferme et j'appris qu'elle appartenait à Châteauroux; j'avais donc dépassé Le Gibet dont quelques maisons seulement se trouvaient sur la route, sans même m'en être aperçu.

Quant au chemin de Mâle, il se trouvait, d'après les dires du paysan, à environ 400 mètres en arrière de nous.

Afin d'y parvenir plus sûrement, j'obligeai notre homme, toujours tremblant à la vue de mon revolver, de nous accompagner jusque là. Il ne se fit pas prier et, sans même prendre le temps de compléter son costume primitif, il nous précéda pour nous montrer le chemin.

Le pauvre diable me faisait pitié ; nous étions alors en novembre, c'est-à-dire au début de ce rude hiver de 1870 : être tiré de son lit bien chaud pour faire sur la route près de 1 kilomètre, avec pour tous vêtements une chemise de nuit et un bonnet de coton, était une amère plaisanterie.

Mais que pouvais-je y faire ?

Si j'avais laissé à mon homme la liberté d'aller s'habiller, il serait presque certainement sorti, avec sa femme, par une porte de derrière et je ne l'aurais plus jamais revu.

Nous atteignîmes bientôt le chemin que nous cherchions.

Après avoir remercié le paysan de sa complaisance, nous repartîmes tranquillement, mais il nous fallut bientôt ralentir ; une branche qui pendait malencontreusement faillit me jeter à bas de ma monture ; et puis l'obscurité était devenue de plus en plus forte, au point que nous fûmes obligés de nous en rapporter à l'instinct de nos chevaux.

Les braves bêtes s'en tirèrent, du reste, fort bien et

je pus, au bout d'un quart d'heure environ, me rendre compte, grâce à la teinte grisâtre de la route, que nous étions toujours sur le bon chemin; nous devions même ne pas être très éloignés de Mâle.

Tout à coup retentit à moins de 50 mètres de nous un violent « Halte-là! Werda? »

Mon cheval, effrayé, fit un brusque écart; j'eus le malheur de ne pas répondre assez vite et « paff! » un coup de fusil partit dont la balle, si j'en jugeai par le sifflement que j'entendis, ne passa pas loin de ma tête.

Je me mis à jurer et à tempêter avec une telle force, que la sentinelle, malgré son attitude première, ne douta plus qu'elle avait devant elle un compatriote et n'exigea plus le mot d'ordre.

J'étais arrivé à Mâle.

Le coup de fusil avait eu l'avantage de faire arriver au pas de course une patrouille qui me conduisit immédiatement au quartier du chef de bataillon.

Celui-ci était éveillé; il avait été averti déjà de l'alerte de tout à l'heure, mais ne semblait pas le moins du monde en proie à l'inquiétude.

Je lui remis mon ordre.

Avant de repartir je regardai ma montre, elle indiquait 3^h 15, puis je consultai ma carte.

Je me fis conduire par un homme du poste jusqu'à la route de Beauvais et je repartis au trot, suivi de mon chevau-léger qui, avant de se remettre en selle, s'était fait donner par un fantassin une certaine quantité d'allumettes.

A 50 mètres à peine du village nous retrouvâmes la forêt et, avec elle, l'obscurité la plus complète ; il nous fallut reprendre le pas. Au bout d'un temps que j'estimai à une demi-heure environ, je pensai que nous ne devions plus être bien loin de la grand'route.

— « Chevau-léger, une allumette ! »

Je consultai ma montre, il était un peu moins de 3h30 ; nous n'avions donc pas marché une demi-heure, mais à peine dix minutes.

Que le temps paraît long quand on voyage de nuit en forêt et en pays ennemi, avec la responsabilité d'un ordre très important à remettre et l'espoir de ne rencontrer personne sinon quelque franc-tireur malintentionné !

Nous ne nous disions plus un mot. Tout à coup mon cheval dressa les oreilles et s'arrêta net ; quelque chose venait de remuer à une dizaine de pas de nous dans la broussaille.

J'essayai de me rendre compte, mais l'obscurité était impénétrable.

Mon cœur, je l'avoue, battait à se rompre.

Je sortis mon revolver et en armai le chien.

Au bruit que fit mon arme, quelque chose remua à nouveau, puis de nouveau le silence.

Je criai « Qui vive? »

Pas de réponse.

Encore une fois « Qui vive? »

Toujours pas de réponse.

J'essayai de pousser mon cheval en avant, il refusa; je lui donnai de l'éperon, il fit alors un saut formidable, une branche vint me frapper violemment la figure, involontairement je pressai sur la détente, le coup partit, heureusement en l'air.

Ma bête n'en fut que plus surexcitée, elle se cabra et me jeta davantage encore contre les branches. Pendant qu'elle se débattait ainsi, nous entendîmes distinctement, mon chevau-léger et moi, quelqu'un qui sautait dans les buissons.

— « Halte-là! criai-je, qui vive? »

Pas de réponse.

Un coup de revolver dans la direction du bruit, un craquement de branches, des pas rapides et précipités, puis le calme le plus complet; nous n'entendîmes plus rien.

— « C'était peut-être un chevreuil », dis-je à l'oreille de mon compagnon.

— « Non, mon Lieutenant, j'ai entendu très distinctement des pas d'homme ; et puis un gibier ne se serait pas arrêté si près de nous, il serait allé beaucoup plus loin. »

Il y avait donc quelqu'un à trente pas de nous et caché.

Que faire? descendre de cheval et entrer sous bois eût été pure folie, et puis nous étions pressés.

Mieux valait certes continuer notre chemin; je pris cette détermination et demandai à mon homme de se tenir tout près de moi.

Mon cheval était redevenu docile et marchait d'un pas lent.

Je tenais mon revolver à la main, prêt à faire feu au moindre bruit; j'étais courbé sur ma selle afin d'offrir moins de surface dans le cas où quelqu'un nous eût tiré dessus.

Je restai dans cette position peu confortable pendant une soixantaine de pas environ, m'attendant à chaque instant à une détonation.

Si encore, me disais-je, notre individu avait eu la bonne idée de ne pas charger à chevrotines, nous aurions plus de chance de nous en tirer.

L'idée que mon ordre pouvait ne pas arriver à destination me tourmentait au plus haut point : je savais que l'armée du grand-duc de Mecklembourg devait appuyer à l'est vers Châteaudun et qu'on avait confié à ma brigade la défense de la route du Mans à Dreux et à Paris.

Que se passerait-il si, ne recevant pas d'ordres, elle se mettait à appuyer aussi dans la direction de l'est ?

On signalait au Mans toute une armée ennemie.

Qu'adviendrait-il si, ne trouvant personne sur son passage, elle se portait en avant?

Toutes ces pensées me traversaient l'esprit et m'inquiétaient au plus haut point.

Cependant je me trouvais assez loin maintenant du passage dangereux de tout à l'heure pour pouvoir respirer à mon aise.

Je voulus trotter, mais mon cheval se heurtait à des racines et manquait à chaque pas de trébucher; nous continuâmes donc à avancer très lentement.

Subitement notre chemin parut s'élever quelque peu et nous entendîmes de nouveau le bruit des sabots sur la chaussée résistante; en même temps nous pûmes distinguer à nos pieds la nuance grisâtre d'une route entretenue.

Nous nous remîmes à trotter franchement, laissant nos chevaux s'en donner à cœur joie.

Mais notre satisfaction fut de courte durée : nous devions être arrêtés bientôt en face d'un croisement de routes qui nous plongea dans la plus grande incertitude.

Je demandai des allumettes.

— « Mon Lieutenant, je ne retrouve plus ma boîte, j'ai dû la perdre en route. »

Nous étions dans de beaux draps!

Avec cela, impossible de me rappeler si j'avais vu sur la carte que nous devions arriver à ce carrefour.

Combien je regrettai à ce moment de ne pas fumer et de ne pas avoir sur moi de quoi satisfaire cette agréable passion !

Que faire ? Je descendis de cheval pour observer de plus près la nature et la largeur des deux routes ; elles étaient identiquement pareilles. Je cherchai un poteau indicateur, sachant qu'en France ils étaient presque tous en fonte et portaient leurs inscriptions en relief : cette particularité m'eût permis de tâter avec mes doigts un nom et de le lire au toucher.

Je finis par découvrir le poteau rêvé, mais, à mon grand désappointement, je m'aperçus qu'il ne portait plus de plaque.

De prévoyants francs-tireurs avaient dû passer par là !

Ne sachant plus que faire, nous décidâmes de nous en rapporter de nouveau au flair et à l'instinct de nos chevaux.

Nous les ramenâmes quelque peu en arrière et les laissâmes se diriger la bride sur le cou ; le mien prit la droite, l'autre suivit, et nous continuâmes ainsi.

Je n'avais aucune idée de notre situation présente et ne savais même plus quelle heure il pouvait bien être. Avec cela une pluie fine commençait à tomber et le froid se faisait pas mal sentir depuis quelques instants.

J'étais de bien mauvaise humeur.

— « Mon Lieutenant !

— « Quoi ?

— « Là-bas, derrière nous, à droite, il y a une lumière. »

Je m'arrêtai, il y avait en effet une lumière. Notre situation devenait de plus en plus inquiétante.

On nous avait fait savoir officiellement, quelques jours auparavant, que des ordres avaient été donnés par le préfet du Perche pour qu'on fasse brûler sur les clochers des églises des lumières et qu'on les y laisse jusqu'à ce que les Allemands soient entrés dans les localités ainsi désignées.

Cette mesure permettait aux Français de se rendre compte jusqu'à quel point nous nous étions avancés ; sitôt nos troupes entrées dans un village, la lumière s'éteignait comme par enchantement.

Dans le jour, les moulins à vent rendaient les mêmes services ; leurs ailes tournaient ou restaient immobiles selon le cas, et cela dura ainsi jusqu'à ce que les patrouilles allemandes aient mis le feu à ces signaux dont on se servait contre nous.

La lumière que nous venions d'apercevoir et qui brûlait derrière nous ne pouvait donc que nous être fort désagréable.

Elle nous indiquait nettement qu'il y avait là, sinon des troupes françaises, du moins des ennemis, en tout cas pas des Allemands.

Où étais-je? Dieu seul le savait. A quoi bon, du reste, me creuser la tête?

Il ne fallait pas songer à retourner en arrière à l'intersection des deux routes, c'eût été perdre un temps précieux; d'autre part, la lumière paraissait éloignée d'environ 1 kilomètre; peut-être se trouvait-elle de l'autre côté de l'Huisne.

Le mieux était certes de continuer à aller de l'avant.

Nous reprîmes donc le trot et marchâmes ainsi pendant un certain moment.

Soudain mon cheval s'arrêta net et refusa d'avancer.

Je cherchai à me rendre compte de ce qui pouvait bien l'arrêter ainsi et regardai attentivement tout autour de moi; je remarquai alors que la teinte grise de la route était coupée, à quelques pas de nous, par une tache noire la traversant dans une partie de sa largeur. Ma première idée fut qu'il y avait là un de ces fossés creusés, comme il s'en trouvait pas mal dans certaines parties de la Beauce et du Perche, et je descendis de cheval pour en explorer les bords et la profondeur.

Grande fut ma stupeur quand je reconnus devant moi le corps d'un homme; je le touchai d'abord avec le fourreau de mon sabre, puis avec mes mains; il était mort et déjà rigide; à ses côtés se trouvait une baïonnette et près de sa tête un képi.

Cette rencontre cependant me remplit de joie, car elle me permit de supposer que nous avions suivi, à peu près sûrement, le bon chemin ; il était en effet évident que les Français n'avaient pas tué l'un des leurs tout simplement pour avoir le plaisir de le laisser sur la route.

J'en conclus que notre brigade avait dû rencontrer l'ennemi à cet endroit et lui avait livré un combat plus ou moins important.

Mon chevau-léger, pendant ces quelques minutes, était allé se rendre compte de l'état de la route ; comme il la reconnut praticable, nous nous remîmes aussitôt en selle et repartîmes au trot beaucoup plus gaîment et plus librement que tout à l'heure.

La pluie continuait à tomber, plus abondante de minute en minute, mais en même temps l'obscurité disparaissait et faisait place à l'aube grisâtre du jour qui se levait.

Une petite maison n'était pas loin de nous. Nous allions la passer sans nous en soucier, quand retentit un vigoureux « Halte ! Werda ? » qui nous obligea à nous arrêter net.

Rendu prudent par l'expérience de Mâle, je répondis aussitôt : « Officier d'ordonnance de la 3e brigade !

— « Mot d'ordre !

— « Wall !

— « Approchez !

J'obéis.

— « Mot de ralliement!

— « Georges!

— « Passez! »

Ma joie était grande d'entendre de nouveau prononcer des paroles allemandes.

— « De quel régiment êtes-vous ? » demandai-je à la sentinelle.

— « Du 12e, mon Lieutenant.

— « Bravo! c'est parfait. Suis-je encore loin de La Ferté?

— « Non, mon Lieutenant; la ville n'est qu'à 1 kilomètre d'ici. A votre droite se trouve Saint-Antoine-de-Rochefort où s'est arrêté notre régiment; on nous a ensuite amenés par ici, car on a transporté dans la localité les prisonniers et les blessés.

— « Les blessés? Il y a donc eu un combat sérieux?

— « Oui, mon Lieutenant; nous sommes arrivés dans ces parages vers 11h 30 du soir; nous avions déjà rencontré, peu de temps avant, quelques détachements de mobiles que nous avons mis en fuite; dans la ville même, nous avons surpris quatre bataillons ennemis et fait prisonniers plus de 700 hommes.

— « Y a-t-il eu des pertes sérieuses?

— « Pas chez nous; seul le 1er bataillon de chasseurs, qui était en tête, a pas mal souffert; mais, par contre, beaucoup de Français sont tombés.

— « Quelle heure est-il donc maintenant ?

— « 5h 30 environ.

— « Est-ce que la route continue tout droit ?

— « Oui, mon Lieutenant, jusqu'à la grande place de La Ferté ; là se trouve l'état-major de la brigade.

— « Merci, au revoir ! »

Heureux, je partis au trot vers la ville où j'arrivai bientôt ; sitôt descendu de cheval, j'appelai le sous-officier chargé de prendre les ordres et lui dictai ce qui suit : « A 7 heures du matin, la brigade devra se trouver au lieu de rassemblement, à la sortie sud de La Ferté, route du Mans », puis je remis l'ordre détaillé à l'officier d'ordonnance du général qui se retira aussitôt pour aller l'étudier.

Il m'invita, avant de partir, à m'étendre sur sa couchette, ce que je fis sans me faire prier, et je m'endormis aussitôt tout habillé, sans même prendre le soin d'enlever mes bottes, et mes éperons.

Mon sommeil ne fut pas long ; on m'éveilla au bout d'une demi-heure à peine ; il était 6h 45.

Mon ordonnance m'amena mon cheval et je me remis en selle sans avoir pu me reposer.

Je déjeunai vite avec un peu de pain et d'eau-de-vie.

Au rassemblement, le général estima que, malgré tout, j'avais mis pas mal de temps à me promener la nuit précédente.

Ce n'est que lorsque je lui eus expliqué que j'avais quitté Nogent à 11h 30 seulement et qu'il m'avait fallu aller jusqu'à Mâle, qu'il parut satisfait ; il me demanda alors : « Avez-vous au moins retrouvé votre nid dans cette nuit si noire ? »

A ma réponse affirmative, il n'insista pas et ce fut tout.

J'ai dû pas mal me dépenser encore au cours de ces batailles de décembre, parfois même au milieu des balles ennemies, jamais cependant je n'ai éprouvé un sentiment aussi désagréable que cette nuit-là, dans la forêt du Gibet, sur la route du Mans, alors que je ne savais plus où je me trouvais.

XV

QUELQUES ANECDOTES

La mission qui nous incombait depuis le 10 novembre et qui consistait à couvrir l'armée assiégeante de Paris, était extrêmement difficile et pleine de responsabilités.

Notre corps était soutenu maintenant, comme je l'ai dit déjà, par deux divisions prussiennes, la 17e et la 22e, au lieu de la dernière seulement; mais nous étions, malgré cela, beaucoup trop faibles encore pour pouvoir nous trouver partout à la fois comme on nous le demandait.

Aussi dûmes-nous renoncer à occuper simultanément tous les points importants et nous contenter d'aller et de venir, de harceler les avant-postes français, de jeter hors de leurs cantonnements de pauvres mobiles, de gêner la marche en avant d'une division ennemie, puis de nous trouver quelques jours après sur un point tout différent au grand étonnement des Français.

Je dois dire, du reste, que ces nombreuses marches

et contremarches à travers la Beauce et le Perche étaient des plus intéressantes, mais, mais.....

Mon brave camarade Schmeckenbecker, lieutenant en premier, marchait le plus gaîment du monde sur des planchettes de bois qu'il avait découpées en forme de semelles et attachées au bas de ses bottes complètement usées; pas mal de nos hommes portaient, fixés à l'aide de ficelles, des sabots français, chaussures bien inélégantes et bien peu pratiques ; d'autres avaient tout simplement enveloppé leurs pieds de paille, afin de ne pas patauger à même dans la neige et la glace.

Tous ces détails peignent mieux l'état où nous nous trouvions que les plus savantes descriptions.

Nous avions bien nos bagages en sûreté à Longjumeau dans leurs fourgons, mais nous en étions si loin que nous ne pouvions qu'y penser avec envie, sans être à même jamais d'oser distraire quoi que ce fût de nos belles affaires neuves.

Mes bottes à moi se trouvaient encore en excellent état grâce à ce que, étant monté, je n'étais pas obligé de marcher ; mais, par contre, mes culottes commençaient à crier misère à la place où le cavalier et le cheval se touchent de plus près : c'est que j'étais parti dans le rang avec un pantalon de fantassin sans empiècement de cuir, dont j'avais continué à me servir après le mois d'octobre, alors que j'étais devenu officier d'ordonnance. Rien n'y fit, même pas les reprises savantes auxquelles s'appliqua le dévouement de mon ordonnance.

Mon linge aussi finit par partager le sort de mes vêtements et devint de jour en jour plus mince et plus fragile.

Je fis alors une trouvaille à laquelle je songe encore aujourd'hui avec un légitime plaisir : c'était à Mondoubleau, le 26 novembre ; j'étais arrivé mort de fatigue au logement qui m'était destiné, une maison délaissée, gardée seulement par un vieux domestique.

Mon brave ordonnance avait réservé pour moi la chambre d'une dame dans laquelle bientôt je dormis d'un profond sommeil dans un excellent lit.

Je n'avais pas osé me défaire de mes vêtements ; nous ne le faisions plus depuis plusieurs semaines dans la crainte de recevoir de minute en minute des nouvelles des avant-postes nous obligeant à partir sur-le-champ.

Mais cette nuit-là fut heureusement des plus calmes.

Le lendemain matin je fis la fameuse trouvaille qui remplit mon cœur de joie : je découvris dans ma chambre une grande armoire remplie d'un linge de femme, admirable et immaculé ; j'en examinai toutes les pièces une à une pour voir si je ne trouverais pas de quoi remettre des morceaux neufs à mes caleçons usés, mais ce fut en vain.

J'allais y renoncer quand je mis la main sur quelques magnifiques chemises féminines, longues à n'en plus finir et certes bien séduisantes.

Retirer mes loques fut l'affaire d'un instant, couper le bas d'une chemise avec mon couteau pour la séparer en deux fut vite fait, et bientôt j'entrai jusqu'aux bottes dans les larges plis de mon heureuse trouvaille, heureux de me délasser dans ce linge blanc d'une fraîcheur exquise.

Les manches seules me causèrent quelques regrets : elles étaient courtes et s'arrêtaient juste aux épaules, ce qui fit qu'à partir de ce jour-là, j'eus bien souvent froid aux bras et particulièrement aux coudes.

Il va sans dire que mon ordonnance renouvela son linge de la même façon que son maître, très satisfait lui aussi d'apporter quelque changement à sa garde-robe.

Nous partîmes, ce jour-là, de très bonne heure. La brigade devait aller prendre une position d'attente dans la région de Choue jusqu'au moment où des renseignements précis nous arriveraient sur des forces ennemies signalées près de Vendôme.

Je ne tardai pas à avoir très faim, n'ayant pris pour tout déjeuner que quelques morceaux de sucre arrosés d'une forte lampée d'eau-de-vie.

Après avoir porté des ordres de tous côtés pendant plus de deux heures, je pus enfin descendre de cheval et aller me recommander à des camarades chasseurs pour obtenir d'eux quelque chose à me mettre sous la dent.

— « Venez donc par ici, me cria l'un, dans cinq minutes nous allons manger un poulet rôti; c'est un coq qui nous a suivis depuis Cormenon, et Baumgärtner est en train de le préparer d'après une recette nouvelle (Baumgärtner était un camarade qui avait quelques dispositions pour la cuisine).

— « Mais comment voulez-vous donc faire rôtir un coq en plein air? » leur demandai-je.

— « Ça c'est l'affaire de Baumgärtner; il nous a promis de réussir et tiendra parole. Nous avons aussi du champagne.

— « Bravo! Faites-moi voir cela. »

On m'en apporta et j'en bus quelques bonnes gorgées à la bouteille.

Mais voici que Baumgärtner revenait et nous criait de loin de vite nous préparer; derrière lui suivait en sabots un chasseur portant une énorme boule de terre glaise cuite que l'on venait de retirer d'un grand feu.

— « Où est donc le coq?

— « Il est là-dedans.

— « Où?

— « Là, dans la terre glaise.

— « Vous vous moquez de nous?

— « Pas du tout; que ceux d'entre vous qui ont du sel en fassent profiter les autres; j'ai usé tout le mien en faisant la cuisine. »

On se resserra autour de Baumgärtner qui, à l'aide

d'une baïonnette empruntée à un chasseur, s'était mis en mesure d'ouvrir la fameuse boule de terre ; celle-ci, à la cuisson, était devenue presque aussi dure qu'une brique et par suite très difficile à briser.

Un coup plus violent que les autres fit une fente d'où s'échappa un parfum exquis, puis la boule se cassa en deux, partageant avec elle le coq que nous contemplâmes avec un œil jaloux.

Il ne fut naturellement pas question de le découper ; nous arrachâmes les morceaux aussi adroitement que possible et goûtâmes le plat nouveau auquel tout le monde découvrit de très sérieuses qualités.

Les cinq convives qui s'étaient ainsi régalés votèrent des félicitations à Baumgärtner, lequel n'avait même pas oublié d'apporter du pain ; ils remercièrent également une autre camarade aimable qui avait complété la fête en distribuant du sel à ceux qui n'en avaient pas.

Notre hôte dut naturellement nous raconter comment il était arrivé à nous préparer aussi vite un excellent rôti, et voici la recette qu'en réponse il nous dicta en nous recommandant chaudement de nous en servir le cas échéant :

« Se rendre par un temps humide et froid dans une région riche en terre glaise, celle du Perche par exemple, en France ; trouver un coq qui daigne vous accompagner un bout de chemin ; dans un endroit propice, lui tordre le cou, le vider, l'assaisonner intérieurement de sel et de poivre, puis l'enduire d'une épaisse couche d'argile ; laisser, autant que possible, les plumes droites afin que la terre pénètre bien partout et tienne ferme. Prendre la boule de glaise ainsi formée et la jeter dans un grand feu sans plus s'en occuper.

« Au bout d'une petite heure, la cuisson est finie ; sortir alors la boule du feu, l'ouvrir, en retirer tout ce qui n'est pas carbonisé, y ajouter un peu de sel et si possible un peu de beurre.

« Avez-vous auparavant marché tant soit peu, ou bien êtes-vous resté vingt-quatre heures sans manger, vous trouverez mon rôti délicieux, même s'il est assaisonné d'un peu de terre humide. N'oubliez surtout pas de laisser les plumes dans la glaise et jetez-les avec le reste à la tête de quelque franc-tireur. »

Telle est en deux mots la fameuse recette ; je ne puis que la recommander à l'attention de nos bonnes ménagères.

Nous n'avions pas fini de rire des talents culinaires de Baumgärtner, qu'arriva l'ordre de partir immédiatement et de nous diriger par Saint-Agil sur Courtalain où se trouvait une forte division ennemie.

Le temps était froid et pluvieux. Nous nous arrêtâmes vers 2 heures et prîmes sur-le-champ nos formations de combat, en raison des renseignements inquiétants venant de Brou et de Droué que nous apporta notre cavalerie; renseignements exacts qu'il nous fut donné de pouvoir bientôt contrôler à l'aide de nos jumelles; nous aperçûmes en effet très nettement des régiments de cavalerie française évoluant à 4 ou 5 kilomètres au plus de notre front, imprudence qu'ils n'eussent certes pas commise s'ils ne s'étaient sentis soutenus en arrière par des forces importantes.

Quelques heures se passèrent ainsi sans que se produisît le moindre événement; l'ennemi ne semblait pas décidé à vouloir prendre l'offensive; quant à nous, nous étions trop peu nombreux pour oser nous porter au-devant de lui et l'attaquer.

Pendant que nous attendions de la sorte, j'eus le bonheur de pouvoir assister à une véritable chasse aux oies et d'apprendre la façon pratique de mettre la main sur ce gibier peu commun.

Un troupeau d'une soixantaine de ces bêtes se trouvait perdu en pleine campagne à environ 1 kilomètre de nous, sans le moindre gardien pour le surveiller.

Nos fantassins n'osaient pas s'éloigner de leur place et s'aventurer aussi loin, mais les dragons, eux, ne purent résister à la tentation d'organiser une partie de chasse.

Un lieutenant mecklembourgeois se mit à leur tête et procéda de la manière suivante : il prit dans un peloton un certain nombre de cavaliers qu'il envoya bien au delà du troupeau d'oies dans la direction de l'ennemi, pour éviter toute surprise de la part de ce dernier contre ceux qui allaient se porter en avant; puis il prit lui-même la tête d'un autre peloton et partit au trot, en colonne par un, les hommes les uns derrière les autres et donna l'ordre de former autour du troupeau qui ne se doutait de rien, un vaste cercle, les cavaliers à grands intervalles les uns des autres.

Petit à petit ces intervalles se resserrèrent, le cercle se rétrécit et bientôt les dragons se trouvèrent botte à botte pour entourer et enfermer les oies.

Trois sous-officiers descendirent alors de cheval, pénétrèrent dans le cercle et, mettant sabre au clair, commencèrent à trancher des têtes. Les pauvres bêtes n'essayèrent même pas de se frayer un passage à travers les membres des chevaux et tombèrent toutes entre les mains des cavaliers.

Si l'une d'elles n'avait pas la tête complètement tranchée, on la laissait à terre inachevée jusqu'à ce que toutes ses sœurs aient été exécutées; alors seulement on corrigea le travail mal fait, on coupa les têtes proprement, on laissa le sang s'écouler, et les dragons bientôt purent s'en retourner auprès de leurs camarades, chargés de leur sanglant butin.

Une distribution eut lieu, au cours de laquelle l'état-major de notre brigade fut équitablement partagé.

Notre général n'avait pas grande confiance dans la recette à la terre glaise, aussi ordonna-t-il, comme nous en avions le temps, de plumer l'oie qui nous était échue, ce que mon ordonnance fit séance tenante. On procéda de même dans tous les corps de troupes et chacun se mit au travail sans tarder.

Nous avions décidé, à l'état-major, de conserver notre bête jusqu'au moment où nous aurions la possibilité de la faire rôtir à notre aise. Je raconterai plus tard comment il advint qu'au lieu de nous en régaler, elle fut tout simplement donnée à quelque heureux chevau-léger.

. . . .

Déjà le crépuscule assombrissait l'horizon quand, d'une brigade de hussards qui se trouvait à l'avant-garde, nous arriva la nouvelle que l'ennemi se retirait vers Châteaudun et Cloyes.

Nous reçûmes immédiatement l'ordre de nous rendre à Arrou et à Courtalain et de nous y installer en cantonnement d'alerte.

Je fus chargé comme d'habitude de préparer notre logement ; je partis donc en avant, accompagné d'un chevau-léger et me dirigeai sur Courtalain où devait s'installer l'état-major de la brigade ; je m'en allais sans le moindre souci, sachant que dans cette localité se trouvait un magnifique château où nous serions certes extrêmement à l'aise.

En cours de route, je fis la rencontre d'un lieutenant de chevau-légers de la landwehr, le comte Arco, chargé de son côté de préparer un cantonnement à Arrou; nous continuâmes notre chemin ensemble, suivis de nos hommes qui se tenaient à cinq ou six pas de nous. Nous portions tous les quatre, ainsi que le faisaient presque tous les cavaliers depuis la prise d'Orléans, des capuchons français de couleur bleue avec petites pèlerines, qui nous faisaient ressembler dans l'obscurité à des chasseurs à cheval français.

Il n'y avait, à ce moment-là, ni lune ni étoiles pour éclairer la nuit; seule la neige donnait un peu de clarté.

Au nord d'Arrou, nous dûmes passer la Yères, rivière très peu profonde, mais qu'il nous fut très difficile de traverser en raison du temps que nous mîmes à découvrir un gué. Nous réussîmes cependant et bientôt nous faisions notre entrée dans la petite ville d'Arrou. Nous avancions lentement, rendus prudents par les événements.

Les rues étaient désertes, peu de fenêtres éclairées. Sur une grande place brûlait une lanterne; près d'elle étaient arrêtés trois hommes que je reconnus vite pour des soldats français d'infanterie. L'un d'eux, dont les galons sur les bras étaient éclairés par la lanterne et désignaient un sous-officier, se tenait l'arme au pied et donnait aux autres quelques explications sur la carte.

Je fis signe au comte Arco de ne plus causer, et tous deux nous avançâmes vers le groupe.

Les Français étaient loin de se douter qui nous étions; nous nous arrêtâmes à quelques pas devant eux, je jetai mes rênes à Arco, descendis de cheval, et rabattant davantage encore mon capuchon sur le front, je m'avançai vers les trois Français.

— « Bonsoir, Chasseur ! » me cria le sous-officier.

Il n'avait pas achevé ces mots que je lui arrachai son fusil des mains et qu'avec la crosse j'en assénai un si vigoureux coup dans la poitrine de l'un des soldats qu'il tomba inanimé sur le sol. Le sous-officier et l'autre fantassin n'eurent pas le temps de la réflexion; ils nous tournèrent le dos et disparurent, rapides comme l'éclair, dans une maison voisine, en criant : « Les Prussiens ! Les Prussiens ! »

Sur les entrefaites, nos deux chevau-légers étaient venus nous rejoindre. Je donnai l'ordre à l'un d'eux de descendre de cheval, de prendre le fusil du blessé, dont les plaintes faisaient peine à entendre, et de le surveiller; puis je demandai au comte Arco de rester à cheval ainsi que son homme, afin de pouvoir, le cas échéant, s'éloigner au plus vite et renseigner les nôtres.

Ceci fait je me rendis de ma personne, le revolver à la main, jusqu'à la maison dans laquelle avaient disparu les deux fuyards, et j'entrai : par une porte latérale j'aperçus, dans une pièce voisine, toute une famille composée d'un vieillard, d'une femme et de deux petites filles d'environ dix et douze ans, réunis autour d'une table et mangeant, à la lueur d'une chandelle, une sorte de bouillie que l'on avait servie dans une marmite.

Mon apparition souleva un cri général de frayeur. Mais le silence se fit bien vite à la vue de mon revolver, et le vieillard me demanda ce que je désirais. Je le mis au courant de ce qui m'amenait dans son logis et lui demandai de vouloir bien se munir d'une lanterne pour m'aider à retrouver les deux Français.

Il ne se fit pas prier, mais me laissa entendre que mes recherches n'aboutiraient probablement à rien, en raison de ce que sa maison était traversée par un couloir servant de passage que les fuyards avaient dû utiliser pour passer d'une rue à l'autre et se soustraire à notre poursuite.

Je pus immédiatement me rendre compte de la sincérité de ces dires et renonçai à mes recherches pour retourner auprès du comte Arco.

Je fis de suite emporter le blessé par le chevau-léger qui le gardait, aidé du vieillard et de sa femme; on le transporta dans une chambre et on l'étendit sur un canapé. Il avait, comme je l'appris dans la suite, quelques côtes endommagées.

Sur mon insistance, notre bonhomme de vieillard finit par avouer qu'une demi-heure auparavant, un régiment français d'infanterie et un régiment de chasseurs à cheval avaient passé par Arrou, se dirigeant sur Courtalain et Châteaudun. Il ne pensait pas qu'il pût y avoir encore des troupes dans la localité et supposait que les trois hommes que nous y avions rencontrés devaient appartenir à une patrouille perdue, ce que confirma du reste le blessé que nous interrogeâmes à son tour.

Tranquillisé de ce côté, je me décidai à faire mes adieux à Arco et bientôt je trottais résolument sur la route de Courtalain, non pas sans avoir, au préalable, demandé au vieillard d'Arrou de conduire mon camarade auprès du maire de la commune.

La route était bonne; nous jetions de temps à autre des regards attentifs autour de nous afin d'éviter toute surprise de la part des cavaliers ennemis.

C'est, je crois, le moment de placer le récit d'une aventure que vécut ce même jour un officier d'ordonnance comme moi, le baron d'Adrian. Ce camarade était, lui aussi, chargé de préparer son cantonnement et poursuivait son chemin, accompagné d'un chevau-léger.

Dans une petite localité dont j'ai oublié le nom, il dut emprunter pendant quelques minutes un chemin oblique pour rejoindre un peu plus loin la grande route. C'est là qu'il aperçut, en plein sur celle-ci, une troupe de cavalerie française qui se dirigeait vers l'est.

Sans hésiter, notre lieutenant se rapprocha, toujours suivi de son compagnon, de cette troupe, et ne s'arrêta qu'à quatre pas environ d'elle; il eut la grande joie de laisser ainsi passer tranquillement devant lui deux régiments de cavalerie, sans que ni lui, ni son chevau-léger, ne fussent reconnus.

Disons-le de suite, c'était là encore un service que nous avaient rendu les fameux petits capuchons.

. . . .

Pour en revenir à moi, j'arrivai sans autre aventure à Courtalain, vers $7^h 30$ du soir.

Dès la première maison, je fis venir à moi un petit paysan et lui demandai de me conduire au château. Il me raconta, rendu bavard en cours de route sans doute par la vue de mon revolver, qu'il y avait à peine quelques instants que l'arrière-garde française était partie pour se rendre à Châteaudun où l'on avait annoncé l'arrivée des Prussiens.

Il me fit savoir aussi, tout en marchant, que le propriétaire du château, le comte Gontant-Saint-Blancart, se trouvait actuellement à Paris, mais que son régisseur devait être présent.

Nous arrivâmes à destination; j'avais devant moi une puissante bâtisse dont la splendeur m'émerveilla; toutes les fenêtres étaient illuminées.

Sous le porche, le concierge vint au-devant de moi; je descendis de cheval, jetai mes rênes à mon chevau-léger, lui ordonnai de se mettre en quête d'une bonne écurie, puis je demandai à notre homme de me conduire auprès du régisseur.

Il fit tinter par deux fois une vieille cloche très sonore dont les appels devaient mettre à ma disposition un domestique. Et en effet, un laquais tout galonné d'or se présenta aussitôt, lequel me pria de le suivre et me conduisit au premier étage dans un salon de réception extrêmement élégant et superbement éclairé d'où il s'éloigna pour aller, me dit-il, appeler le maître de céans.

Pendant que j'attendais l'arrivée de celui-ci, j'entendis dans une pièce voisine résonner des verres. Voulant me rendre compte, j'ouvris une porte donnant sur cette pièce : une table luxueusement servie, dont la richesse et le raffinement me laissèrent rêveur, s'offrit à mes regards ; des domestiques étaient occupés à mettre de côté de nombreuses bouteilles qui la garnissaient agréablement.

— « Halte ! » leur criai-je aussitôt du ton le plus autoritaire, « laissez donc toutes ces bouteilles sur la table. »

Au même instant apparut du côté opposé de la salle un homme très élégant qui se présenta à moi comme le régisseur du château.

Je lui fis entendre sans détour que j'étais chargé d'organiser le cantonnement de l'état-major de la

3e brigade d'infanterie bavaroise et qu'un assez grand nombre d'officiers devaient loger au château; j'ajoutai que je désirais les faire profiter du souper qui se trouvait préparé devant moi, et que je m'opposais formellement à ce qu'on enlevât la moindre bouteille de vin. Le régisseur fit contre fortune bon cœur et donna l'ordre aux domestiques de remettre tout en place.

J'appris, tout en causant, que cet opulent dîner avait été destiné aux officiers d'une brigade de cavalerie française du 17e corps, brigade Guepratte je crois, laquelle avait subitement reçu l'ordre de se porter ailleurs.

Comme j'avais très faim, je me fis servir quelques fruits et du pain que j'arrosai d'un excellent chambertin suivi d'un non moins bon léoville; ceci fait, je demandai à visiter les chambres, celle du général d'abord, puis celles des autres officiers.

Le régisseur se prêta de bonne grâce à toutes mes demandes, donna des ordres à la domesticité et me promena dans les différentes parties du château. C'était un manoir du seizième siècle qui avait appartenu au duc de Montmorency; très bien conservé, il était en outre luxueusement aménagé par son propriétaire actuel.

J'admirai surtout un escalier de l'époque, véritable merveille, dont on eût pu se servir pour monter à cheval jusqu'aux étages supérieurs.

A peine venais-je de terminer la distribution de mes chambres, les unes et les autres très confortables, que mon général apparut sur le perron du château; je me fis un plaisir de l'amener à cheval jusqu'à la porte du salon de réception, et de le conduire de là vers la salle à manger.

Tout y était déjà prêt.

Des laquais galonnés d'or et gantés de blanc se tenaient immobiles le long des murs; tout donnait l'impression que nous nous trouvions plutôt à un dîner de cour que dans un cantonnement ennemi, à 4 kilomètres à peine des avant-postes français.

Nous envoyâmes sans tarder nos ordonnances à la ville afin d'y rechercher le plus grand nombre d'officiers possible et de nous les amener au château où nous les attendions avec impatience; bientôt nous nous trouvâmes une trentaine assis autour de la magnifique table, faisant la fête comme jamais plus il ne nous arriva de la faire, au cours de la campagne. Il en fut de même pour nos hommes et nos chevaux qui, eux aussi, n'oublieront jamais qu'ils eurent la chance de loger, le 26 novembre 1870, dans le beau château de Courtalain.

Pour ne pas perdre mes bonnes habitudes, il me fallut aller aux ordres cette nuit-là comme les précédentes; mais je dois dire qu'en montant à cheval, je me sentis animé d'un tout autre esprit qu'en temps ordinaire ; d'abord j'avais admirablement dîné, et puis le champagne m'avait passablement échauffé la tête.

Nous avions bien l'habitude de boire et de supporter pas mal, mais, cette fois, la mesure habituelle avait été de beaucoup dépassée.

Au milieu de tout ce superflu, nous n'avions pas oublié la fameuse oie, l'oie dite d'état-major que nous avions si consciencieusement réservée pour notre dîner ; nous en fîmes cadeau à un chevau-léger qui, dans la nuit, nous apporta des nouvelles et nous déclara que, dehors, dans la neige, lui et ses camarades n'avaient rien trouvé à se mettre sous la dent.

De même, nous pensâmes aussi à ceux des nôtres qui se trouvaient aux avant-postes : nous leur envoyâmes deux bouteilles de léoville ainsi qu'une miche de pain qu'ils durent singulièrement apprécier en dégustant leur « oie », eux qui ne se doutaient pas du bonheur dont nous jouissions à la même minute.

Au commencement de décembre, j'ai vécu pendant trois jours d'un peu de chocolat, de pain et d'eau-de-vie.

Il en est ainsi à la guerre.

Tantôt l'opulence, tantôt la misère, ici on se régale de bordeaux et de champagne, là, on ne trouve même pas un verre d'eau pour apaiser sa soif ; il faut prendre les jours comme ils viennent, et si aujourd'hui on se trouve sans ressources, on compte néanmoins sur un lendemain meilleur.

C'est là le sort des soldats ; nous en avons fait plus d'une fois l'expérience.

XVI

CHATEAUDUN ET VARIZE (27 AU 29 NOVEMBRE)

C'est bien à regret que je quittai notre beau château de Courtalain. N'y avais-je pas été logé comme un prince? et puis j'aurais aimé visiter de plus près cette intéressante architecture avec son donjon garni de plantes vertes et son magnifique parc, enfin l'exquis dîner de la veille nous avait fait espérer pour le lendemain un non moins succulent régal.

Malheureusement les lieutenants proposent et les généraux disposent; il nous fallut reprendre notre marche vers l'est.

A l'instar de véritables nomades, nous ne restions jamais en place; tous les jours nous changions de cantonnements, heureux quand nous les trouvions abandonnés de l'ennemi. Et encore j'avais la chance, comme j'arrivais généralement dans les localités en même temps que notre cavalerie de tête, c'est-à-dire une demi-heure, quelquefois une heure avant notre brigade, de pouvoir choisir pour notre général et son état-major les logements les plus convenables.

Je me basais, pour ne pas me tromper, sur l'aspect extérieur des habitations, mais cette façon de procéder me réserva plus d'une surprise et il arriva parfois que des hommes de troupe furent mieux partagés que nos officiers. Je m'en consolais en pensant que bien souvent les premiers étaient obligés de passer des nuits aux avant-postes et de camper à la belle étoile, tandis que les seconds étaient confortablement installés au chaud.

A ce propos je me souviens d'une aventure qui advint à l'un de mes camarades, le lieutenant Moser du 1er régiment d'artillerie.

Sa batterie avait reçu l'ordre d'aller se parquer dans un certain village au bord de la grande route, où devait la suivre un bataillon d'infanterie; ce dernier marchait tout à la queue du gros de la colonne; la batterie, elle, se trouvait à hauteur de l'avant-garde. Comme il était déjà près de 4h 30 de l'après-midi, les artilleurs ne se soucièrent pas d'attendre les fantassins et se dirigèrent sans soutien sur leur cantonnement.

Le lieutenant Moser, qui commandait la batterie, s'était porté au trot assez loin en avant, accompagné d'un trompette, afin de reconnaître l'emplacement exact où il ferait arrêter ses pièces. La nuit commençait à tomber au moment où il arriva aux portes de la localité dont j'ai aujourd'hui oublié le nom.

Un cri retentit : « Qui vive? » et deux individus s'avancèrent armés de fusils dont ils firent basculer les chiens.

— « Bon, pensa Moser, ils n'ont que des fusils à tabatière, ce sont des mobiles. »

Il n'insista pas, tourna bride et s'enfuit rapide comme le vent, suivi de son trompette.

Quelques coups de feu les saluèrent dont ils ne furent pas atteints, et ce fut tout.

Quand Moser eut rejoint sa troupe, il la fit aussitôt arrêter, donna l'ordre aux deux pièces de tête de se mettre en batterie et d'ouvrir le feu sans tarder. Le temps de le dire et déjà quatre grenades éclataient dans le village.

Ce fut un spectacle inouï : de tous côtés des cris et des hurlements d'effroi, mêlés à des commandements de toutes sortes, des coups de fusil partis d'eux-mêmes, le désordre, l'encombrement, la cohue.

Au milieu de cet effarement, deux grenades nouvelles lancées bien à propos amenèrent le silence et tout rentra dans le calme, comme par enchantement.

On vit bientôt une bande d'une centaine d'individus armés se sauver à toutes jambes par l'extrémité opposée du village et disparaître dans l'obscurité; suivis un instant par un officier et quelques sous-officiers qui les observaient de loin, ils ne témoignèrent aucun esprit de retour offensif.

Moser alors fit prendre à sa batterie possession du cantonnement, et ses artilleurs étaient déjà tranquillement installés quand arriva enfin le bataillon d'infanterie.

Des ennemis il ne restait trace; rien n'eût dénoté que le village avait été occupé par eux s'ils n'avaient abandonné entre nos mains l'un des leurs, blessé au cours du combat.

Une fois de plus les pauvres moblots devaient se dire que ces Bavarois du diable étaient de bien vilains bougres.

Le 27 novembre, dès le matin, nous marchâmes sur Logron dans la direction de l'est; c'est là que se rassemblait tout le corps d'armée face à Châteaudun et au sud-est; les jours précédents nous n'avions cessé d'avancer toujours vers l'ouest sur Dreux et Le Mans, direction que nous abandonnions aujourd'hui pour celle du sud-est.

— « Tant mieux, disions-nous, de cette façon peut-être reviendrons-nous un jour ou l'autre à Orléans. »

Pendant que notre corps d'armée s'écoulait lentement, se tenait, à l'écart de tout bruit, un conseil de guerre dont je faisais partie, et qui était chargé de juger un prêtre; ce dernier avait été arrêté au milieu de paysans ennemis, alors qu'ils tiraient sur nos soldats; même on avait trouvé des cartouches dans ses poches.

Les paysans avaient été abattus sur place; quant au prêtre, nos soldats respectèrent sa soutane et le remirent entre nos mains. Le malheureux faisait une triste figure; quand il entendit que je parlais le français, il s'accrocha à moi et me supplia de ne pas l'abandonner. J'essayai de le tranquilliser en lui affirmant qu'il serait jugé loyalement et en toute impartialité; cela ne le consolait pas; il devait avoir une conscience bien chargée.

Une seule chose sembla le rassurer quelque peu, ce fut d'apprendre que presque tous mes camarades et moi-même étions catholiques; c'était flatteur pour les protestants!

Il eut la chance de n'être pas fusillé, et fut remis entre les mains de l'état-major de l'armée où je ne sais ce qu'il advint de lui.

Nous apprîmes, vers midi, par notre cavalerie, que l'ennemi aperçu dans la région de Châteaudun s'était subitement retiré vers le sud-est.

Notre corps d'armée se porta aussitôt en avant et nous eûmes le grand plaisir de cantonner le même soir dans la jolie ville de Châteaudun.

Je ne pus, quant à moi, m'y installer pour tout de bon qu'à 8 heures, obligé de me rendre encore à Mezelle pour y transmettre des ordres.

Comme j'étais très pressé et mes chevaux assez fatigués, je pris une bête de troupe appartenant à un chevau-léger et la montai telle qu'elle était, avec selle d'ordonnance, paquetage complet et des étriers très longs.

Je n'oublierai de longtemps cette promenade sur ce

harnachement de fortune! le lendemain il me semblait que j'avais été roué de coups.

En rentrant au cantonnement, j'appris une très agréable nouvelle : nous devions avoir repos toute la journée du 28.

Nous allions donc pouvoir dormir une nuit complète et nous nettoyer des pieds à la tête.

Et puis, il allait nous être loisible de visiter plus à fond la ville de Châteaudun avec son intéressant château du quinzième siècle dont une tour même, construite par Thibault le Tricheur, datait du douzième.

Je dois dire en passant que la partie est de la ville avait été fortement endommagée pendant le combat du 18 octobre par l'artillerie de la 22e division prussienne, et ressemblait d'assez près à Bazeilles; mais le restant avait été épargné et même le quartier donnant sur le Loir, un affluent de la Loire, offrait la plus agréable perspective.

Mon logement était confortable et mon hôte un homme bien élevé avec lequel on pouvait causer. Il n'était naturellement question de sa part que de l'héroïque défense de Châteaudun par les francs-tireurs du lieutenant-colonel Lipowski contre les forces bien supérieures du général von Wittich.

Une chose surtout surexcitait le brave homme au plus haut point : c'était de penser que les Allemands avaient fait usage de leur grosse artillerie pour détruire une partie de la ville, alors que les Français, eux, n'avaient que de l'infanterie. Il ne pouvait comprendre qu'on ne se battît pas à armes égales et qu'on osât opposer à de l'infanterie de l'artillerie lourde.

J'essayais de le calmer en lui tenant le raisonnement suivant :

— « Supposez, Monsieur, lui dis-je, que vous commandiez à une très petite armée dont la mission serait d'occuper et de garder une contrée extrêmement étendue et sillonnée partout de troupes ennemies.

« Que feriez-vous ?

— « J'essaierais, me répondit-il, de les battre les unes après les autres.

— « Bravo, vous avez des dispositions pour la tactique; mais s'il vous fallait combattre ici un jour, là le lendemain, perdre chaque fois des hommes, tandis que l'ennemi vous résisterait sans cesse, que se passerait-il à la fin ?

— « Je succomberais.

— « Bon ; mais admettez que vous ne vouliez pas succomber, que feriez-vous ? »

Il se tut.

— « Eh bien, je vais vous le dire, moi, ce que vous feriez. Vous commenceriez par être très économe de la vie de vos soldats pour qu'il vous en restât encore assez à l'heure du dernier combat. Il n'y a pas, sachez-le bien, de matériel plus précieux que nos hommes et malheureusement nous en perdons beaucoup trop tous les jours.

« A ce propos, croyez-vous que nous subîmes de grosses pertes lorsque l'artillerie de notre 22e division, des hauteurs de Jallans, canonna les francs-tireurs de Châteaudun ?

— « Vous n'avez pas perdu un homme, j'en suis certain ; les coups de notre infanterie ne pouvaient porter aussi loin.

— « Et pourtant, vous reconnaîtrez bien que cette canonnade a dû nous servir à quelque chose.

— « Évidemment, puisque nos braves francs-tireurs, malgré leur mépris de la mort, ne purent résister à la grêle de projectiles dont vous les avez couverts.

— « Comprenez-vous maintenant, Monsieur, que là est tout le secret grâce auquel nous économisons notre matériel vivant ?

« Et si vous aviez compté, dans les rangs de notre infanterie, un fils, grande eût été votre reconnaissance envers le chef de la division d'avoir épargné à cette infanterie un combat corps à corps et d'avoir atteint le même résultat par l'envoi de quelques projectiles.

« Nous n'avons pas peur, vous le savez bien, de nous battre à l'arme blanche quand il s'en présente la nécessité, nous l'avons assez prouvé le 1er septembre à Bazeilles et le 11 octobre dans les faubourgs d'Orléans.

« N'êtes-vous pas convaincu maintenant? »

Il l'était certes, mais ne voulait pas en convenir et me laissa entendre qu'un général français se fût arrangé pour en finir autrement.

— « C'est bien possible, répliquai-je, mais nous connaissons leur méthode et savons ce qu'elle vaut. »

Depuis lors nous avons évité ce genre de conversation et n'en avons été que meilleurs amis.

Dans l'après-midi notre repos fut troublé par l'ordre de nous porter immédiatement sur Jallans; mais ce déplacement fut inutile, car les colonnes françaises qui s'étaient avancées à l'ouest de Villampuy pensèrent qu'il était plus sage de céder le pas à notre cavalerie d'avant-garde et de ne pas en arriver à un combat sérieux.

C'était donc en pure perte que nous avions été dérangés. J'avoue que je n'ai jamais été très partisan de ces sortes d'alertes qui viennent troubler les jours de repos : l'homme n'est pas une machine dont on peut user sans ménagement.

Vous me répondrez que l'ennemi n'a pas à tenir compte de toutes ces considérations, et j'en ai fait moi-même la désagréable expérience le 26 août, alors que je me trouvais dans cet excellent cantonnement de Chardogne dont j'ai gardé si bon souvenir.

Même, nous n'avions pas tant à nous plaindre aujourd'hui, puisque au bout de trois heures nous pûmes regagner nos quartiers ; quelques corps de troupe furent moins privilégiés : les 1ers bataillons des 3e et 12e régiments d'infanterie et les chasseurs, qui furent désignés pour prendre les avant-postes, et dont les patrouilles furent toute la nuit en contact avec l'ennemi.

Il y avait à Châteaudun, en plus de l'état-major de notre brigade, celui de la division et celui du corps d'armée ; de ce fait ma tâche était allégée. Je pus m'endormir un peu avant la remise des ordres, me faire réveiller au moment de les transmettre et reprendre mon sommeil aussitôt après. On était habitué, dans ce temps-là, à dormir partout et à tous moments, il suffisait de s'étendre et de fermer les yeux.

Le lendemain matin nous n'avions pas marché depuis deux heures que la fusillade recommença dans la direction de notre avant-garde. Que nous importait ?

N'étions-nous pas à nouveau dans les plaines de la Beauce où, plus que partout ailleurs, nous reprenions conscience de notre puissance et de notre supériorité tactique ?

Il n'y a pas à dire, dans les pays accidentés, sur les bords de l'Huisne et du Loir par exemple, surtout lorsqu'on a contre soi tous les hommes en état de porter les armes, on éprouve toujours un certain malaise.

Les malheureux officiers d'ordonnance en savaient quelque chose eux qui parcouraient, nuit et jour, ces régions dans tous les sens, accompagnés la plupart du temps d'un simple cavalier. Dans ces plaines de la Beauce, nous comptions aussi pouvoir utiliser tout différemment notre cavalerie et notre artillerie dont nous n'avions pu faire qu'un usage très difficile dans des terrains absolument impropres à leurs évolutions.

— « Que va-t-il se passer aujourd'hui?

— « Assurément, pas grand'chose ; peut-être allons-nous retrouver ce fou de Lipowski avec ses francs-tireurs. »

Et en effet nous le retrouvâmes ; mais lorsqu'il se rendit compte, en défendant les villages de Vallière, de Nobleville et de Civry, qu'il avait affaire à tout un corps d'armée, il battit subitement en retraite et ne laissa en face de nous que les « francs-tireurs girondins ».

Ces malheureux furent bien malmenés, mais je dois leur rendre cette justice qu'ils se montrèrent de rudes adversaires. Ils avaient une tout autre allure que leurs collègues que nous avions rencontrés jusqu'alors.

Vêtus d'élégants uniformes gris, ils étaient armés d'excellents fusils Winchester, ainsi que de bons revolvers américains qu'ils portaient à la ceinture. Ils appartenaient pour la plupart à de très bonnes familles de Bordeaux et des environs, se battirent très bravement et, plus tard, quand ils furent prisonniers, se comportèrent avec raison et dignité.

Le combat fut de courte durée.

Grâce à notre artillerie, qui dirigeait ses feux sur les différents villages, les bataillons de la 4e brigade n'eurent pas grand'peine à en faire déguerpir ceux qui les occupaient.

Ce fut dans le parc de Varize, où se trouvaient justement les francs-tireurs girondins, que nous rencontrâmes la plus grande résistance.

Ils n'avaient pas eu le temps de pratiquer des meurtrières dans les murs de clôture, que déjà le 7e chasseurs les avait rejoints.

Il en résulta une quantité de petits combats isolés, dans les parties boisées du parc, qui se terminèrent à la baïonnette, voire même à la crosse.

A ce moment se produisit une scène des plus malheureuses qui coûta la vie à l'un de nos meilleurs officiers, le lieutenant Manerer.

Manerer, à la tête d'une vingtaine de chasseurs, s'était élancé à l'assaut d'un bosquet défendu par des francs-tireurs. Il était sur le point de les rejoindre, quand plusieurs de ces derniers, mettant l'arme au pied, agitèrent leurs mouchoirs comme pour se rendre.

Notre camarade, voyant cela, se tourna vers ses hommes et leur cria d'épargner ces Français qui ne se défendaient plus.

Au même moment il tombait raide mort; une balle de revolver lui avait traversé la colonne vertébrale.

Le franc-tireur, auteur de ce crime, n'avait-il pas vu

le signal de ses camarades ou n'avait-il pas voulu se rendre comme les autres, je l'ignore ; toujours est-il que ce déplorable malentendu coûta la vie à l'un de nos meilleurs officiers et, naturellement, à tous ceux qui, volontairement ou non, en étaient responsables.

Je reçus moi-même, ce jour-là, une balle dans le fourreau de mon sabre, alors que j'observais l'attaque du 7e chasseurs, afin d'en rendre compte à mon général.

Le soir il m'arriva, à Varize même, une histoire assez drôle.

Dans une petite rue, on avait réuni tous les paysans qui, durant le combat, avaient été pris les armes à la main ; le peloton d'exécution chargé de les fusiller était déjà rassemblé.

Ces mêmes paysans, lors des batailles d'octobre, nous avaient obligés déjà, par leur attitude hostile, à incendier une grande partie de la ville de Varize ; malgré ce précédent, ils n'étaient pas devenus plus raisonnables.

J'aperçus ces hommes entourés de leurs gardiens, au moment où on allait les exécuter. Au milieu de leur groupe un personnage très bien habillé, de grande taille et de forte corpulence, s'entretenait avec eux.

On devient, en campagne, quelque peu rude, on s'habitue à n'avoir pas beaucoup d'égards envers ceux en particulier qui, journellement, vous font une guerre au couteau.

Lorsque j'aperçus ce monsieur repus, le prenant aussi pour un prisonnier, je criai à mes hommes : « En voilà un gros cochon que vous avez pris là ! »

Avant même que le chef du peloton d'exécution eût pu me dire un seul mot, le bonhomme, en un bond prodigieux, était sur moi et, en un allemand impeccable : « Je vous prierais, Lieutenant, de parler de moi en termes plus polis ! »

Je n'en pouvais croire mes oreilles.

— « Seriez-vous Allemand par hasard? » lui dis-je.

— « Certes, Monsieur, aussi bon Allemand que vous-même; je m'appelle Voget.

— « Mille pardons, je vous en prie, j'étais loin de m'en douter; mais comment se fait-il que vous, un civil allemand, vous vous trouviez sur un champ de bataille de la Beauce?

— « J'appartiens à l'état-major de Son Altesse le grand-duc de Mecklembourg.

— « Parfait. Encore une fois, Monsieur, recevez toutes mes excuses.

— « Ne vous tourmentez pas; ce n'est pas la première fois que pareille histoire m'arrive. »

Tout s'arrangea pour le mieux et nous nous séparâmes bons amis en nous tendant la main. J'appris plus tard que ce M. Voget était le correspondant de guerre de la *Gazette de Francfort* et de la *Nouvelle Presse libre*.

. . . .

Nous quittâmes Varize pour Cormainville et Orgères où nous cantonnâmes.

Il y avait dans cette dernière localité, en plus de notre état-major, celui du corps d'armée, les deux états-majors de divisions, différents état-majors de brigades et des troupes tant qu'on en pouvait mettre. Certains régiments même, en route depuis le matin, ne trouvèrent plus à se loger et durent continuer leur marche jusqu'au prochain village.

Avec cela il avait commencé à neiger; un vent froid nous traversait de part en part et nous rappelait que nous étions aux portes de décembre.

Comme notre brigade marchait à la queue de la colonne, j'arrivai trop tard à Orgères pour y organiser mon cantonnement. Chaque écurie, chaque grange était occupée et portait déjà l'odieuse inscription à la craie : « État-major du corps d'armée, 6 chevaux », « État-major de la 1re division, 14 chevaux », et ainsi de suite.

Or, tout le monde sait que s'il est quelquefois possible de déloger et de prendre la place d'un inférieur, il n'en est pas de même quand il s'agit de supérieurs; il m'eût été possible à la rigueur de trouver à loger nos officiers, sans leurs chevaux, mais, par cette température insupportable, les pauvres bêtes avaient, plus encore que nous, besoin de s'abriter et de se reposer.

Il me vint alors une idée géniale.

J'avais remarqué qu'une écurie, occupée par l'état-major de la 1re division, se trouvait placée juste parmi celles qu'avait réservées pour lui l'état-major du corps d'armée; que, par contre, certaines écuries du corps d'armée étaient très éloignées et complètement séparées du quartier général.

Je n'hésitai pas; aller trouver le chef de cantonnement du corps d'armée fut pour moi l'affaire d'un instant.

Je lui expliquai qu'il était de son intérêt de faire un échange avec moi en occupant l'écurie de la division voisine des siennes et en m'abandonnant celle qui, par ce fait, deviendrait libre.

Il abonda dans mon sens et, dans sa hâte de suivre mes conseils, il n'eut pas un instant l'idée que je n'appartenais pas à la 1re division.

Sitôt dit, sitôt fait; j'effaçai moi-même sur la porte de l'écurie : « 1re division, 14 chevaux » et j'écrivis à la place: « corps d'armée, 14 chevaux », puis je m'en allai.

Il va sans dire que, lorsque je me fus confortablement établi dans mon nouveau local, j'oubliai tout naturellement d'écrire sur ma porte « 3e brigade d'infanterie », et j'y laissai l'ancienne inscription : « état-major du corps d'armée ».

Nos braves chevaux reposaient depuis longtemps

déjà quand je vis arriver furieux le chef de cantonnement de la division, qui cherchait une écurie libre. Lorsqu'il aperçut l'inscription de notre porte, il n'insista pas et disparut sans même demander à nos hommes s'ils appartenaient véritablement au corps d'armée.

Qui fut mis dehors, et qui coucha à la belle étoile à notre place, je ne sais; j'ignore aussi comment s'arrangèrent les chefs de cantonnements de la division et du corps d'armée.

Le temps de retrouver les causes et les raisons de cette substitution, et nous étions déjà loin!

Cela ne m'empêcha pas d'en rire bien fort intérieurement et d'en être très heureux, car rien ne fait plus plaisir en campagne que d'arriver à se loger aux frais des camarades, à coups de finesse et de ruse.....

A partir de ce moment, nous restâmes en contact permanent avec l'ennemi.

Le 30 novembre, je passai ma journée à trotter d'un avant-poste à l'autre; le 1er décembre ce fut le combat de Villepion et, le lendemain, la bataille de Loigny, dont je reparlerai dans la suite avec plus de détails.

TABLE DES MATIÈRES

NANCY-PARIS, IMPRIMERIE BERGER-LEVRAULT

www.ingramcontent.com/pod-product-compliance
Ingram Content Group UK Ltd.
Pitfield, Milton Keynes, MK11 3LW, UK
UKHW020128220726
13923UKWH00001B/58